教育部人文社会科学研究青年基金项目（14YJC710042）成果
湖北省社会科学基金项目（2013012）成果

# 中国共产党实现“中国梦”的经济发展战略演进

王晓曦　著

WUHAN UNIVERSITY PRESS
武汉大学出版社

**图书在版编目(CIP)数据**

中国共产党实现“中国梦”的经济发展战略演进/王晓曦著. —武汉：武汉大学出版社，2017.12
ISBN 978-7-307-19828-9

Ⅰ.中… Ⅱ.王… Ⅲ.中国经济—经济发展战略—研究
Ⅳ.F120.4

中国版本图书馆 CIP 数据核字(2017)第 276552 号

责任编辑:黄金涛　　责任校对:汪欣怡　　整体设计:汪冰滢

出版发行：**武汉大学出版社**　(430072　武昌　珞珈山)
(电子邮件：cbs22@whu.edu.cn　网址：www.wdp.com.cn)
印刷:虎彩印艺股份有限公司
开本:720×1000　1/16　印张:21.25　字数:297 千字　插页:2
版次:2017 年 12 月第 1 版　2017 年 12 月第 1 次印刷
ISBN 978-7-307-19828-9　定价:88.00 元

# 作者简介


**王晓曦**

武汉科技大学马克思主义学院副教授，经济学博士，硕士生导师，主要研究方向为马克思主义中国化。主持教育部人文社科青年项目、湖北省社会科学基金项目、湖北省高校优秀思想政治理论课教师择优资助计划、湖北省高等学校马克思主义中青年理论家培训计划等省部级科研项目。发表论文20余篇，其中近10篇发表在中文核心期刊，并参编多部“马工程”重点教材配套用书。

# 前　　言

中国共产党执政以来领导中国发展的历程，是艰辛探索的发展历程，也是日益走向科学发展、实现中华民族伟大复兴的历程。中国共产党制定经济发展战略的历程也正是如此，虽仍然任重道远，但已经走过来的历程提供了深刻的启示，积累了丰富的经验。

本书研究党制定的经济发展战略属于总体战略，是中国共产党作为执政党为全国的经济社会发展服务的一种战略。它是对全国经济社会发展中有关全局性长远性问题的谋划和决策。因此本书重点不是探讨区域战略、部门战略、企业战略，是从宏观层面探讨党在不同发展阶段的战略环境、战略目标、战略方针和战略重点。本书在写作中着重处理好两种关系。一是处理好党的经济发展战略思想与党领导下的政府经济政策之间的关系。经济思想指导经济政策，经济政策是经济思想的具体反映，经济思想与经济政策之间具有对应关系。本书的研究对象是中华人民共和国成立以来党的经济发展战略思想的丰富内容与历史演进，因而，本书着重阐述的是党的经济思想而非具体的经济政策，针对党的重要经济发展战略部署做了扼要介绍。二是处理好党的经济发展战略思想与党的重要领导人的经济思想之间的关系。党的经济发展战略思想是党的经济思想的一部分，同样是全党集体智慧的结晶，党的重要领导人在党的经济发展战略思想的形成与发展过程中发挥了重要影响乃至关键作用，但不能因此而替代党的经济发展战略思想。本书在研究过程中，着重论述了作为全党集体智慧结晶的经济发展战略思想，同时客观评价了党的重要领导人在党的经济发展战略思想形成与发展过程中的历史作用。

本书从纵向与横向两个维度，紧密围绕“中国梦”这一主题，深入分析了中华人民共和国成立以来党的经济发展战略思想的历史演进及其丰富内容。论证了党的经济发展战略思想是马克思主义经济理论与中国经济实践相结合的产物，是马克思主义经济思想的发展和中国化。证明了以实现“中国梦”为主题的经济发展战略思想是中国共产党在建设过程中不断探索不断进步的集体智慧的结晶。从纵向维度研究党经济发展战略思想的历史演进。本书紧密围绕“中国梦”这一主题，遵循党的经济发展战略思想发展的客观规律和特点，梳理出党的经济发展战略思想的演进轨迹，将其划分为寻梦——计划经济年代（1953—1978 年），释梦——经济快速增长年代（1979—1991 年），追梦——可持续发展年代（1992—2002 年），筑梦——科学发展年代（2003—2012 年），圆梦——全面建成小康社会筑圆中国梦（2012 年以后）五个历史阶段，从纵向维度对党 60 余年经济发展战略思想有一个整体把握，论述以中国梦为主题的经济发展战略思想是在建设过程中不断探索不断进步的结晶。从横向维度研究，凸显党的经济发展战略思想是马克思主义经济理论与中国经济实践相结合的产物，是马克思主义经济思想的发展和中国化。从横向维度是以经济发展战略的构成要素为指导，把经济发展战略思想划分为四大板块，即战略环境、战略目标、战略方针、战略重点，具体分析党在每个历史阶段经济发展战略思想的丰富内容。

本书采用了历史与逻辑相结合，分析与综合相结合，经济思想与经济实践相结合的分析方法，从静态和动态两个角度对党的经济发展战略思想进行了客观分析与评价。静态角度就是从这一阶段经济发展战略思想产生的时代背景出发，分析这种经济发展战略思想产生的原因，在当时所发挥的作用及特征；动态角度就是用发展的眼光，从实现“中国梦”的视角评价每一阶段经济发展战略思想在长期历史发展过程中所具有的理论与实践意义。

本书主要内容共分七部分。

导论部分主要提出了研究问题的背景和意义，研究的方法及行文结构。此外，还介绍了经济发展战略学的兴起、研究对象、类型及构成要素。

第一章承梦，介绍中国共产党制定经济发展战略的理论渊源，马克思、恩格斯、斯大林、列宁关于经济发展思想的相关论述是党在中华人民共和国成立后制定的经济发展战略的直接理论来源。

第二章寻梦，介绍计划经济体制下党关于经济发展战略的探索（1953—1976年）。这一阶段党的探索有失误，有成就，既为今后的经济发展打下了基础，又为改革开放后党的经济发展战略思想的重大转折提供了经验教训的借鉴。

第三章释梦，介绍1977年至1991年，重新回到以经济建设为中心的经济发展战略思想的重大转折。这一阶段党制定的发展战略目标，战略方针，战略重点为“中国梦”重大战略思想的提出奠定了理论基石。

第四章追梦，介绍1992年至2002年，以可持续发展为方向的经济发展战略思想的丰富。这一阶段党的经济发展战略思想在继承中丰富发展。可持续发展战略是科学发展观重大战略思想的前奏。

第五章筑梦，介绍2003年至2012年，以科学发展观为主题的经济发展战略思想的新开拓。科学发展观是党在这一时期制定经济发展战略的核心指导思想。

第六章圆梦，介绍2012年至今，以“四个全面”为重点的经济发展战略思想的新布局。中国梦作为中国人的信仰，在贯彻落实科学发展观过程中提出，赋予了科学发展观话语体系目标性内涵。“四个全面”是助力我们跨过“中等收入陷阱”，主动适应新常态的战略布局；是实现“两个一百年”奋斗目标和中华民族伟大复兴中国梦的必由之路。

党在制定经济发展战略历程中一脉相承又与时俱进，不同阶段经济发展战略的制定都不同程度地闪烁着科学发展的思想光芒，“中国梦”战略思想是我们党在探索中不断进行理论创新的集中成果体现。

# 目　　录


**导论** ………………………………………………………… 001

第一节　选题的背景与意义 …………………………………… 003

一、研究背景 ……………………………………………… 003

二、研究意义 ……………………………………………… 006

第二节　国内外研究综述 ……………………………………… 009

一、近年来“中国梦”研究述要 ………………………… 009

二、关于经济发展战略的国内外研究现状 ……………… 017

第三节　经济发展战略学的一般理论 ………………………… 029

一、经济发展战略学的兴起 ……………………………… 029

二、经济发展战略学的研究对象 ………………………… 030

三、经济发展战略的类型 ………………………………… 030

四、经济发展战略的构成要素 …………………………… 031

第四节　本书的研究思路及方法 ……………………………… 033

一、本书的研究方法 ……………………………………… 033

二、本书的结构框架 ……………………………………… 034

**第一章　承梦：党制定经济发展战略的理论渊源** ………… 039

第一节　马克思恩格斯的经济发展理论论述 ………………… 043

一、马克思恩格斯关于人与自然协调发展的思想 ……… 043

二、马克思恩格斯关于科学技术发展和进步的经济学意义的论证……………………………………………………………… 046
三、马克思恩格斯关于对外贸易促进经济发展的思想………… 049
第二节　列宁相关的经济发展理论论述………………………… 054
一、重点增长和优先增长理论……………………………………… 054
二、新经济政策的理论………………………………………………… 058
第三节　斯大林的相关经济发展理论论述……………………… 061
一、高速度地实现工业化……………………………………………… 061
二、价值规律的存在和作用…………………………………………… 064
本章结语…………………………………………………………………… 066
一、实现“中国梦”是对马克思主义理论的继承和创新 ……… 066
二、为实现“中国梦”对经济发展战略的继承和创新 ………… 069

**第二章　寻梦：计划经济体制下党关于经济发展战略的探索**……… 073
第一节　高速度实现工业化发展战略提出的背景………………… 077
一、改变极落后的经济发展水平的迫切需求……………………… 078
二、苏联工业化道路的榜样作用…………………………………… 080
三、国际政治经济环境的压力……………………………………… 081
第二节　“一五”计划时期经济发展战略的探索 ………………… 083
一、“一五”计划期间经济发展战略的实施及效果 …………… 084
二、关于经济发展战略有益的理论探索…………………………… 088
第三节　“大跃进”赶超战略的实施与积极调整 ……………… 096
一、社会主义建设总路线的提出…………………………………… 096
二、“大跃进”的严重后果 ………………………………………… 099
三、“调整、巩固、充实、提高”的战略调整 ………………… 101
四、“四化”任务和“两步走”战略的提出 ……………………… 103
第四节　备战型发展战略的经验及教训…………………………… 107
一、以“备战”为中心的“三五”计划 ………………………… 108

二、急于求成的“四五”计划 …………………………………… 109
三、“三线”建设成就与问题 …………………………………… 112
本章结语…………………………………………………………… 119
一、这一时期经济发展战略思想的特点…………………………… 119
二、这一时期经济发展战略实施取得的成就……………………… 121
三、这一时期经济发展战略指导思想的缺陷……………………… 122
四、寻梦的启示…………………………………………………… 124

**第三章　释梦：党以经济发展为中心的经济发展战略思想的转折**…………………………………………………………… 127
第一节　经济发展战略思想转变的时代背景……………………… 131
一、“两个凡是”与“洋跃进”发展战略 …………………………… 131
二、经济发展战略的伟大转变…………………………………… 133
第二节　“三步走”和小康社会的战略目标 ……………………… 138
一、“三步走”的战略部署 ………………………………………… 138
二、小康社会的战略目标………………………………………… 140
第三节　加快发展的两大战略举措………………………………… 144
一、台阶式战略…………………………………………………… 144
二、先富而后共富战略…………………………………………… 147
第四节　经济发展的战略方针……………………………………… 152
一、发展是硬道理………………………………………………… 152
二、改革是中国发展的强大动力………………………………… 154
三、中国的发展离不开世界……………………………………… 159
四、正确处理改革、发展和稳定的关系………………………… 164
第五节　带动发展的三大战略重点………………………………… 167
一、农业是发展的根本…………………………………………… 168
二、基础工业是发展的保障……………………………………… 169
三、科技和教育是发展的助推器………………………………… 171

一、中国梦战略对党制定经济发展战略的指导意义 …………… 310
二、“中国梦”视角下对“圆梦”之旅的战略评价 …………… 312

**参考文献** ………………………………………………………… 319

# 导 论

## 第一节　选题的背景与意义

### 一、研究背景

民族独立和人民解放、国家繁荣富强与人民共同富裕是中华民族伟大复兴面临的两大历史任务。中国共产党 90 多年的历史，实际上就是努力探索中华民族复兴之路、追逐“中国梦”的“艰难困苦，玉汝于成”的历史。1949 年新中国的成立，标志着第一个历史任务的完成，中国进入了实现现代化从而完成第二个历史任务的新阶段。

实现中华民族伟大复兴的中国梦是中国共产党的执着追求。从毛泽东到习近平都企盼实现中华民族伟大复兴，尽管他们对“中国梦”的定位标准、实现目标略有差异，强调重点有所不同，但要使国家富强、民族振兴、人民幸福，实现社会主义现代化，这是基本的、共同的。

毛泽东是中华人民共和国的缔造者，他的一生都在为实现中华民族的伟大复兴而奋斗。青年毛泽东以改造中国和世界为己任，他始终坚信多灾多难的中华民族通过改革，一定会赢得光明、灿烂的未来。他在《湘江评论》上大声呐喊：“我们总要努力！我们总要拼命的向前！我们的黄金世界，光华灿烂的世界，就在前面。”①1949 年 9 月 21 日，在中国人民政治协商会议第一届全体会议上，他发表了《中国人民站起来

① 毛泽东早期文稿[M]. 湖南出版社，1990：394-395.

了》的著名讲话。他庄重宣告："占人类总数四分之一的中国人从此站立起来了！"中华民族真正"屹立于世界民族之林"。新中国成立后，毛泽东开辟出一条和平赎买资本主义的改造道路，带领中国人民登上社会主义的殿堂，提出了实现四个现代化的宏伟目标。

改革开放后，邓小平提出我国现代化建设"三步走"的战略目标，1987 年 8 月 29 日，他在会见意大利共产党领导人时明确阐述了"三步走"战略。"我国经济发展分三步走，本世纪走两步，达到温饱和小康，下世纪用三十到五十年时间再走一步，达到中等发达国家水平。这就是我们的战略目标，这就是我们的雄心壮志。"①中共十三大进一步系统地阐述了"三步走"的发展战略，规划第三步到 21 世纪中叶，我国基本实现现代化。不难看出，第三步的目标与习近平后来提出的中国梦内涵基本一致。

十三届四中全会以后，江泽民提出了新"三步走"的战略，他在中共十四大报告中指出："在 90 年代，我们要初步建立起新的经济体制，实现达到小康水平的第二步发展目标。再经过 20 年的努力，到建党 100 周年的时候，我们将在各方面形成一整套更加成熟更加定型的制度。在这样的基础上，到下世纪中叶中华人民共和国成立 100 周年的时候，就能够达到第三步发展目标，基本实现社会主义现代化。"②中共十五大报告，进一步规划了新世纪前 50 年中国现代化建设的发展构想，提出"到本世纪中叶中华人民共和国成立 100 年时，基本实现现代化，建成富强民主文明的社会主义国家。"③至此，中国梦的内容已经呼之而出。

十六大以后，胡锦涛提出了科学发展观重大战略思想，我们党对中国特色社会主义发展目标的认识经历了从"三位一体"到"五位一体"上升过程，中国特色社会主义共同理想更加丰满，实现中华民族伟大复兴

---

① 邓小平文选(第 3 卷)[M]. 人民出版社，1993：251.
② 江泽民文选(第 1 卷)[M]. 人民出版社，2006：253.
③ 江泽民文选(第 2 卷)[M]. 人民出版社，2006：4.

空前光明。胡锦涛在中共十八大报告中郑重指出："经过九十多年艰苦奋斗，我们党团结带领全国各族人民，把贫穷落后的旧中国变成日益走向繁荣富强的新中国，中华民族伟大复兴展现出光明前景。我们对党和人民创造的历史伟业倍加自豪，对党和人民确立的理想信念倍加坚定，对党肩负的历史责任倍加清醒。"①十八大以后，习近平多次阐述中国梦，成为神州大地凝心聚力最响亮的声音。

中共十八大闭幕后，中共中央总书记习近平在参观《复兴之路》展览时指出，实现中华民族伟大复兴，就是中华民族近代以来最伟大的梦想。他在十二届全国人大一次会议闭幕会上的讲话，对中国梦的深刻内涵做了进一步的阐释。习近平指出："实现中华民族伟大复兴的中国梦，就是要实现国家富强、民族振兴、人民幸福，既深深体现了今天中国人的理想，也深深反映了我们先人们不懈奋斗追求进步的光荣传统。"②国家富强、民族振兴、人民幸福，是"中国梦"的本质内涵。今天，我们反复重申和纵论中国梦，就是为了要进一步地把国家变得富强起来，让人民群众过上更加幸福美好的生活。

"中国梦"是当代中国共产党人在改革与发展新的历史条件下，关于中国特色社会主义建设基本目标与发展路径的科学规划。中国梦涉及诸多领域，但从根本上说是要实现经济的伟大复兴，这是实现中国梦的基石。中国经济历经古代辉煌、近代苦涩、现代赶超、当代跨越，具备重建光荣与梦想的基础，但也面临着诸如微观、中观、宏观、国际、政府治理等方面的一系列矛盾和挑战。只有破解这些难题，才能实现经济的伟大复兴，为实现中国梦提供雄厚的物质基础。

本书尝试以经济学的视角，从承梦、寻梦、释梦、追梦、筑梦、圆

---

①　胡锦涛．坚定不移沿着中国特色社会主义道路前进　为全面建成小康社会而奋斗——在中国共产党第十八次全国代表人会上的报告［M］．人民出版社，2012：1.

②　习近平在第十二届全国人民代表大会第一次会议上的讲话［N］．人民日报，2013-03-18(1).

梦六个阶段，客观展示我们党制定经济发展战略过程中与时俱进、不懈探索、不断走向科学发展的历史进程，认真总结我们党制定经济发展战略进程中一脉相承、惩前毖后、不断走向民族复兴的历史经验，阐明研究党的经济发展战略思想的重大意义及其对促推中国经济社会发展、实现“中国梦”的特殊作用。

## 二、研究意义

“经济发展战略”这个词现在在国内用得非常广泛。经济发展战略理论在西方由发展经济学分立而来，在中国由宏观经济决策演化而来。在新中国建立后的20世纪五六十年代，政府和学术界都还没有直接使用经济发展战略这一概念，更没有发表有关经济发展战略理论问题的论著，但是这一时期中国经济发展的实践却提出了一系列重大战略问题，如社会主义工业化问题、对私有制经济的改造问题、中国经济的发展速度问题等，对这些问题的战略决策，采取党和国家的总路线、总方针等形式来表现。1978年改革开放以后，党的工作重心转移到经济建设上来，随着西方发展经济学在中国的大量传播，“经济发展战略”这个概念便在中国理论界开始被使用并迅速传播开来，经济发展战略的理论很快成为经济科学各个领域研究的热点问题之一，各个地区、各个部门对发展战略的研究、选择和制定也经久不衰。学术界对发展战略问题的广泛讨论，集中地反映在了党制定的经济发展战略的指导思想中。

一个执政党只有客观、全面、准确地把握本国的国情和世界经济发展动因和趋势，制定并有效实施科学的经济发展战略，才能在发展中扬长避短、赢得主动。目前，围绕中国经济发展战略进行研究的书籍和文章已经不少，这些研究成果为战略制定者提供了多种视角。但是从党的宏观认识的角度对中国经济发展战略进行系统严谨研究的著作还很少，而对此的研究是一个意义重大而富有挑战性的课题，这是本人选择研究这个课题的动力所在。

基于上述经济发展战略的地位和重要作用，本文选择了中国共产党经济发展战略思想作为研究主题，认为其具有重要的理论和现实意义。

从理论意义上看：

首先，马克思认为："历史从哪里开始，思想进程也应当从哪里开始，而思想进程的进一步发展不过是历史过程在抽象的、理论上前后一贯的形式上的反映。"①研究党的经济发展战略思想演进历程有助于揭示中国特色经济发展战略思想演进规律，为今后党的经济发展战略思想深化发展提供理论依据；其次，比较研究党的经济发展战略思想，有助于掌握党的经济发展战略思想的阶段性理论特征，有助于我们更客观地根据世情、国情、党情的发展变化考察、评价和展望党的经济发展战略思想，为我国抓住重大战略机遇期，促进经济科学发展提供理论借鉴。最后，从战略环境、战略目标、战略方针、战略任务、战略重点的宏观认识框架历时研究党的经济发展战略思想演变，有助于我们吸取教训、总结经验，不断深化对经济发展战略要素的研究和探索，提高对科学发展观重大战略思想认识的自觉性，进而推进我国实现全面小康社会的建设，实现伟大复兴"中国梦"。

从现实意义上看：

实现中华民族伟大复兴，是中国梦的核心理念。我国是世界上最大的发展中国家，处于社会主义初级阶段，面临的根本问题是发展不足、发展不平衡，党的十九大报告指出："中国特色社会主义进入新时代，我国社会主要矛盾已经转化为人民日益增长的美好生活需要和不平衡不充分的发展之间的矛盾。"②发展仍然是并继续是解决我国所有问题的关键所在，也是实现中华民族伟大复兴中国梦的根本保证。为此，经济发展是一切发展的基础，必须始终把以经济建设为中心作为执政之要，实现中国梦之要。"我们要坚持发展是硬道理的战略思想，坚持以经济建

① 马克思恩格斯选集(第2卷)[M]. 人民出版社，1995：43.

② 习近平. 决胜全面建成小康社会 夺取新时代中国特色社会主义伟大胜利[M]. 人民出版社，2017：11.

设为中心，全面推进社会主义经济建设、政治建设、文化建设、社会建设、生态文明建设，深化改革开放，推动科学发展，不断夯实实现中国梦的物质文化基础。”①

本书涉及的是党领导下制定的宏观经济发展战略，不是地区经济发展战略或部门经济发展战略，也不是关乎企业的发展战略。从执政党角度所制定的宏观经济发展战略作为一种整体规划，它一经确立，就会形成相应的经济体制和相应的宏观政策，从而影响经济的发展。如果其符合客观规律，符合客观实际，则能指导经济发展，否则，就会误导实践，制约经济发展，甚至导致经济走向衰落。显然，加强经济发展战略思想研究，落实科学发展观的根本要求，从而使它更加有利于从全局利益和长远利益的高度指导经济的发展，使经济发展与世界发展趋势以及国情的有利条件和约束条件相适应，从而促进经济快速平稳地发展，这是提升国家生产力水平的现实需要。

① 习近平．在第十二届全国人民代表大会第一次会议上的讲话[N]．人民日报，2013-03-18.

# 第二节　国内外研究综述

## 一、近年来“中国梦”研究述要

当前学界对中国梦的研究主要取得如下成果：

### （一）关于“中国梦”提出的背景

学界有关“中国梦”的提出背景，集中表现于历史、现实以及思想等几个维度。首先，从历史的维度看，“中国梦”的提出是我国近现代历史发展的结果。“中国梦”不是凭空提出的，而是有着深厚的历史背景，它植根于我国近现代历史的发展。有论者认为，“1840 年鸦片战争后，我国逐步沦为半殖民地半封建社会。我国人民备受欺凌的同时，也开启了探寻中华民族伟大复兴梦想的历史征程。”①其次，从现实的维度看，提出“中国梦”有助于更好地发展中国特色社会主义。有论者通过反思我国近代以来的历史，指出“发展中国特色社会主义，是实现中国梦的必由之路”。② 最后，从思想的维度看，提出“中国梦”能够有效调动广大人民群众投身社会主义建设的积极性和主动性。有学者将“中国

---

① 冷溶．什么是中国梦，怎样理解中国梦．求是理论网，2014-04-26.

② 刘海涛．道路决定命运[N]．人民日报，2013-01-16.

梦”视为一种民意的表达，视为一种政治上的动员，它可以凝聚最广大人民的根本力量，推助我国更高、更远发展目标的实现。①

国外学者有关“中国梦”的提出背景，主要聚焦于经济、政治以及文化等几个层面。其一，从经济层面看，“中国梦”是在中国经济取得一定成就的基础上提出来的。有学者指出，中国经济总量已奔向世界前列，这为“中国梦”的提出奠定了坚实的经济基础。该学者称，“中国梦”的实现具有现实性，原因在于到2040年，中国的经济总量将是美国的9倍，世界所有国家的3倍。② 还有学者认为，“中国梦”是相对于“美国梦”而提出的。从经济上看，中国人已然具备了实现“美国梦”的可能性，越来越多的中国人具备了过美式生活的条件。然而，受制于资源的有限性，“中国梦”有别于高消耗、高浪费的“美国梦”，“中国梦”的实现要考虑到资源和环境的承载力。③ 其二，从政治层面看，“中国梦”是在中国国际政治意识提升的背景下提出来的。有学者认为，中国主动担负世界责任的愿望，随着经济总量的提升而越来越强烈。“中国梦”的提出，不仅有利于中国的进步，还有利于世界的发展。原因在于中国的和平崛起，能够打破以西方为主体的霸权主义体系，有助于世界的和平与稳定。④ 还有学者认为，中国在国际政治事务中，扮演着双重角色，即：既是一个发展中大国，也是一个新兴国家。这一双重身份，决定了中国要担负起更多的国际政治责任，如在加强发展中国家与新兴国家的合作中，中国应发挥更重要的作用。⑤ 其三，从文化层面看，“中国梦”是在国民心态日趋成熟的文化背景下提出来的。有论者称，中国经济的腾飞，不仅使其快速融入到全球一体化的大潮中，还使本国

---

① 韩庆祥．中国梦背景、实质与内涵[J]．人民论坛，2013(16)．

② [德]丹尼尔·艾克特．钱的战争[M]．国际文化出版社，2011：30.

③ [美]莱斯特·布朗．以中国为鉴——为什么西方的经济模式在全世界都将行不通[J]．世界环境，2005(5)．

④ 毛建平．一个西方学者眼中的“中国梦”[N]．社会科学报，2013-05-16.

⑤ 于量，刘沉．格拉茨预测中国未来之道：在全球秩序中融入自身观点．东方网，2013-03-23.

的国民心态趋向成熟。中国人民的民族自信心在增强，民族复兴的热情在高涨。“中国梦”的提出，是国民心态渐趋成熟的表现。① 还有论者将当今中国视为一头沉睡初醒的雄狮，今日的辉煌与往昔的耻辱形成了强烈的反差，这唤起了国人有关历史的集体记忆，催发了人民一洗国耻、重振国威的雄心，“中国梦”由此应运而生。②

### （二）关于“中国梦”的科学内涵

关于“中国梦”的科学内涵，学界主要从民族复兴、人民主体、“二维度”、“三维度”以及“多维度”等视角，进行了如下探讨：

其一，从民族复兴的视角看，“中国梦”就是要实现中华民族伟大复兴。有学者指出，“中国梦”不同于一般的梦想，它能够为实现中华民族伟大复兴凝聚精神伟力。③ 中国梦“要求我们不仅物质上强大起来，也要在精神上强大起来”。④

其二，从人民主体的视角看，“中国梦”归根到底是人民的梦。有论者指出，以人民为主体的“中国梦”，其内涵远远超越了以虚拟国家为主体的“强国梦”。⑤ 还有论者指出，“中国梦”，就是让 4 亿个普通家庭，13 亿普通大众共享改革红利的幸福之梦。⑥

其三，“二维度”视角，主要是基于“国”和“家”两个层面解析“中国梦”。有学者将“国”和“家”视为一个命运共同体，“中国梦”的实现，

---

① Andrew Nathan and Robert Ross. The Great Wall and the Empty Fortress; China Search for Security, NewYork; W, W, Norton, 1997: 34.

② Hughes, Christopher. Reclassifying Chinese Nationalism; the Geopolitik Turn, Journal of Contemporary China, 20(71): 601-620.

③ 公茂虹．解读中国梦[J]．思想政治工作研究，2013(3).

④ 姚桓，孙宁．“中国梦”：责任担当、精神能量与文化气质[J]．党政干部论坛，2013(4).

⑤ 吴旭．西方眼中的“中国梦”[J]．社会观察，2013(5).

⑥ 刘福明．中国精神是凝聚中国心、实现中国梦的根本力量．中国文明网，2013-04-01.

要将"国梦"与"家梦"结合起来。① "中国梦既是国家和民族的大义，又是老百姓实实在在的利益"，"与老百姓息息相关"，"中国梦最终落到老百姓的幸福生活上，落实到解决老百姓关心的一件一件具体事情上"，② 是"国家梦、民族梦和个体梦的综合体现"③。

其四，"三维度"视角，主要是基于大众、国家或民族以及世界三个层面阐发"中国梦"。有论者将"中国梦"的实现，视为人民之梦、民族之梦、强国之梦、和平之梦的统一。④ 中国梦是"推动国际社会共同发展的'世界梦'"，她"以追求和谐性为先决条件，提倡各个民族、各个国家在发展中实现共存和共赢，绝不会以牺牲他国利益作为实现'中国梦'自己的代价"⑤。"'中国梦'不是关起门来'小梦'，而是一个开放、包容、共享的'大梦'"⑥。

其五，"多维度"视角，主要是基于价值、实践、历史、发展、人民等维度解析中国梦。如有论者指出，"中国梦"内涵着价值观、实践观、历史观、发展观以及人民观等。⑦

### (三)关于"中国梦"的精神实质

关于"中国梦"的精神实质，学界主要从历时性与共时性、整体性与个体性等多个维度进行了阐发。

其一，从历时性看，"中国梦"是一个系统的历史实践过程。有学者认为，"中国梦"立足于当下民众的生活实践，既是中华民族发展史

---

① 张维卫．中国梦与中国情怀[J]．社会观察，2013(3)．
② 寸木．中国梦人民梦[N]．人民日报，2013-5-15.
③ 邱德胜，王玉鹏．"中国梦"的双重内涵[N]．光明日报，2013-8-10.
④ 韩庆祥．中国梦背景，实质与内涵[J]．人民论坛，2013(16)．
⑤ 邱德胜，王玉鹏．"中国梦"的双重内涵[N]．光明日报，2013-8-10.
⑥ "中国梦"蕴含丰富的政治智慧[J]．领导决策信息，2013(13)．
⑦ 葛慧君．深刻把握中国梦的丰富内涵[N]．人民日报，2013-06-13.

上苦难与辉煌的集体记忆，也是未来社会不断变革的精神动力。① 也有学者认为，“中国梦”既是对历史的洞察，也是对现实的认同，更是对未来的憧憬。② 从中国革命经验看，辛向阳认为，“中国特色社会主义道路，是在深刻总结近代中国一切救亡图存、振兴中华的经验教训，深刻总结中国推进社会主义建设的正反两方面经验，深刻总结世界各国实现发展进步的历史启示”的基础上，探索出符合中国最广大人民根本利益的道路，这条道路是“中国梦得以实现的根本所在”。③

其二，从共时性看，中国在和平崛起的同时，对他国的和平发展也起着积极的促进作用。有论者称，“中国梦”每迈上一个新的台阶，均会与他国共享发展成果，“中国梦”为国家与国家之间的合作共赢提供了一种新范式。④ 李少奇、罗文东认为，“中国特色社会主义道路包含着在中国坚持和发展社会主义的重要前提、基本路线、根本任务、总体布局和战略目标，集中体现了中国特色社会主义发展的客观规律和本质要求。”“这条道路既符合中国的基本国情，具有鲜明的民族特色，又吸收世界优秀文明成果，具有巨大的国际影响。”因此“中国特色社会主义道路，是实现伟大中国梦的必由之路。”⑤辛鸣认为，实现“中国梦定要走中国自己的路，这就是中国道路。”⑥

其三，从整体性与个体性的交互作用看，“中国梦”是“国家梦”与“个人梦”的有机统一。有学者称，“中国梦”绘就了一幅整体追求与个

---

① 金元浦.“中国梦”的文化渊源与时代内涵[J]. 人民论坛·学术前沿，2013(4).

② 陈宇浩. 十八大以来中国梦内涵和实质的研究综述[J]. 厦门特区党校学报，2013(1).

③ 辛向阳.“中国梦”与“两个一百年”[J]. 中共贵州省委党校学报，2013(4).

④ 徐惠喜. 成就“中国梦”是世界的重大利好[J]. 求是，2013(9).

⑤ 李少奇，罗文东. 中国梦与中国道路解析[J]. 重庆社会科学，2013(6).

⑥ 辛鸣.“中国梦”、中国道路与中国特色社会主义[N]. 学习时报，2013-03-11.

体、追求圆融统一的完美画卷。① 也有学者认为，"中国梦"之所以能产生巨大的号召力，其关键在于它既关乎民族的复兴，也关乎个人的福祉，有效地整合了整体利益与个体利益。②

### (四)关于实现"中国梦"的保障要素

实现"中国梦"是一项长期、艰巨、复杂的任务，需要有一些基本要素做保障。学界普遍认为，中国共产党的领导，是实现中国梦的核心保障；改革开放，是实现中国梦的关键保障；实干精神，是实现中国梦的根本保障。

其一，中国共产党的领导，是实现"中国梦"的核心保障。有学者认为，中国之所以发生翻天覆地的变化，在于选择了中国共产党作为人民的领导者。未来"中国梦"的领导者，也必须依靠中国共产党。③ 还有学者认为，中国共产党在实现"中国梦"的伟大征程中，其领导核心地位是由其决策机制和领导制度决定的。我党的决策机制和领导制度具有科学性、民主性以及灵活性，能够担当引领"中国梦"的历史重任。④突出中国特色社会主义道路是实现中国梦的战略定力："一个政党、一个国家和民族要始终立于不败之地、不断开辟前行道路，就必须有明确的战略目标和强大的战略定力。在当代中国，这个战略目标就是实现中华民族伟大复兴的中国梦，这个战略定力就是走中国特色社会主义道路。⑤

其二，改革开放，是实现"中国梦"的关键保障。有学者将实现"中

---

① 李君如．中国梦的意义内涵及辩证逻辑[J]．毛泽东邓小平理论研究，2013(7)．

② 傅艳蕾．个体与整体之辩："中国梦"的当代哲学意蕴[J]．社会主义研究，2013(4)．

③ 虞云耀．中国梦与中国共产党[EB/OL]．瞭望观察网，2013-11-26.

④ 胡鞍钢．名家畅谈"中国梦"[J]．前线，2013(6)．

⑤ 马祖云．实现中国梦需要战略定力[N]．人民日报，2013-5-20.

国梦”与坚持改革开放，视为一个问题的两个方面。改革开放的成功推进，有助于“中国梦”的实现。“中国梦”的实现，印证了成功地推进了改革开放。① 有的认为实现中国梦要求“解放思想，集中全党、全国各族人民智慧，对改革开放三十多年来的成败得失进行深入、深刻的总结，既要充分看到我们的伟大成绩和经验，也不回避问题和失误，统一全党的认识，加强全党的团结”。② 还有学者指出，改革是推动我国经济社会发展的根本动力。没有改革开放，就没有“中国奇迹”。未来的“中国梦”，也唯有通过改革开放才能使其成为现实。③

其三，实干精神，是实现中国梦的根本保障。有论者认为，“中国梦”脱离实干精神，就会永远飘在空中。④ 还有论者指出，“中国梦”的实现，需要世世代代的中国人发扬实干精神，不辞辛劳、不畏艰苦，扎扎实实地做好自身的本职工作，夯实实现中国梦的各项基础。⑤ 学术界对中国力量与“中国梦”两者关系的解读集中在以下问题上。首先，明晰了什么是中国力量。“什么是中国力量？就是中国各族人民大团结的力量，就是 13 亿人心往一处想、劲往一处使，汇集起来的力量。个人梦想可能千差万别，但实现国家梦想的征程上，同心同德、群策群力，就有无坚不摧的磅礴力量。”⑥其次，论述了实现“中国梦”为何要凝聚中国力量。刘文嘉认为，“中国梦”必须“紧紧依靠人民来实现”。“托举中国梦，是包括你我在内的 13 亿人的责任，需要 13 亿人的关注和力量。”⑦再次，阐述了实现“中国梦”需要凝聚什么样的中国力量。辛鸣

---

① 李君如．论“中国梦”与改革开放[N]．北京日报，2013-05-27.

② 朱继东．实现“中国梦”需要解放思想[J]．党政干部论坛，2013(4).

③ 叶再春．再说“中国梦”[J]．前线，2013(5).

④ 林培雄，刘光明．奋力实现民族复兴的“中国梦”[N]．人民日报，2012-12-17.

⑤ 李娟．中国梦：梦之源梦之涵梦之美[EB/OL]．求是理论网，2013-05-10.

⑥ 凝聚不可战胜的中国力量——三论同心共筑中国梦[N]．人民日报，2013-03-21.

⑦ 刘文嘉．用中国力量圆中国梦[N]．光明日报，2013-03-19.

认为，“中国梦要有强大的力量作保障”，“首先是中国人民的力量，同时，包括我们的经济力量、政治力量、制度力量、文化力量。要把所有这一切力量凝聚起来，共同指向一个目标，实现中国梦。”何林生认为，实现“中国梦”需要凝聚五大力量：一是团结的力量，二是改革的力量，三是创新的力量，四是奋斗的力量，五是国际的力量。

### (五)关于“中国梦”的实施步骤

对“中国梦”的具体实施步骤，学术界已有探讨，目前主要有三种看法。

其一，“中国梦”的“三步走”战略。石仲泉认为，“实现中国梦要经过几大战略步骤”，“第一步，就是党的十八大明确宣布的在建党100年时全面建成小康社会。第二步，就是邓小平从1987年3月以来一直讲的，到新中国成立100年时基本实现现代化，达到中等发达国家水平，即党的十八大报告所指出的“建成富强民主文明和谐的社会主义现代化国家”。第三步，就是在本世纪中叶达到中等发达国家水平以后，继续奋斗，接近和达到世界上最发达国家水平。①

其二，“中国梦”的两个“宏伟目标”。辛向阳认为，“在第一个100年，即中国共产党成立100周年时，全面建成小康社会，这是中国梦的第一个宏伟目标”；“中华人民共和国成立100周年时，基本实现现代化，这是中国梦的第二个宏伟目标。②

其三，“中国梦”的近期、中期和远期目标。《中国财政》杂志记者撰写了一篇《沿着中国特色社会主义道路实现中国梦》的文章，该文认为，实现“中国梦”的具体步骤大体可以分为三个阶段：“近期目标是全

---

① 时代的号角人民的向往——“首都理论界学习‘中国梦’座谈会”发言摘登[N]. 光明日报，2013-04-23.

② 辛向阳．“中国梦”与“两个一百年”[J]. 中共贵州省委党校学报，2013(4).

面贯彻党的十八大精神，立足扩大内需，优化结构，提高质量，注重自主创新能力，提高节能环保水平，提高我国整体素质和竞争力，使我国和谐社会的构建迈上一个新台阶，全面建成小康社会；中期目标是从21世纪30年代到50年代，再经过大约20年的努力，使我国的总体水平接近中等发达国家水平，基本实现集约化、专业化、规范化，整体素质实现复合化；远期目标是为我国社会主义现代化建设争取良好的国际环境，维护我国的安全和国家利益，推进世界和平、发展与进步，在此基础上奋力前进，实现中华民族的伟大复兴，实现中华民族的新飞跃。①

学者提出"民族复兴中国梦，是新一届中央领导集体提出的重大战略思想，是党和国家未来发展的政治宣言，是全党全国各族人民共同的奋斗目标，是团结凝聚海内外中华儿女的一面精神旗帜，释放出强大的号召力和感染力。"②认为中国梦"顺应了当代中国发展的大势，顺应了人民过上好生活的热切期盼，顺应了世界发展进步的时代潮流"，"成为当今中国社会的高昂旋律和精神旗帜，为坚持和发展中国特色社会主义注入强大新能量"。③

## 二、关于经济发展战略的国内外研究现状

### (一)西方经济学发展战略理论

经济发展战略理论在西方由发展经济学分立而来。"二战"后主要是西方发达资本主义国家的一些经济学家，为了防止更多的发展中国家走上社会主义道路，就按照西方发达国家的发展模式，为发展中国家的

---

① 沿着中国特色社会主义道路实现中国梦[J]．中国财政，2013(13)．

② 刘奇葆．为实现中国梦提供有力理论支持[J]．求是，2013(11)．

③ 秋石．中国梦为中国特色社会主义注入新能量[J]．求是，2013(9)．

经济起飞和经济发展提出了一系列的理论和政策主张，从而形成了发展经济学。其许多学者的理论和政策主张，对于发展中国家都是具有借鉴价值的。

1. 强调制定国家干预的发展战略

“二战”后，西方经济学家面对不发达地区发展经济的迫切需要，并没有任何思想上和理论上的准备。他们对发展中国家历史与现状知之甚少。他们缺乏分析与西方国家经济结构大不相同、主要由小农组成的社会经济增长的理论武器，而只有战后执行马歇尔计划，用美国的财力、物资和技术援助、重建战后欧洲的经验，还有他们国家当年由农业社会实现工业化的历史实践；他们以战后冷战时期资本主义各国经济高速增长和苏联计划经济体制下的发展成就为背景，形成了国外发展经济学的理论特征和研究重点。这一阶段的发展经济学认为，发展中国家的经济发展就是“消灭小农”，实现“工业化”；发展中国家贫困的根源在于资本缺乏，只要有了一定数量的资本，就能实现经济的良性循环；而为了实现国民经济总量和速度的持续增长，就必须有发展战略和发展计划，并由政府干预和调节。也是就是说，在这一阶段，发展经济学家对发展中国家如何发展经济，主要的看法就是：第一，强调工业化的重要性和必要性；第二，强调物质资本积累的重要性；第三，强调实行计划的重要性和必要性。

2. 赫希曼的经济发展战略理论

经济发展战略这个概念是由美国学者艾伯特·赫希曼提出来的。他是世界著名的发展经济学家、“不平衡增长”理论的创立者。他撰写的《经济发展战略》一书，1958 年正式出版，这是世界上第一部以“经济发展战略”命名的著作，书中提出了许多具有原创意义的发展战略理论。

赫希曼明确表示，他“由衷地反对平衡学说”。赫希曼认为，发展是一种不平衡的连锁演变过程。“我们的目的是使不平衡存在而不是使其消失。要使经济向前发展，发展政策的任务是保持紧张、不成比例和不平衡。”“从我们的观点看，‘导致偏离平衡’结果恰恰是理想的格局。因为这种结果的每一连续发展都是由过去的不平衡引起的，并且转而引起新的不平衡，要求进一步地发展。”他还提出投资的互补作用。“每一阶段，某一行业都享受到因前一阶段扩充所产生的外在经济的利益，同时产生新的外在经济效果，为其他行业所利用。”①为此，就要了解投资的互补作用。互补作用作为一种机制是指投资本身具有促进再投资的性质。互补性还特别要通过对发展的瓶颈、短缺和障碍的不满足而显示出来的。因互补性而导出的投资，可能有助于实现不发达经济的真正转变。

赫希曼认为，一个国家的发展政策，必须努力谋取后向联系和前向联系效应。后向联系效应，是指一项生产投资会导致其上游产业的建立和发展。前向联系效应，是指一项生产投资会导致其下游产业的建立和发展。

赫希曼还提出了淋下效应和极化效应。赫希曼认为，经济进步不会在所有地方同时出现。作为增长点和发展极的发达地区的淋下效应，是指发达地区在经济、技术、信息等方面对广大欠发达地区有扩散作用和辐射作用。欠发达的落后地区总是竞争不过发达地区，所以淋下效应是不可避免的。在经济发展中，极化效应也是不可避免的，是指经济、技术在增长点和发展极的集中趋势。在极化过程中，欠发达的落后地区的技术人员、管理人员和富于进取心的年轻人会外流到发达地区，而同时发达地区本身还往往不能充分就业，存在着隐蔽失业现象。淋下效应和极化效应相比终将占取优势。例如，发达地区专门从事制造业的生产，欠发达地区专门从事初级产品生产，那么发达地区需求的扩大，必须会刺激欠发达地区需求的增长。

在《经济发展战略》一书中，赫希曼还提出和研究了投资顺序和投资准则理论、公共投资在区域间分配问题以及外在经济“内在化”理论

① ［美］赫希曼．经济发展战略［M］．经济科学出版社，1991：59.

等。《经济发展战略》一书所阐述的一系列重要理论，对于发展战略学的形成具有开创意义。正因为《经济发展战略》对一门新学科来说是一部开创性的著作，它也有待完善的地方。

赫希曼《经济发展战略》一书，只是提出了经济发展战略这个概念，并提出和分析了一系列经济发展战略的理论问题，但是并没有建立起经济发展战略学的理论体系。同时，对有些理论的分析失之于偏颇。例如，赫希曼提出不平衡增长理论具有重要理论和实践意义是应当肯定的，但他认为，偏离平衡的结果恰恰是理想的格局；认为“发展政策的任务是保持增长、不成比例和不平衡”；甚至提出他由衷地反对平衡等。从绝对的意义来说，经济增长和经济发展是不平衡的，在经济增长和发展的起始阶段更不可能齐头并进，必然是不平衡的，但是他没有认识到，国民经济各部门、各地区之间同样需要按比例发展，需要协调，这也是不可否认的。没有平衡和协调，就会形成“瓶颈”和薄弱环节，就会制约经济整体增长和发展。事实上经济增长与发展的轨迹是“不平衡—平衡—不平衡—新的平衡”，如此循环往复不止。

3. 罗斯托的经济发展阶段理论

沃尔特·惠特曼·罗斯托，1916年生于美国，是美国经济史学家、发展经济学的先驱之一。1960年出版了《经济成长的阶段》一书，提出了经济成长阶段划分的理论，虽并非经济发展战略的理论，但这一理论对于经济发展战略研究是有一定意义。

罗斯托认为使一国经济突破传统停滞状态，犹如飞机滑离跑道，腾空而起。须具备三个互相关联的条件：一是要有较高的资本积累，使生产性投资占国民收入的比率提高到10%以上；二是有一种或多种实质性的制造业部门作为“起飞”的主导部门，发展起来，增长率提高；三是建立起一种能保证“起飞”的结构，这种结构使成长具有不断前进的特征。

罗斯托曾列出第二次世界大战后世界上五种“主导部门综合体系”：

| 主导部门综合体系 | 对应国家类型 | 提供主导产品 |
| --- | --- | --- |
| 准备阶段的综合体系 | 发展程度较低的国家 | 饮食、烟草、水泥、砖瓦等工业部门 |
| 替代进口商品的消费品制造业综合体系 | 发展程度中等的国家 | 非耐用消费品的生产，如纺织工业等 |
| 重型工业和制造业综合体系 | 发展程度较高的国家 | 钢铁、煤炭、电力、通用机械等工业部门 |
| 汽车工业综合体系 | 战后西欧和日本 | 汽车 |
| 生活质量部门综合体系 | 美国 | 服务业、建筑业(特点是提供劳务，而不是生产有形的产品) |

经济成长阶段的交替表现为主导部门顺序的变化，现代经济发展实际上是主导部门的成长过程。当主导部门的先进技术及其影响已经扩散到各个有关部门和地区之后，它的历史使命也就完成了，这时就会有新的主导部门代替旧的主导部门，主导部门的不断交替，带动着国民经济的持续发展。罗斯托的观既强调资本积累和社会制度因素等对经济发展的重要作用，也认同经济成长阶段递进的决定性因素乃是技术进步。

4. 柯林斯的大战略理论

在赫希曼、罗斯托先后提出经济发展战略和经济发展阶段理论之后，美国的约翰·柯林斯提出了大战略理论。

柯林斯是美国国会研究防务问题的高级专家、美国国防大学战略研究所所长。他撰写的《大战略》一书，1973 年在美国出版。这是一部比较系统地论述美国战略问题的著作。柯林斯认为，国家利益是构成一切正确战略的基础，而国家利益几乎都和国家安全有关，最重要的国家安全利益就是生存，即国家的生存。为了实现国家的利益，应该运用和动员国家的政治、经济、军事、科技、文化和心理等各种手段，以保证国家的安全，这就叫国家战略。这一理论虽然超出了经济发展战略学的范围，柯林斯也不是发展经济学家，但是他的大战略理论却给经济发展战略学以补充和启发。它告诉人们，人类社会的经济、军事、政治、文化等都不是孤立发展的，要从其相互关系中研究发展战略问题。

### (二)关于经济发展战略的国内研究现状

1. 经济发展战略专著的研究

刘国光 1984 年主编出版《中国经济发展战略问题研究》一书，重点探讨十一届三中全会以来有待于进一步研究的我国经济发展战略中一些实际问题和重要理论。并对十一届三中全会以来我国经济发展战略的重大转变作了总结论述。刘国光认为，社会主义建设新时期，中国经济发展战略的转变表现在以下几个方面：其一，在经济管理体制上发生了根本性变化。改革开放以前，是集中的排斥市场机制，盲目追求“一大二公”的经济形式，在分配方式上吃大锅饭；改革开放以后，分权与集权相结合，市场与计划相结合，坚持发展以国营经济为主的多种经济形式和经营方式，分配方式上贯彻按劳分配的新原则。其二，更多地关注经济发展的速度和效益问题。计划经济时期，片面追求高速度，改革开放以后明确提出把提高经济效益作为中心任务。其三，实施开发人力资源和开发物力资源并重的战略。计划经济体制下，更多的是重视物力资源的开发，人定胜天，更多的只是考虑人口数量。改革开放后，实施开发人力资源战略，更重视发展中人口素质的提高和科学技术的作用。总之，他认为，我国经济发展战略在改革开放以后走出了一条新路子，是适合中国国情的，包含着某些部门、某些方面的优先发展和重点发展的相对平衡的发展战略。

董辅礽在 1988 年出版《经济发展战略研究》一书中，提出研究经济发展战略应从我国的具体情况出发，立足于制度因素，把经济发展战略和经济体制改革有机地结合起来。他对传统经济发展战略从历史背景和基本特点进行了全面分析，客观评价了传统经济发展战略的历史作用和自身固有的弱点。他指出不能离开特定历史条件对经济发展战略进行评价，不存在十全十美的经济发展战略，在特定条件下较好的发展战略，当条件发生变化后，如果继续实行也会带来消极后果。他按照这一基本思路，对党的十一届三中全会以来的经济发展战略的转变也作了深刻的分析，指出新的经济发展应制定一种以满足人民的需要（首先是基本需要）为根本目标的，重点与一般相结合的平衡协调发展的，以提高经济效益为中心逐渐转向集约发展为主的，以自力更生为主又对外开放的经济发展战略。

刘光杰 1995 年出版《中国经济发展战略理论研究》一书，他强调一个国家的经济发展战略，不可能是一成不变的，它会随着经济形势和条件的变化而改革。在经济发展的战略目标体系方面，他着重分析了发展速度、经济效益和人民需要三者的统一性和矛盾性。关于影响和决定经济发展的战略因素，他进行了大篇幅的阐述，从产业结构、资金形成、技术进步、生产力布局、人口发展、对外贸易和经济体制方面提出了制定我国经济发展战略的基本依据和理论基础。

李成勋 2009 年再版《经济发展战略学》一书，确定了经济发展战略学的研究对象，即研究社会主义条件下的经济、社会发展中有关全局性、长远性、根本性问题进行决策的理论和方法。他建构了发展战略学的体系：战略类型，有部门、地区、要素和组织战略，这是从制订战略的主体来分；有宏观、中观、微观战略，这是从战略规模来分；有战略任务、实现战略任务的途径等，这是从具体内容上来划分；战略方案是以战略文件的形式表示的系统的战略构想；战略要素包括战略环境、战略阶段、战略方针、战略目标、战略重点和战略对策；战略指导是人们为了实现一定的战略目标或决策，通过制订战略方案、运用战略机制、组织战略转变等进行战略指导。

2. 对经济发展战略要素的研究

经济发展战略环境方面。主要是针对中国战略机遇期和中国国情的研究。郑必坚认为中国能够抓住和用好重要战略机遇期。他指出：从历史经验来看，21 世纪第一个十年，我们几乎每一次战略突破，都同把重大危机转化为发展机遇密切相关。比如说，成功应对 1997 年亚洲金融危机，使中国从此成为东亚经济引擎；2001 年世纪之交打破困局加入世界贸易组织，中国开始全面进入世界市场体系；2008 年以来成功应对国际金融危机和欧洲主权债务危机的严重冲击，中国开始进入国际体系和世界经济核心部位。由此可见，危机确确实实蕴涵机遇。在一定条件下善于审时度势、因势利导，就能变压力为动力，化挑战为机遇。这是一条成功历史经验。从发展前景来看，我们估量战略机遇期，要从综合把握国内国际两个大局出发，应当充分估计到，一个将持续影响世界大势的日益重大的变量就是中国本身的发展。在深刻影响国际经济、政治战略格局之此长彼消、此升彼降方面，中国的分量在加重，并且会越来越重。在 21 世纪第二个十年或更长时间，尽管来自国际国内的压力挑战层出不穷，尽管我们面前可以预料和难以预料的困难依然众多，但是中国在发展、中国在大发展、中国还将持续大发展这一条，本身就是世界大势中的一个越来越突出、越来越重要的因素。这又必将成为我们在 21 世纪第二个十年以至更长时期获得新的重要战略机遇期的根本立足点。① 李慎明认为：不管世界经济政治格局在短期或中期发展的具体结果如何，目前有两点完全可以肯定：第一，世界已经步入历史的快车道；第二，目前我国在国际上有两大战略机遇，一是以美国为首的西方国家的金融危机仍未见底，且在深化，二是从总体上说，最近西亚、北非一系列事件表明，美国在实现其中东战略中遇到不小的障碍，其战略重心进一步东移有可能将再次被推迟。我国应充分认识、紧紧抓住、精心运筹这两大战略机遇，以尽可能延长我国战略机遇期。如果认识不清，抓得不紧，运筹不力，这两大战略机遇就会向其反面转化，两大战略机遇就会变成两大战略挑战。②

① 郑必坚．继续抓住和用好我国发展的重要战略机遇期[J]．党建研究，2010(11)．

② 李慎明．紧紧抓住两大战略机遇，力争延长国际战略机遇期[J]．红旗文稿，2011(13)．

经济发展战略目标和步骤方面。当前对战略目标的分析主要集中在对全面建设小康社会的定性和定量分析上。刘宁宁等认为，中国共产党第十六次代表大会制定了全面建设小康社会的战略目标，这是全党和全国各族人民在新世纪面临的新的战略任务。如何在新世纪头20年实现这一奋斗目标？第一、发展社会生产力是全面建设小康社会的首要任务；第二，解决“三农”问题是实现全面建设小康社会的关键；第三，促进区域经济协调发展是实现全面建设小康社会的重大举措。① 胡锦涛总书记2012年7月23日在省部级主要领导干部专题研讨班上做重要讲话，《求是》杂志发表评论指出：我们要全面审视当今世界和当代中国发展大势，全面把握我国发展新要求和人民群众新期待，解放思想，改革开放，凝聚力量，攻坚克难，坚定不移沿着中国特色社会主义道路前进，信心百倍为全面建成小康社会而奋斗。②

经济发展战略任务和战略重点方面。战略任务既是对战略目标的具体化，也是为了实现战略目标而确定的。战略重点，其一体现在对工业化战略任务的研究。20世纪90年代后期以来，中国的重工业增长速度大幅度加快，其占工业总产值的比重应提高。观察到这种趋势，一些学者认为中国已经进入一个重化工业化发展阶段。赵晓就认为，中国进入了新的重化工业主导的发展阶段，而且是不可以跳过重化工业的发展的。吴敬琏则认为工业重型化这条旧型工业化道路是没有前途的。蔡防在《发展阶段判断与发展战略选择——中国又到了重化工业化阶段吗》一文中则提出中国重化工业化的条件不成熟的观点。③ 其二体现在对中国经济增长的研究。主要包括对经济增长进入新一轮上升期的判断，对经济增长条件、速度预测的研究，对转变经济增长方式的研究。李德水

① 刘宁宁，孙庆杰．全面建设小康社会战略目标的经济思考[J]．马克思主义与现实，2003(5)．

② 秋石．我们的道路越走越宽广——信心百倍为全面建成小康社会而奋斗[J]．求是，2012(21)．

③ 参见《经济学动态》2005(9)．

认为：粗放式增长难以满足人民日益增长的物质文化需求，过分依靠各种资源的大量消耗去实现经济的快速增长终究难以为继，不转变经济增长方式，在国际产业分工中将永远处于被动地位，因此，要解除思想观念上的束缚，破解经济管理体制上的障碍，牢固树立加快转变经济增长方式的紧迫感。加快经济增长方式转变的主要思路包括，必须全面贯彻落实科学发展观，加快体制改革和创新，加快推进经济结构战略性调整，努力扩大消费需求，把节约资源作为基本国策，完善国民核算体系。① 武力认为：中国经济增长方式的形成和延续至今，是与中国50多年来处于工业化过程中人口多、人均资本和资源匮乏的国情密切相关的。大量农业人口向非农产业转移和城市就业的压力，迫使党和政府不得不将高速度和外延型发展作为重要目标。粗放型增长和资本有机构成的提高，是工业化的必然现象，尤其是在工业化起飞阶段，当技术和资本"瓶颈"被突破后，伴随着大量人口向非农产业转移和城市化加速，经济规模的剧烈扩张是不可避免的，尤其是对我们这样一个农业人口众多的大国，更是必要的。应该肯定，随着改革开放的深入和经济发展水平的不断提高，不仅中国共产党和全国人民主观上对转变经济增长方式必要性和紧迫性的认识不断提高，而且我国的经济效益在改革开放以来还是取得了巨大进展的，尽管不尽如人意。当前，资源的匮乏和环境的脆弱，的确已经成为制约我国经济持续高速、稳定增长的最大因素。因此，经济增长方式的转变仍然有赖于深化改革，必须建立保证科学发展观得以贯彻实施的长效机制。② 其三体现在对具体区域，部门的发展战略研究。包括西部大开发战略，中部崛起战略，科教兴国战略，农业农村发展战略，可持续发展战略等。这里特别指出对可持续发展战略的看法。赵凌云主编《中国共产党经济工作史》(2011年版)，何炼成，李忠民主编《中国特色社会主义发展经济学》(2009年版)，庞仁芝著《科学

---

① 李德水．加快转变经济增长方式[J]．求是，2005(21)．

② 武力．中国共产党对转变经济增长方式的认识与实践[J]．教学研究，2006(5)．

发展观——中国共产党人不懈探索的结晶》(2007 年版)等，把可持续发展战略的重要性放在了和西部大开发战略，中部崛起战略，科教兴国战略同等的高度。

战略方针方面。战略方针，即战略指导思想。它体现一个国家经济发展的基本理念，是经济发展战略的灵魂，它规范并制约着战略各要素。一是对改革开放战略的研究。魏杰认为，改革开放三十年以来，我国经济发展大致上经历了两个阶段，实行了两种不同的战略：一个是充分利用国内资源而争夺和占领国际市场的阶段；一个是整合国际资源而开发国内市场的阶段。① 罗发海认为邓小平在新的历史时期顺应广大人民群众的呼声，将“以人为本”确定为制定改革开放战略的重要支点，由他所开创的新时期改革开放战略的目的之一就是要实现“以人为本”；充分尊重人民群众的创新精神，并作为改革开放战略决策的重要形成机制。② 二是对比较优势、竞争优势、后发优势理论的研究。代表著作有林毅夫的《论经济发展战略》(2005 年版)。林毅夫在论述其比较优势思想的时候，把“东亚奇迹”作为比较优势应用成功的经典案例。三是对科学发展的研究。顾海良认为准确把握中国特色社会主义“经济的事实”，把马克思主义基本原理与当代中国的实际结合起来，才能说出适合于中国经济发展实际的“新话”。③ 简新华等认为，树立科学的发展观，是正确有效地解决为什么发展、发展什么和怎样发展等重大问题的关键。有什么样的发展观，就会有什么样的发展道路、发展模式和发展战略，就会对发展的实践产生根本性、全局性的重大影响，不同的发展观往往会导致不同的发展结果。全面、协调、可持续的科学发展观是我国站在现代的高度，在深刻总结国内外发展问题上的经验教训、全面吸

---

① 魏杰．改革开放三十年来中国对外开放战略的变革[J]．中国金融，2008(6)．

② 罗发海．以人为本是邓小平制定改革开放战略的重要支点[J]．当代世界与社会主义，2006(3)．

③ 顾海良．中国特色社会主义经济学的理论创新[J]．前线，2011(8)．

收已有的经济和社会发展理论研究成果的基础上，提出的更新的发展观。①。

战略实施方面。这方面的研究比较具体，主要研究热点包括中国政府职能的转换，自主创新战略，中国能源战略等。

此外，有不少关于中国经济发展战略的综合研究，其中包括对中国发展五年规划的研究。如《科学发展观与中国"十一五"经济社会发展战略》，红旗出版社 2005 年版；国家发展和改革委员会经济研究所《中国经济："十二五"战略思路与政策选择》，经济科学出版社 2010 年版。吴敬琏、厉以宁、林毅夫、周其仁合著《供给侧改革引领"十三五"》，中信出版社 2016 年版。

① 简新华，曾宪明．科学发展观的形成、贡献和落实[J]．经济动态，2005(1).

## 第三节　经济发展战略学的一般理论

### 一、经济发展战略学的兴起

“战略”在英文里一般解释为“strategy”，它来源于古希腊“strategem”，最初是一个军事上的概念，逐渐地作为军事概念的同时慢慢地又演化为一个政治概念，随后又运用于经济领域。在中国，战略一词很早便出现了，“战”指战争，略指“谋略”。春秋时期，我国古代杰出的军事家、战略家孙武在其所著的《孙子兵法》一书中作了对战略问题的最早的论述。后来战略一词逐步发展演变为指具有全局性的，面向未来的方案和对策。在现代其涵义演变为泛指统领性的、全局性的、左右胜败的谋略、方案和对策。美国达梯莱斯学院的管理学教授魁因(J. B. Quinn)认为，战略包括三个因素：(1)可以达到在一定条件下的最主要的目标；(2)指导或约束经营活动的重要政策；(3)可以在一定条件下实现预期目标的主要活动程序和项目。

后来随着社会生活的发展，战略一词由于其所具有的从全局、大局通盘考虑的特点，逐渐运用于政治领域，第二次世界大战之后，经济因素在社会生活中的基础地位越来越被人们所重视，经济力量越来越成为决定一个国家国际地位高低的决定因素，“经济战略”一词也被提出。最先提出“经济战略”一词的是美国学者艾伯特·赫希曼，他出版了世界上第一本以“经济发展战略”为名的著作《经济发展战略》。在他的著作中经济发展战略被定义为：在较长的期间内，一个国家制定的对经济发展具有全局性的、面向未来的、关键性的思想规划和方案。

## 二、经济发展战略学的研究对象

“经济发展战略学的研究对象是经济以及与经济相关联的其他社会生活发展中，对有关全局性、长远性、主导性问题进行决策的理论和方法”①。经济发展战略学研究的领域是经济生活以及与经济发展具有内在的必然联系的教育、科学、技术、文化以及生态、环境等有关方面。在社会生活中还有一些活动或部门如军事、外交、政治和政党等的发展则不属于经济发展战略学研究的领域。当然这不等于在军事、外交、政治与政党发展中没有战略问题，如前所述，战略概念是首先从这些领域中产生的。经济发展战略学研究的方向是经济社会发展中的全局性、长远性、主导性问题，而不是眼前的具体问题。这一研究范围是由战略的属性决定的。全局性是战略的基本属性之一。全局性是与局部性相对的。全局性具有不同的层次，在不同的范围内，各有其全局性问题。长远性是战略的另一个基本属性，不同的战略主体所遇到的长远性问题的内容是不同的。

## 三、经济发展战略的类型

战略类型是基于战略主体的不同而有所区分，在由不同的战略主体而区分的发展战略中，又因战略任务不同、实现战略目标的路径不同等而形成多种战略类型。所谓战略主体回答的是谁来制定战略和为谁制定战略的问题。因此，战略主体是指战略制定的主体和战略服务的对象，但它不是指具体研制战略方案的人员和机构。由于战略主体的多样性，

① 李成勋．经济发展战略学[M]．知识产权出版社，2009：194.

可分为产业战略、区域战略、企业战略、要素战略，此外还有各种专项战略，如某种产品或技术的研究与开发战略等。不同类型的发展战略又因为其涵盖面的规模不同，可分为宏观战略、中观战略和微观战略。

总体战略是以国家为战略主体并为全国的经济社会发展服务的一种战略。它是全国经济社会发展中有关全局性长远性问题的谋划和决策。就其内容而言，它必须包含战略分析以及战略方针、战略目标、战略重点、战略阶段、战略对策等要素。由于战略任务不同，可以把战略类型分为富民战略、现代化战略、加速发展战略。根据实现战略目标的路径不同，可以把战略类型分为开放带动战略、技术创新战略。从布局方式可以把战略类型划分为倾斜布局战略、平衡布局战略。①

## 四、经济发展战略的构成要素

战略要素就是战略决策的要素，经济发展战略要素是指制定任何一种类型和任何一个层次的经济发展战略都必须具备的基本内涵。基本的战略要素有：战略环境或战略形势、战略目标和战略步骤、战略方针、战略任务、战略重点、战略实施。

战略环境或战略形势。主要是：世界经济发展动因和趋势及其对一国经济发展带来的机遇和威胁；国内经济发展的优势条件和制约因素。

战略目标和战略步骤。战略目标是在一个较长时期内关于经济发展的奋斗目标，是人们想要达到或实现的整个经济发展方向。战略目标是战略的主干，战略步骤、战略重点、战略对策等都是根据战略目标制定的。战略目标能否实现，关系到战略全局。

战略方针，即战略指导思想。它是根据国内外经济发展环境和趋势，结合本国的实际情况、发展潜力、发展优势以及迫切需要解决的重大问题来确定的。它体现一个国家经济发展的基本理念，是经济发展战

① 李成勋．经济发展战略学[M]．知识产权出版社，2009：194.

略的灵魂，它规范并制约着战略各要素。

战略任务。战略任务既是对战略目标的具体化，也是为了实现战略目标而确定的。

战略重点，是保障战略目标实现的支撑点，是指对实现经济持续、快速发展具有全局意义和开发潜力，而又必须加强的产业、行业和急需解决的重大问题。

战略实施。包括战略实施主体和战略实施手段，即为了实现战略目标及战略任务，从宏观层面上确定的有针对性的战略对策。战略、战术要有机结合，便于操作，易于实施，使战略形成强大合力，凝聚人力、物力、财力、科技力、政策力。

在战略诸要素中，战略方针是整个战略决策的灵魂，战略目标是核心，战略任务和战略重点是贯彻战略方针和实现战略目标的手段。战略决策实际上就是对战略要素的选择和确定。制定战略就是确定各个战略要素的内容。不同性质和不同形式的战略都是由于战略要素的内容不同所致。如果一个战略的基本要素改变了，特别是战略方针和战略目标改变了，那么战略的性质也就改变了。所以研究战略要素是研究经济发展战略学的首要任务。

## 第四节　本书的研究思路及方法

### 一、本书的研究方法

第一，历史与逻辑相结合。历史与逻辑相结合是指主观的逻辑要以客观的历史为基础。本书在写作过程中始终遵循历史与逻辑相结合的研究方法，一方面按照历史发展进程，把中国共产党自中华人民共和国成立以来的经济发展战略思想作为一个有机统一的整体，分析了其发展的主线和不同历史阶段，另一方面按照逻辑次序，对党的每个历史阶段经济发展战略思想的具体内容做出了归纳和总结。

第二，分析与综合相结合。分析与综合相结合是指把研究对象的部分和整体有机联系在一起的认识方法。本书在写作过程中始终遵循分析与综合相结合的研究方法。具体而言，“综合”表现在以下两个方面：其一，本书从整体上对中国共产党经济发展战略思想的主线和发展阶段进行了探讨，从总体上分析党的经济发展战略思想的理论渊源、演变创新。其二，在党制定经济发展战略的各个历史阶段，对这一阶段经济发展战略的形成背景、主体内容以及特点进行了总体考察与评价。“分析”表现在以下三个方面：其一，把中华人民共和国成立后党的经济发展战略思想划分为五个发展阶段，并逐一展开分析；其二，按照战略环境，战略目标，战略方针，战略重点，分别对每个阶段党的经济思想进行了分析和阐述；其三，党的经济发展战略思想的五个发展阶段与每一阶段的战略环境，战略目标，战略方针，战略重点，无论是在纵向发展还是横向联系上，都存在着紧密的逻辑衔接。因此，通过文章的分析，可以总结出，中国共产党执政以来，所制定的经济发展战略在执行中有成功，有经验，有失误，有教训，有合理性，有片面性，但正是如此，以实现“中国梦”为主题的经济发展战略思想是在建设过程中不断探索不断进步的结晶。

第三，经济思想与经济实践相结合。任何思想均来源于实践，实践是思想形成的基础，同时是检验思想正确与否的唯一标准，经济思想亦不例外。党的每一阶段经济发展战略思想的形成，都离不开特定的时代背景和经济建设实践。本书始终遵循经济思想与经济实践相统一的研究方法，在分析党每一阶段制定经济发展战略思想之前，均对时代背景和与之相联系的经济建设实践进行了阐述，坚持了经济思想与经济实践的统一。

## 二、本书的结构框架

本书主要内容共分七部分。

导论部分主要提出了研究问题的背景和意义，研究的方法及论文结构。介绍了“中国梦”研究的现状与展望，对“中国梦”提出的背景、科学内涵、精神实质、实现“中国梦”的保障要素及实施步骤进行了高度的理论研究综述。此外，还介绍了经济发展战略学的一般理论，包括经济发展战略学的兴起、研究对象、类型及构成要素。在国外研究现状部分介绍了可供借鉴的西方经济发展战略理论。在国内研究现状部分，一方面介绍了改革开放以后我国经济学家关于经济发展战略研究的经典著作，另一方面，鉴于本书是针对战略要素分阶段进行分析，因此还介绍了按经济发展战略要素分类进行研究的现状。

第一章，从承梦的视角，介绍中国共产党制定经济发展战略的理论渊源。马克思、恩格斯、列宁、斯大林关于经济发展思想的相关论述是党在中华人民共和国成立后制定经济发展战略的直接理论来源。马克思、恩格斯、列宁、斯大林关于经济发展的思想是相当丰富的，本章有选择性地介绍了马克思、恩格斯关于人与自然要协调发展的思想，科学是生产力的思想，对外贸易的思想；介绍了列宁的重点增长和优先增长理论，新经济政策理论及发展对外经济关系理论；介绍了斯大林论证的要高速度的实现工业化及价值规律的作用。并将这些思想针对在文章中提出的不同阶段的战略目标，战略方针和战略重点进行了联系分析。

第二章，从寻梦的视角，介绍计划经济体制下党关于经济发展战略的探索。本章对中华人民共和国成立后至改革开放前这段时间党所制定的经济发展战略按时间顺序进行梳理，分为"一五"计划时期(1953—1956年)，大跃进时期(1957—1959年)，调整期(1960—1965年)，"文革"时期(1966—1976年)。其中"文革"时期，因为提出以阶级斗争为纲，偏离了经济建设，这一时期建设的出发点是备战，因此主要特征是备战型发展战略。通过分析这一时期不同阶段的战略重点及实施效果，总结这一阶段党在积极探索中的失误和成就，为改革开放后党的经济发展战略思想的重大转折提供经验和教训的借鉴。

第三章，从释梦的视角，介绍1977年至1991年，重新回以经济建设为中心的经济发展战略思想的重大转折。本章介绍了"三步走"和小康社会的战略目标，台阶式发展和先富而后共富的战略布局，提出了发展是硬道理、实施改革开放、正确处理改革发展稳定关系的战略方针，并介绍了带动经济发展的三大战略重点。本章小结部分概括了经济发展战略思想重大转折的特征，这一阶段党制定的发展战略目标，战略方针，战略重点已经体现出以人为本，平衡协调发展的特征，为中国梦战略思想的提出奠定了理论基石。

第四章，从追梦的视角，介绍1992年至2002年，以可持续发展为方向的经济发展战略思想的丰富。这一阶段党的经济发展战略思想在继承中丰富发展。战略目标上提出了丰富第三步战略的"新三步走"战略，从小康生活进一步提出实现全面小康。从发展是硬道理进一步强调发展是党执政兴国的第一要务，并提出深化发展的战略举措。但是由于片面理解加快经济发展，将经济发展理解为单纯的经济增长，导致经济工作出现诸多失误，党中央及时明确提出了人与自然、经济、文化全面协调可持续的新的发展观。可持续发展战略是科学发展观重大战略思想的前奏。

第五章，从筑梦的视角，介绍2003年至2012年，以科学发展观为主题的经济发展战略思想的新开拓。党的十七大，因时制宜，因地制宜地提出科学发展观的重大战略思想，以科学发展为主题的经济发展战略思想是一脉相承又与时俱进的。这一阶段发展的主要任务是实现全面建成小康社会的奋斗目标。科学发展观是全面建设小康社会的根本战略指南。科学发展观是党在这一时期制定经济发展战略的核心指导思想，并以此为指导，做出全面建成小康社会，实现科学发展新局面的战略部署。

第六章，从圆梦的视角，介绍2012年至今，以“四个全面”为重点的经济发展战略思想的新布局。中国梦作为中国人的信仰，在贯彻落实科学发展观过程中提出，赋予科学发展观话语体系目标性内涵。“四个全面”是助力我们跨过“中等收入陷阱”，主动适应新常态的战略布局；是实现“两个一百年”奋斗目标和中华民族伟大复兴中国梦的必由之路。根据党的“十八”提出的总依据、总布局和总任务，制定经济发展战略的总依据就是要求准确把握经济发展新常态，制定经济发展战略的总布局就是要秉承“五大”发展理念，坚持经济在新起点上转型升级，制定经济发展战略的总任务就是确保为全面建成小康社会提供物质保障。党的十九大报告指出：“中华民族伟大复兴，绝不是轻轻松松、敲锣打鼓就能实现的。全党必须准备付出更为艰巨、更为艰苦的努力。”①既立足实现中华民族伟大复兴的中国梦现实物质基础找到

① 习近平．决胜全面建成小康社会　夺取新时代中国特色社会主义伟大胜利［M］．人民出版社，2017：15.

实现中国梦的自信，也要在正视经济发展挑战的困难中砥砺前行，从微观、中观、宏观、国际经济关系、政府治理的角度提出筑圆中国梦的经济战略路径。

# 第一章

# 承梦：党制定经济发展战略的理论渊源

人类梦想在根源上都不是思想自身的封闭产物，都是一定的人类社会发展的历史条件及其内在矛盾在意识上的反映。个人的梦也许充满了偶然性。但是，如果是一个民族、一个国家、一个社会之梦，那么就必然具有时代性和历史性，民族性和阶级性。几千年来，人类有过无数的梦想。从内容上说，大致可以概括为两个方面：一是梦想人类从自然压迫中解放出来争取自由，二是梦想人类从社会压迫中解放出来争取自由。自从人类进入资本主义社会以来，资本主义社会化大生产在造就空前财富的同时也造就了无产阶级和整个社会的苦难。为了救赎，一批空想社会主义者如康帕内拉、圣西门、傅立叶、欧文等纷纷做起整个人类解放、用走向世界共产主义来有效摆脱资本主义苦难的历史大梦。"太阳城"、"乌托邦"、"法伦斯泰尔"、"伊加利亚"等梦想及其实验至今仍激励着全世界的人们。这一梦想是崇高的和伟大的，因为没有这一崇高理想，就不可能有马克思恩格斯后来的科学社会主义。马克思恩格斯不但没有放弃前者的梦想，相反还是以前者为前提、表现为把前者的梦想彻底地贯彻到底的结果。尽管两者的梦想目标具有共同性，然而，之所以一为空想、一为科学，关键在于马克思恩格斯发现了客观历史规律，找到了通向梦想、实现梦想的科学道路。马克思说，"共产主义对我们来说不是应当确立的状况"①，而是"消灭现存状况的现实的运动"②，马克思在物质生产和再生产基础上发现了人类历史运动的一般规律，由此用于分析资本主义生产中剩余价值产生的秘密，形成剩余价值理论，从而使资本主义必然灭亡、社会主义必然胜利的思想从一个纯粹的梦想变成一个科学结论。

任何科学理论的产生和形成都有其特定的思想理论渊源，马克思主义经典作家的经济思想给中国共产党人以伟大的认识工具，是中国共产党人分析经济问题、形成经济思想的重要指南。本章着重论述马克思、

① 马克思恩格斯选集(第1卷)[M]. 人民出版社，2012：87.

② 马克思恩格斯选集(第1卷)[M]. 人民出版社，2012：230.

恩格斯、列宁、斯大林这些马克思主义经典作家的经济思想，特别论述其中对中国共产党经济发展战略思想的形成和发展起到重要影响的理论。

## 第一节　马克思恩格斯的经济发展理论论述

在马克思、恩格斯的论著中，包含着极其丰富和深邃的经济发展思想和理论。本节从中国共产党科学制定宏观经济发展战略的角度，探寻马克思恩格斯所做的巨大理论贡献。

### 一、马克思恩格斯关于人与自然协调发展的思想

马克思恩格斯关于人与自然协调发展的思想，对改革开放后期可持续发展和科学发展战略关注生态文明产生了积极影响。

#### (一)要预防生产对自然资源的严重破坏

恩格斯在《自然辩证法》中列举了几个利用自然资源时不考虑后果的触目惊心的事实：小亚细亚、希腊、美索不达米亚等地的居民，砍掉了大片的森林，目的是想得到耕地，但是因为这些地方没有了森林，积聚和贮存水分的能力就丧失了，通过砍倒了树木而获得的耕地慢慢变成荒芜的不毛之地。还有阿尔卑斯山的意大利人，北坡的松林被他们砍光后，这一区域里的高山畜牧业基础受到了严重摧毁，这是他们始料未及的；他们更没有预料到的是更加凶猛的洪水在雨季无情地倾泻到平原上，一年中的大部分时间山泉也是枯竭的。在恩格斯看来，是由于人们的短视，只考虑眼前的利益，只注意到最初的、最直接的和最显著的结

果，所以造成这些对自然资源的严重破坏。因此，恩格斯指出："经过长期的、往往是痛苦的经验，经过对历史材料的比较和研究，我们也渐渐学会了认清我们的生产活动的间接的、较远的社会影响，因而我们也就有可能去控制和调节这些影响。"①

### （二）要注重对自然资源的合理利用

其一，节约使用自然资源。节约使用自然资源有多种多样的途径。首先，生产满足需求，适应需求。马克思说："一定的物品只有在一定的限度内才能被消费，才是需要的对象。例如，只能吃掉一定数量的谷物等。因此，产品作为使用价值在自身中含有某种限制，即对该产品的需要的限制，但这种限制现在不是由生产者的需要来计量，而是由交换者的总需要来计量。当不再需要某种特定的使用价值时，产品就不再是使用价值。"②其次，生产畅销产品，减少废品、次品等。没有销路的产品和废品、次品，在生产过程中花费了自然资源，因不能满足或不能很好满足人们的需要，必然会造成浪费。如果生产满足人们需要的产品并且减少废品和次品，自然资源就能实现节约。再次，对排泄物的利用。马克思把排泄物分为生产排泄物和生活排泄物两类。前者指的是工业和农业中的废料，后者指的是人在自然新陈代谢过程中产生的排泄物和消费后的残留物。利用这些废物，既可改善生态环境，又可以节约自然资源。最后，革新机器设备和其他生产要素。马克思引用的一份工厂视察员的报告中写道："总之，有了完善的工厂设备和改良的机器，我少算些，也节省了10%的劳动，并且还大大节省了动力、煤炭、机油、油脂、传动轴、皮带等。"③

其二，因地制宜、因时制宜地利用自然资源。自然条件对社会生产

① 马克思恩格斯选集(第4卷)[M]. 人民出版社，1995：385.
② 马克思恩格斯全集(第46卷)(上)[M]. 人民出版社，1979：387.
③ 马克思恩格斯全集(第25卷)[M]. 人民出版社，1974：116.

的各个部门所起的作用是极不相同的。一般说来，自然条件对农业部门的影响最大。恩格斯指出，对自然界的统治规模，在工业中比在农业中大得多，直到今天农业不但不能控制气候，还不得不受气候的控制。为此，人们就在努力地因地制宜、因时制宜地利用和创造适应气候等自然条件的种种方法。“在图兰平原的气候条件下，没有供漫长而严寒的冬季用的饲料储备，游牧生活是不可能的；因此，牧草栽培和谷物种植，在这里就成了必要条件。”①

其三，注重对自然资源进行综合开发。一般来讲，自然资源的功能是多方面的。这就要求人们在利用自然资源时，不仅要善于发现其功能的多样性，而且要善于对自然资源的多种功能进行开发和综合利用，使有限的自然资源的作用得到充分的最大限度的发挥。马克思列举了许多具体事例，说明了人们能够从被认为是“废品”的东西中发现大量有用之物。如：以前几乎毫无用处的煤焦油变为苯胺染料、甚至变成药品等；使用经过改良了的机器，能够把以前认为毫无用处的废丝制成有许多用途的丝织品，等等。

### (三)让科技推动自然资源的使用从粗放型转为集约型

马克思认为，科学技术的进步，以及科学技术成果在社会生产中的应用，对于人们利用自然资源的过程起着重大的作用。马克思写道：“随着自然科学和农艺学的发展，土地的肥力也在变化，因为各种能使土地的要素立即被人利用的手段在发生变化。”②当已被利用过的自然资源所生产出来的产品不能满足社会需求之后，人们只能采取以下两种政策：一是在继续使用原有的自然资源时，发现和利用新的自然资源；二是改变对原有自然资源的使用方式，使粗放型的使用方式转变为集约型

① 马克思恩格斯全集(第21卷)[M]. 人民出版社，1965：184.
② 马克思恩格斯全集(第25卷)[M]. 人民出版社，1974：867.

的使用方式。马克思特别关注农业的改良，阐明原先不能为生产服务的自然资源随着自然科学和农艺学的发展可以为人类生产服务，使劣质的自然资源更好地为人类生产服务。他列举了大量农业改良的实例。例如：采用不同品种杂交的方法增加牲畜头数和改良畜牧业，应用改良的排灌法，实行更合理的轮作，用骨粉做肥料等科学技术成果，也能使自然资源更好地为经济发展服务。

## 二、马克思恩格斯关于科学技术发展和进步的经济学意义的论证

马克思和恩格斯都十分关注科学技术的发展对社会经济生活各个方面带来的重大变化。马克思对科学技术和生产力理论的研究，贯穿其经济思想的全过程。其相关思想指引了我国建设的不同时期，从“向科学进军”到“科学技术是第一生产力”到“科教兴国”到“人才强国”到“创新型国家建设”的重大经济发展战略的制定。

### (一)科学技术是推动生产力发展的重要力量

第一，科学技术是经济发展的前提。马克思认为生产力里面包括科学，现代社会，不管它是处于何种制度，都是以社会生产力一定程度的发展为前提的。马克思说：“再生产到处都是以固定资本和原材料以及科学力量的作用为前提的。所谓科学力量，不仅指它自身，而且还包括为生产所占有的、甚至已经实现于生产中的科学力量。”①没有科学技术这个前提，就没有不断扩大的再生产，从而也就没有社会经济的不断发展。

第二，科学技术是社会财富的重要源泉。马克思认为由于科学技术的不断发展及其在社会生产过程中越来越广泛的应用，社会财富的创造

① 马克思恩格斯列宁斯大林论科学技术[M]. 人民出版社，1979：31.

越来越依赖于科学技术，劳动者进行的直接劳动所耗费的劳动量，变得不再是财富生产的决定因素。马克思指出："随着大工业的发展，现实财富的创造较少地取决于劳动时间和已耗费的劳动量，较多地取决于在劳动时间内所运用的动因的力量，而这种动因自身——它们的巨大效率——又和生产它们所花费的直接劳动时间不成比例，相反的却取决于一般的科学水平和技术进步，或者说取决于科学在生产上的应用。"①

第三，科学技术是提高劳动生产率的重要因素。恩格斯以远距离送电试验成功为例，对科学技术成就在提高劳动生产率中的作用给予高度的评价。他指出："德普勒的最新发现在于，能够把高压电流在能量损失较小的情况下通过普通电报线输送到迄今连做梦也想不到的远距离，并在那一端加以利用——这件事还只是处于萌芽状态——，这一发现使工业彻底摆脱几乎所有的地方条件的限制，并且使极遥远的水力的利用成为可能，如果在最初它只是对城市有利，那么到最后它将成为消除城乡对立的最强有力的杠杆。非常明显的是，生产力将因此得到大发展。"②

第四，科学技术是节省生产成本的重要途径之一。马克思和恩格斯阐明应用科学技术可以导致生产成本降低。"只要自然科学教人以自然因素来代替人的劳动，而不用机器或者只用以前那些机器(例如利用蒸汽锅炉，利用许多化学过程等，也许比以前还便宜)，它就可以使资本家(以及社会)不费分文，而使商品绝对降价。"③

### (二)科学技术资源是变革劳动组织、经济结构、经济制度从而推动经济发展的巨大动力

首先，劳动组织会因为科学技术的发展及其在生产中的应用而引起

---

① 马克思恩格斯全集(第46卷)(下)[M]. 人民出版社，1980：217.
② 马克思恩格斯选集(第4卷)[M]. 人民出版社，1995：654.
③ 马克思恩格斯全集(第26卷)(Ⅱ)[M]. 人民出版社，1973：630-631.

变革。马克思认为，机器是科学技术的物化形式，由于机器的使用，产生了新的劳动组织，这与工场手工业和简单协作中的劳动组织有很大差别。在工场手工业时期，工场内的生产协作方式可以由工人局部的主观结合。在机器大工业时期，机器化流水线的生产方式决定了整体工人的社会化协同劳动，这在劳动过程的组织方面是一个巨大的变革。推动这一变革的动力，是来自科学技术的物化形式——机器的采用。

其次，科学技术的发展及其在社会生产中的应用，将引起全部经济结构的重大变革。科学技术在社会生产中的应用，必然引起社会生产的技术基础的变革，从而在社会内部的各种结构及其比例关系都会随着发生变革。一些生产部门削弱了，一些生产部门拓展了，一些新的生产部门诞生了，一些旧的生产部门被淘汰了。各生产部门中的行业、企业也是如此。

最后，社会经济制度会因为科学技术的发展及其在社会生产中的应用而发生根本改造。恩格斯指出，在马克思看来，科学是社会历史发展的有力的杠杆，是一种在历史上起推动作用的最高意义上的革命力量，科学技术本身并不创造新的生产关系，但是科学技术的进步却能通过生产力的中介作用，促进生产关系的变革以及新的生产关系的产生。①

### （三）国家推动科学技术发展应该采取的一般措施

第一，科学技术工作要面向经济现实。恩格斯曾经明确地说明了是生产决定科学的产生和发展，是经济发展的需要才产生了科学并决定了科学发展的方向。恩格斯指出："天文学——游牧民族和农业民族为了定季节，就已经绝对需要它。天文学只有借助于数学才能发展。因此也开始了数学的研究。——后来，在农业发展的某一阶段和在某个地区（埃及的提水灌溉），而特别是随着城市和大建筑物的产生以及工业的

① 顾海良．马克思经济思想的当代视角［M］．经济科学出版社，2005：309.

发展，力学也发展起来了。不久，航海和战争也都需要数学的帮助，因而又推动了数学的发展。这样，科学的发生和发展一开始就是由生产决定的。”①

第二，发展教育事业，普及科学技术知识。恩格斯十分重视劳动者和未来劳动者的技术教育。恩格斯认为：“如果技术教育能够一方面设法至少使那些最富有生命力的最普遍的工业部门的经营比较合理，另一方面又对儿童事先进行普通技术训练，使他们能够比较容易地转到其他工业部门，那么，技术教育也许就能够最快地达到自己的目的。”②科学技术的发展状况和水平不仅取决于科学技术工作者队伍的状况、科学技术条件和国家的经济实力，而且也取决于广大劳动群众的文化水平和科学技术知识掌握的状况。

第三，学习和利用国外先进的科学技术。马克思明确指出：“一个国家应该而且可以向其他国家学习”③，在这里所说的学习，当然也包括学习国外先进的科学技术。恩格斯在《自然辩证法》一书中就谈道，人类很早以前就开始了科学技术成果的国际交流。在中世纪，东方及其他地区的大量发明输入欧洲，“提供了古代从未想到过的、虽然还未系统化的许多科学事实：磁针、印刷、活字、亚麻纸(十二世纪以来阿拉伯人和西班牙犹太人所使用的；棉纸自十世纪以来就逐渐出现，而在十三和十四世纪已经传布得更广，莎草纸从阿拉伯人占领埃及以后看就根本不再使用了)、火药、眼镜、在计时上和力学上是一巨大进步的机械时计”。④

## 三、马克思恩格斯关于对外贸易促进经济发展的思想

马克思主义的理论和实际相结合是我国社会主义经济建设事业取得

① 自然辩证法[M]. 人民出版社，1975：162.
② 马克思恩格斯全集(第34卷)[M]. 人民出版社，1971：428.
③ 马克思恩格斯选集(第2卷)[M]. 人民出版社，1995：101.
④ 自然辩证法[M]. 人民出版社，1975：169.

巨大成就的根本指导思想。马克思在整个《资本论》的创作过程中，关于对外贸易的研究是一直受到重视的。他认为资本主义国民生产和世界市场的重要组成部分就是对外贸易，因此对外贸易是对资本主义经济制度考察中的一个重点。从社会化大生产的角度，其中的一些思想和观点，有助于我们认识对外贸易在国民经济中的重要地位和作用，对我们不断深化对外开放、积极推进对外开放战略有着重要的指导意义。

### (一)对外贸易对经济发展有重要的作用

第一，通过对外贸易，可以互通有无，为经济增长和经济发展准备有利的条件。随着社会分工和经济的发展，任何一个国家都不可能单独地解决进行社会资本简单再生产和社会资本扩大再生产所必需的生产资料和生活资料，只有越来越多地通过对外贸易才能解决。马克思指出“如果一个国家自己不能把资本积累所需要的那个数量的机器生产出来，它就要从国外购买。如果它自己不能把所需数量的生活资料(用于工资)和原料生产出来，情况也会如此。”①

第二，通过对外贸易，能提高经济效益和效率，使经济得到增长和发展。马克思认为，对外贸易是包括经济发达的国家和经济落后的国家在内的一切国家提高经济效益和效率、增加国民财富、推动国民经济发展的有效途径。各国的资源状况各不相同，有其优势，也有劣势，通过对外贸易扬长避短，可以迅速提高经济效益和效率，增加国民财富，推动经济发展。

第三，通过对外贸易，可以提高产品质量，增加产品种类，满足人们的社会需要，促进经济发展。马克思指出，在世界市场上参与竞争的主要不是商品生产者或小业主，而是采用机器大工业方式进行生产的商品生产者。为了获得竞争的优势地位，他们不仅要不断地变革生产方

① 马克思恩格斯全集(第26卷)(Ⅱ)[M]. 人民出版社，1973：560.

式，以便生产出更多的廉价的产品，而且非常重视产品质量的提高、产品品种和产品功能的增多，即“大工业造成的新的世界市场关系也引起产品的精致和多样化”①。

### （二）只有实行自由贸易，生产力才能够获得充分的发展

保护关税政策和自由贸易政策是对外贸易的两个基本政策。任何一个国家只要开展对外贸易，不是实行保护关税政策，就是自由贸易政策，或者这两种政策交替使用。马克思和恩格斯对这两种对外贸易政策在经济发展不同时期的作用分别进行了辩证深入的分析。

关于保护关税政策的作用：

第一，保护关税政策能够对经济相对落后的国家建立的民族工业体系起到培植和保护作用。实行保护关税政策，实际上就是经济相对落后的国家利用自己的主权对付国外竞争者的竞争，也就是“把一个国家的资本武装起来和别国的资本做斗争，加强一个国家的资本反对外国资本的力量”。② 因此，它的实施能够有效地抵御经济发达国家的资本的竞争，避免由此产生的竞争的失败后果，这就有利于培植和保护本国的民族工业体系。

第二，实行保护关税政策，能够在某种程度上加速资本积累。马克思写道：“实行保护关税的一整套制度，随同对外贸易、殖民制度和信用制度的发展，靠牺牲劳动者阶级和旧日小土地贵族的利益而在某种程度上加速了积累即资本积累。”③实施保护关税政策的国家，由于限制或排除了国外商品进入本国市场，使本国商品能占领国内市场，实现已增值的价值，从而在一定程度上有利于资本积累，壮大本国经济实力。

第三，实行保护关税政策，能在一定时期和一定程度上限制经济危

---

① 马克思恩格斯全集(第23卷)[M]. 人民出版社，1972：487.

② 马克思恩格斯全集(第4卷)[M]. 人民出版社，1958：284.

③ 马克思恩格斯全集(第48卷)[M]. 人民出版社，1985：104.

机的转嫁。恩格斯于19世纪末在洞察了资本主义国家经济发展的态势时写道："国外市场上的竞争也由于保护关税(英国以外的一切大工业国都用这个办法来保护自己)的实行而受到限制。"①由于实行保护关税政策，对进入本国市场的国外商品课以重税，这就在事实上造成了一种关税壁垒，阻止国外商品的入侵。资本主义国家一旦发生了经济危机之后，必然把过剩商品输往世界各国，以图转嫁危机。实行保护关税的国家利用保护关税的手段，限制和阻止国外商品进入本国市场，从而限制和阻止经济危机的转嫁。

关于自由贸易政策的利弊：

对于一个国家实行保护关税政策，马克思曾指出："对于任何一个有希望获得成功而力求在世界市场上取得独立地位的国家都会变成不能忍受的镣铐"②。这意味着，实行保护关税政策，对于该国经济发展在一定时期内和在一定程度上是有利的。但是，这一政策在实施了一段时期之后，对本国经济发展的消极作用就会暴露出来。

实行自由贸易制度，即彻底实现自由竞争的原则，就意味着取消阻止经济发达国家的廉价商品进入各国市场的关税壁垒，使经济发达的国家获得了不断发展的大机器工业所绝对需要、不断扩大的市场，这就为经济增长和经济发展创造了必要的前提条件。这一积极意义，马克思曾指出"只有实行自由贸易，蒸汽、电力、机器的巨大生产力才能够获得充分的发展。"③这一政策对于经济发达的国家来讲是最为有利的，因此在18世纪后半期完成产业革命之后的英国首先实行了自由贸易。

马克思和恩格斯反复强调，实行自由贸易政策，受益最大的当然是经济发达的国家。由此不难理解，自英国首倡自由贸易以来的几百年中，最热衷于自由贸易的国家，总是世界上经济比较发达的国家。也是在这几百年中，经济比较落后的国家面对发达国家的自由贸易压力，不

---

① 马克思恩格斯全集(第25卷)[M]. 人民出版社，1974：554.
② 马克思恩格斯全集(第21卷)[M]. 人民出版社，1965：431.
③ 马克思恩格斯全集(第21卷)[M]. 人民出版社，1965：416.

得不在某些领域实行保护关税政策。

恩格斯不仅看到了资本主义条件下实行自由贸易政策对经济发展的促进作用，而且也看到了这一政策的实行对经济发展起到的破坏作用。他指出："在实行自由贸易以后，政治经济学的全部规律及其最惊人的矛盾将在更大的范围内，在更广的区域里，在全世界的土地上发生作用。"①因此实行对外贸易政策，对经济发展的作用具有二重性："从一切方面刺激生产的发展，可是恰恰由于这个缘故，它也将在同样程度上促成生产过剩、商品充斥和商业动荡。"②

---

① 马克思恩格斯全集(第4卷)[M]. 人民出版社，1958：295-296.

② 马克思恩格斯全集(第4卷)[M]. 人民出版社，1958：288.

## 第二节　列宁相关的经济发展理论论述

在 20 世纪初新的历史条件下，列宁继承和发展了马克思主义的科学世界观，坚持从俄国的实际出发，积极探索经济文化落后条件下社会主义的发展道路。俄国取得十月革命的胜利之后，为了巩固了新生的苏维埃政权，列宁领导俄国党和人民开始了在极度落后的社会生产力条件下建设社会主义的探索，其中重要的过渡期就是实现了从战时共产主义到新经济政策的转变。在这一积极的探索过程中，列宁提出了一些理论，为随后建立的社会主义国家提供了宝贵的理论和经验借鉴，其中一部分经济思想对中国共产党经济发展战略思想的形成和发展产生了重要影响。

### 一、重点增长和优先增长理论

十月革命胜利后的苏维埃俄国，仍然是一个经济落后、小农占人口绝大多数的国家。战后俄国的国民经济需要全面恢复，年轻的苏维埃面临着百废待兴的建设局面。但是，战后的苏联既没有足够的资金，也没有充足的物资实现百废俱兴。在如此困难的条件下进行全面建设，苏联的国民经济如何恢复，经济增长的总战略应该如何确定，是列宁为首的苏维埃领导人所面临的首要问题。

### (一)应该开始逐步而坚决地从重点制转向平均制

列宁指出：作为一个领导者，在资金、物资严重匮乏，不能抓住整个链条上的所有环节的情况下，极为有限的资金、物资的使用只能主要用在整个链条中的某个或某几个关键环节上。这就“要求经济建设分别轻重缓急”①。极为有限的资金、物资不能不分轻重缓急平均地使用，而应该突出“重”点、突出“急”点，对“重”“急”的部门、地方、环节，采取倾斜政策，使之加快发展，以解决国民经济中具有决定意义的问题，为其他部门、地方、环节的发展开辟道路，提供条件。

在重点的选择上，列宁把握了以下两个原则：一是所选择的重点，一定具有“奠定基础”的意义，二是所选择的重点面临的困难虽然难以解决，但“能够解决”。列宁在深入地思考和认真地选择基础上，确定了当时苏维埃俄国的经济发展应该重点解决粮食和燃料两大任务。列宁在 1919 年 12 月召开的俄共(布)第八次全国会议上讲：“我们现在可以说，我们今后一定要更多地把自己的力量用在主要方面，用在奠定基础上，用在最难解决但我们还能解决的最普通的任务上。这就是粮食方面的任务、燃料方面的任务。”②在这两个重点中，粮食是重点之重点。列宁指出：“粮食问题一向是我们最困难的问题。”③但是也是一个非解决不可的问题。

通过有针对性的发展，粮食和燃料的供给得到有效缓解。列宁紧接着提出“应该开始逐步而坚决地从重点制转到平均制”。④ 如果粮食和燃料的生产仍然满足不了社会的需求，仍然是制约整个国民经济发展的“瓶颈”，那么，它们就应该仍然是经济发展的战略重点。但是，一旦

---

① 列宁全集(第 40 卷)[M]. 人民出版社，1986：11.
② 列宁全集(第 37 卷)[M]. 人民出版社，1986：346.
③ 列宁全集(第 36 卷)[M]. 人民出版社，1985：129.
④ 列宁全集(第 40 卷)[M]. 人民出版社，1986：11.

它们的发展有了较大的改善，不再制约整个国民经济发展的时候，经济发展的战略就应该改变，重点突出的发展战略应该让位于均衡发展战略。

### （二）增长最快的是生产资料的生产

列宁把科学技术不断进步、社会资本有机构成不断提高的因素纳入到马克思的社会资本扩大再生产的图式中进行考察，并提出在科学技术不断进步、社会资本有机构成不断提高的情况下，制造生产资料的生产资料生产是增长最快的，制造消费资料的生产资料生产的增长居其次，消费资料生产是增长最慢的。列宁认为“资本发展的规律，就是不变资本比可变资本增长得快，也就是说，新形成的资本愈来愈多地转入制造生产资料的社会经济部门。因而，这一部门必然比制造消费品的那个部门增长得快，……因此，个人消费品在资本主义生产总额中所占的地位日益缩小”。① 从整个社会再生产来看，就是生产资料的生产比消费资料的生产增长得快些。

生产资料生产比消费资料生产更快发展，决不意味着生产资料的生产可以完全不依赖消费资料的生产而孤立发展。制造生产资料本身不是目的，只是为了生产更多的生产资料供应消费资料生产的部门，使消费资料生产部门更多、更快地生产消费资料。列宁说：“（不断增长着的）作为生产资料的产品，是靠该部门内部的交换，即生产资料和生产资料的交换（或者是靠把获得的实物产品重新用于生产）来实现的；但是，归根到底生产资料的制造必然是和消费品的制造联系着的，因为生产资料的制造毕竟不是为了生产资料本身，而只是由于制造消费品的工业部门需要越来越多的生产资料。”②可见，生产资料的生产和消费资料的生

① 列宁全集（第2卷）[M]．人民出版社，1984：126.
② 列宁全集（第4卷）[M]．人民出版社，1984：141.

产在任何时候都是相互联系、相互制约、互为条件的。以消费资料生产为条件，并且只有在同消费资料生产保持一定的比例关系的条件下，生产资料生产才会有较快的发展。

### (三)生产资料发展中应优先发展重工业

列宁认为："提高劳动生产率，首先就要保证大工业的物质基础：发展燃料、铁、机器制造业、化学工业的生产。"①列宁这里讲的首先"发展燃料、铁、机器制造业、化学工业的生产"，指的是首先发展重工业生产。之所以如此，是因为列宁在把工业划分为重工业和轻工业两个部门时，已经分别对这两个部门的内涵给予了明确的规定。1922 年 12 月 10 日，列宁在给全乌克兰苏维埃代表大会的信中说："大会应该特别注意的第二个问题，就是我国重工业问题。把顿巴斯(即冶金、化学和机器制造等工业的生产中心——引者注)、石油和冶金工业的生产率提高到战前水平，是我国整个经济的基本任务。"②很明显，在列宁看来，重工业所包括的主要是燃料(石油)、冶金(铁)、机器制造和化学等工业。列宁提出的重工业先于农业、轻工业发展的理论，与他提出的第Ⅰ部类(生产资料)的发展快于第Ⅱ部类(消费资料)的发展理论有很大的差别：一是前者讲的是发展的顺序问题，即具备了必要前提条件之后，重工业"首先"发展，农业、轻工业尾随其后发展的问题，而后者讲的是发展的速度问题，即第Ⅰ部类发展速度快于第Ⅱ部类问题；二是重工业之所以"首先"发展，在于重工业的发展能为整个国民经济的各个部门的发展提供先进的技术装备，能够起到农业、轻工业的"火车头"作用。而第Ⅰ部类的生产之所以快于第Ⅱ部类生产的发展，则是因为在科技不断进步、社会资本有机构成不断提高的条件下，不变资本比

---

① 列宁选集(第 3 卷)[M]. 人民出版社，1984：510.

② 列宁全集(第 43 卷)[M]. 人民出版社，1987：323.

可变资本增长得快，生产资料比消费资料的需求增长得快，从而社会资本扩大再生产中第Ⅰ部类生产比第Ⅱ生产增长得快。

可见，列宁提出的这两个理论虽然因为重工业属于第一部类，第一部类生产相当一个部分是重工业的生产，故有所联系，但它们是两种各不相同的优先理论：一个是顺序上优先发展理论，另一个是速度上优先发展理论。因此绝不可将它们混为一谈。无论是用重工业在顺序上优先发展理论代替第Ⅰ部类在速度上优先发理论，还是用第Ⅰ部类在速度上优先发展理论代替重工业在顺序上优先发展理论，都是片面的、错误的。只有既承认列宁提出的重工业在顺序上优先发展理论，又承认列宁提出的第Ⅰ部类在速度上优先发展理论，制定的国民经济发展战略才是科学的、正确的。①

## 二、新经济政策的理论

新经济政策是列宁在总结俄国实行的战时共产主义政策经验教训的基础上提出的。列宁及时总结了战时共产主义政策实施的经验教训，分析和论证了由战时共产主义经济政策向新经济政策过渡的必要性。根据战时共产主义政策实施的经验教训，列宁明确指出，要想把俄国的宗法的、小商品生产的经济，直接过渡到社会主义，还缺乏社会生产力发展的条件，因此，必须有“过渡阶梯和中间环节”。这个“过渡阶梯和中间环节”就是新经济政策的实施。在俄国的经济实践中，列宁从工业、农业、商业、财政等方面探讨了新经济政策的主要理论内容，写下了《论粮食税》《俄共(布)第十次代表大会关于以实物税代替余粮收集制的报告》《论黄金在目前和在社会主义完全胜利后的作用》等重要著述，较为全面而系统地阐述了新经济政策理论的重要内容。②

---

① 王元璋．马克思主义经济发展史[M]．新疆人民出版社，2006：301.
② 顾海良．马克思主义发展史[M]．中国人民出版社，2009：295.

其一，用粮食税取代余粮收集制。这是“新经济政策”的最重要内容。实行粮食税，就是改变过去实行余粮收集制时从农民手里拿走了全部余粮(甚至有时不仅是余粮，而且是农民的一部分必需的粮食)的做法。以征税的形式从农民手里把国家最必需的一部分粮食征收上来，其余的粮食用工业品去交换。这就使农民手中有了自己可以支配的粮食，可以用这部分粮食去进行交换，进行贸易。这既是对农民利益的承认，也是建立了与农民平等的交换关系。由此，为整个社会恢复商品经济活动奠定了基础。

其二，允许贸易自由。农民手里有了可以支配的粮食，就要与工业品进行交换。允许贸易就是使这种交换成为可能。贸易的恢复，使整个经济活动逐渐活跃起来。农村与城市、工业与农业、各生产者之间的经济联系不断地得到加强。随之，市场也丰富起来，而市场的繁荣又进一步促进了生产的发展，这又使严重短缺的现象逐步地得到了缓和。贸易的发展，为整个社会生产的发展和经济活动的顺利进行提供了必要的条件。

其三，恢复经济核算制。对企业的生产经营活动实行独立的经济核算，并以此对企业进行经济考核，把企业的生产经营状况与企业的利益在一定程度上进行挂钩。经济核算制的恢复，要求企业必须按照客观经济规律来从事生产经营活动，使经济规律发挥对生产活动的调节作用，这就从经济利益上保证了企业提高生产经营的效率具有了内在动力。因此，这一制度的恢复，实质上是把商品经济规律的作用进一步扩展到国有经济的范围。

其四，实行租让制。租让制作为新经济政策的一个重要内容，是一种前所未有的创新。租让制就是苏维埃政府把国有企业租让给资本家经营，并让他们从生产经营活动中取得利润。实行租让制的目的是在于能够从资本主义那里得到苏维埃政权所急需的技术、管理，利用资本主义在这方面的优势帮助社会主义迅速恢复生产。苏维埃政权获得的利益，就是发展生产力，而资本家获得的利益就是利润。这种租让制就是苏维埃制度下的国家资本主义。租让制就其实质来说，就是把资本主义的发展纳入国家资本主义的轨道，就是利用资本主义来帮助社会主义的发展。租让制作为利用外资和引进先进技术的一种重要形式，尽管最终未能大规模在苏俄实行，但对我国改革开放以后引进外资起到了一定的指导作用。

## 第三节　斯大林的相关经济发展理论论述

斯大林继列宁之后，领导苏联人民进行了伟大的社会主义建设，将苏联由一个落后的农业国发展为一个在工业实力特别是军事实力上能与美国抗衡的国家，巩固了苏联的社会主义制度，并对东欧等国家的社会主义革命和社会主义建设给予了有力指导。斯大林领导下所形成的苏联社会主义建设模式，具有一定的感召力，使中国和其他社会主义国家深受影响，中国共产党经济发展战略思想的形成与发展也同样受到斯大林的相关经济思想的影响。

### 一、高速度地实现工业化

#### (一)实现工业化极端重要

国民经济恢复时期结束的时候，苏联仍然是一个落后的农业国。1925年的工农业总产值中，农业占2/3，工业只占1/3。仅就工业本身来讲，现代工业比重不大，重工业很薄弱，设备老化，技术陈旧，效率低下，尚未建成完备的工业体系。苏联的社会主义就是建立在这样的物质技术基础上的。斯大林指出，社会主义的胜利是表现在：劳动生产率比资本主义制度更高，产品和多种消费品丰裕，社会全体成员都过着富裕而有文化的生活。为了使社会主义达到这个目的，并把苏联社会变成最富裕的社会，就必须使苏联有超过各先进资本主义国家的劳动生产率。为此，就必须大力推进工业化。斯大林这样写道："迅速发展整个工业特别是生产资料的生产，是国家工业化的主要基础和关键，是在社会主义发展基础上改造我国整个国民经济的主要基础和关键。"①斯大林不仅把工业看成整个国民经济的主脑，而且把工业看成社会主义国民经济和社会主义建设的主要基础和关键。

斯大林提出，苏联不仅要实现国民经济的工业化，而且要高速度地实现国民经济的工业化，一定要千方百计地把工业化的速度搞得快一些，慢了不行。斯大林说："我们比先进国家落后了五十年到一百年。我们应当在十年内跑完这一段距离。或者我们做到这一点，或者我们被人打倒。"②斯大林之所以主张必须高速度地实现工业化，在他看来这是当时的苏联的外部条件和内部条件决定的。从外部条件来看，苏联处在资本主义重重包围之下，周围的所有资本主义国家拥有比苏联发达得多、现代化得多的工业技术，而苏联的工业技术还很落后，后者要比前者落后五十年到一百年。这种状况迫切要求处于重重包围下的苏联必须在经济方面迅速赶上并超过资本主义国家，能做到这一点，苏联就能存在和发展，否则就只有灭亡。

### (二)必须优先发展重工业

斯大林指出，如果不能把包括农业在内的整个国民经济建立在新的技术基础之上，贫穷的俄国就不能变成富强的俄国，而要想把整个国民经济建立在新的技术基础上，关键在于发展重工业。斯大林说："不是发展任何一种工业都算做工业化。工业化的中心，工业化的基础，就是发展重工业(燃料、金属等等)，归根到底，就是发展生产资料的生产，

---

① 斯大林全集(第11卷)[M]. 人民出版社，1955：213.

② 斯大林全集(第13卷)[M]. 人民出版社，1956：38.

发展本国的机器制造业。工业化首先应当理解为发展我国的重工业，特别是发展我国自己的机器制造业这一整个工业的神经中枢。”①

斯大林不仅强调工业化过程中重工业的作用，而且还把优先发展重工业看成经济不发达的社会主义国家实现工业化的唯一可行的道路。斯大林认为：“在资本主义国家，工业化通常都是从轻工业开始。由于轻工业同重工业比较起来，需要的投资少，资本周转快，获得利润也较容易，所以在那里，轻工业成了工业化的头一个对象，只有经过一个长时期，轻工业积累了利润并把这些利润集中于银行，这才轮到重工业，积累才开始逐渐转到重工业中去，造成重工业发展的条件。但这是一个需要数十年之久的长期过程，在这时期内只得等待工业发展并在没有重工业的情况下勉强过活。共产党当然不能走这条路。党知道战争日益逼近，没有重工业就无法保卫国家，所以必须赶快着手发展重工业，如果这件事做迟了，那就要失败。……因此我国共产党也就拒绝了‘通常的’工业化道路，而从发展重工业来实行国家工业化。”②

### (三)实现工业化必须主要依靠本国积累

斯大林指出，资本主义国家实现工业化，通常是靠国外流入资金。苏维埃国家根本不可能靠侵占和掠夺殖民地或靠战败国人民的赔款这样龌龊的方法来取得工业化的资金。至于借外债，因为资本主义国家拒绝贷款给苏联，苏联被切断了靠借债获得工业化所需的资金。因此，社会主义苏联必须有别于资本主义国家，面向国内寻找工业化资金。斯大林进一步指出，工业化资金的这些源泉概括起来主要有两个：“第一是创造价值并把工业推向前进的工人阶级，第二个是农民。”③即第一个来自国营工业和工人，另一个来自农业和农民。斯大林把从农业和农民那里

① 斯大林全集(第8卷)[M]. 人民出版社，1955：112-113.

② 斯大林选集(下卷)[M]. 人民出版社，1979：496.

③ 斯大林全集(第11卷)[M]. 人民出版社，1955：139.

获得资金，作为工业化资金的第二个源泉，因此工农业产品之间的“剪刀差”作为实现工业化所必须的资金来源。斯大林认为，“剪刀差”是完全可以通过“不断地使我们的工业合理化并降低工业品价格；不断地提高农业技术和单位面积产量，逐步地降低农产品成本；不断地使我们的商业机关和收购机关合理化，如此等等”①的方法达到消除。

然而，斯大林的上述理论与实际存在着严重脱节。为了维持工业特别是重工业的高速度增长，工农业产品之间的“剪刀差”不仅没有作为一种暂时的措施消失，相反，在斯大林执政的三十年中作为一种经常性的政策保留下来。长期实行向农民以“剪刀差”的形式征收额外税作为发展工业(特别是重工业)的结果，造成了国民经济比例严重失调，重工业片面畸形发展，农业长期落后，以致在斯大林执政时期农业一直是一个老大难的问题。

总之，斯大林强调必须高速发展实现社会主义工业化，重工业是社会主义工业化的基础，重工业需要优先发展，再在新的技术基础上发展整个工业、农业和交通运输业，从而加快国民经济的发展。同时，斯大林还明确指出，工业化资金积累的主要途径是从国营企业和农业中获得，这是实现社会主义工业化的有效途径。斯大林的工业化思想使社会主义工业化在苏得以顺利发展，苏联的社会主义制度因此得以巩固，并对新中国的建设产生了示范效应。

## 二、价值规律的存在和作用

经过长期的理论研究和实践探索，斯大林不仅认定在多种所有制并存的条件下存在商品生产，而且认定在单一的公有制条件下也会存在商品生产。斯大林指出：社会主义社会中存在有商品和商品生产，价值规律也就存在，也就发生作用。

---

① 斯大林全集(第11卷)[M]. 人民出版社，1955：165.

但在斯大林看来，价值规律不是社会主义生产的各个部门之间劳动分配方面的比例的调节者，价值规律不能起生产调节者的作用。由于商品生产的活动受到了严格的限制，生产资料不能作为商品来生产，纳入到商品生产活动的仅仅是消费品，还由于生产资料私有制不存在和生产资料公有化，社会主义基本经济规律起决定作用和国民经济有计划发展规律所起的作用，不能不限制价值规律发生作用的范围及其对生产的影响程度。价值规律只是主要在个人消费品的交换领域中在一定范围内保持着调节者的作用。当然，这种在流通中的调节作用，也会扩展到影响到生产。在领导企业生产时，企业领导者不能不考虑到经济核算和赢利问题、成本问题、价格问题，从而不能不考虑到价值规律。① 现在看来，斯大林关于商品生产和价值规律在社会主义社会中的作用的观点存在相当大的局限性。但斯大林第一次提出了在社会主义国家建立起单一的公有制经济结构之后仍然存在商品生产，仍然存在价值规律，价值规律可以发挥其作用，价值规律“是很好的实践学校”②的见解，体现了对马克思、恩格斯和列宁经济发展思想的创新，对于中国共产党认识社会主义经济规律产生了重要影响。毛泽东在1959年《关于山西省五级干部会议的情况报告的批示》中也曾指出价值规律对社会主义建设的积极意义。“价值规律是一个伟大的学校，只有利用它，才有可能教会我们的几千万干部和几万万人民，才有可能建设我们的社会主义和共产主义”。③ 改革开放之后，在批判继承斯大林相关论述的基础上，中国共产党对社会主义经济规律的认识更加深入，最终把建立社会主义市场经济体制作为经济体制改革的战略目标，并提出了使市场在国家宏观调控下对资源配置起基础性作用的思想，从而实现了马克思主义的发展和创新。

---

① 王元璋．马克思主义经济发展思想史[M]．新疆人民出版社，2006：400.

② 斯大林选集(下卷)[M]．人民出版社，1979：553.

③ 毛泽东文集(第8卷)[M]．人民出版社，1999：34.

# 本章结语

## 一、实现“中国梦”是对马克思主义理论的继承和创新

中国梦理论体系生成于历史发展之中，是其特定历史逻辑的必然结果。“一切划时代的体系的真正的内容都是由产生这些体系的那个时期的需要而形成起来的。所有这些体系都是以本国过去的整个发展为基础的，是以阶级关系的历史形式及其政治的、道德的、哲学的以及其他的后果为基础的。”①中国梦是近代以来社会发展尤其是中国特色社会主义实践的理论产物，其历史逻辑就是近代以来社会的历史进程。中国梦是建立在近代中国遭受苦难之重基础上，中国共产党经过不断艰辛探索，代表广大人民的共同意志和根本利益，实现建设中国特色社会主义总任务的目标指向。其目标指向，就是到中国共产党成立100周年的时候全面建成小康社会，到中华人民共和国成立100周年时建成富强民主文明和谐美丽的社会主义现代化强国。其核心理念是实现中华民族伟大复兴。其基本内涵是实现国家富强、民族振兴、人民幸福。其本质属性是人民的梦。从外延上说，它可以作为近代国家梦、民族梦、人民梦，也可以作为当代国家梦、民族梦、人民梦。

中国梦的本质特有的属性，集中体现了马克思主义的基本观点、基

① 马克思恩格斯全集(第3卷)[M]. 人民出版社，1960：54.

本思想，是马克思主义中国化的最新成果，也是中国共产党执政理念的重大创新。在观念形态上发展了建设中国特色社会主义的理论体系，又具有很强的实践意义，在完成目标指向上实现建设中国特色社会主义总任务，打开了中国特色社会主义理论创新发展的宽广视野，是新世纪、新阶段特定的社会发展思想意识和战略目标，高度体现了中华民族近代奋斗历史追寻目标与全面建成小康社会目标的统一，建设中国特色社会主义总任务与中华儿女共同期盼的统一，国家利益与个人利益的统一，具有厚重的民族历史感和明确的时代方向感。

实现中华民族伟大复兴的中国梦思想，有着丰富的历史内涵和发展完善的过程。孙中山提出的“振兴中华”口号点燃了民族振兴之火，孙中山可谓是实现中华民族伟大复兴的中国梦思想的探索者。但近代思想家们的救国方案和中华民族复兴之梦均以失败而告终。毛泽东认真总结旧民主主义革命失败的经验教训，完成了新民主主义革命，进行社会主义改造，建立了社会主义制度，深刻阐明“只有社会主义能够救中国”的真理，为实现中华民族伟大复兴的中国梦提供了政治条件、奠定了制度基础。毛泽东可谓是实现中华民族伟大复兴中国梦思想形成的奠基者。邓小平领导我党创建中国特色社会主义理论，科学地把握社会主义本质，第一次系统地回答了“什么是社会主义，怎样建设社会主义”的问题，找到了中国自己的建设道路，把党和国家的工作中心转移到经济建设上来，坚持实行改革开放，为中华民族的全面振兴开辟了一条崭新的航道。邓小平可谓是实现中华民族伟大复兴中国梦思想形成的引领者。江泽民首次提出并阐释中华民族伟大复兴的内涵，在我党社会主义思想发展史上首次创立了实现中华民族伟大复兴的思想。“三个代表”重要思想指导中华民族复兴走向新的高度，是实现中华民族伟大复兴的指路明灯，具有鲜明的时代特点和理论特色。中华民族伟大复兴是中国梦的逻辑起点与核心理念。江泽民可谓是实现中华民族伟大复兴中国梦思想形成的促进者。胡锦涛提出的科学发展观思想，确立以人为本的科学发展理念，提出构建社会主义和谐社会、加快生态文明建设，形成中国特色社会主义事业总体布局。党的十八大报告提出建设中国特色社会主义总任务，是实现社会主义现代化和中华民族伟大复兴。这就标志着在中国共产党领导下，中华民族复兴伟业驶入了快车道。胡锦涛可谓是实现中华民族伟大复兴中国梦思想形成的推动者。党的十八大后，习近平明确提出实现中华民族伟大复兴的中国梦，围绕着什么是中国梦、怎样实现中国梦，提出了一系列新思想新观点。“这一新的历史条件下中华民族的伟大历史复兴在本质上与当下作为国家层面的‘富强梦’中有着内在的基本同构性。民族复兴是在新的历史条件下，中华民族追求自身进步与发展的内在要求；在新的历史条件下，被赋予了新的历史性含义，全面建成小康社会与实现社会主义现代化的具体性目标。”①习近平可谓是实现中华民族伟大复兴中国梦思想形成的确立者。

中华人民共和国的历史表明，实现中华民族伟大复兴之梦，是中国共产党领导集体从自身所处的时代和历史要求，为民族复兴大业理论探讨和实践验证的过程，是中国共产党带领和团结全国各族人民实现中华民族伟大复兴的探索与总结的过程，在实践中经过艰辛探索而逐步开辟出来的。尤其是改革开放以来，我们党认真总结社会主义建设的历史经验，通过艰辛探索，在建设中国特色社会主义的实践中，找到了实现中华民族伟大复兴的正确道路。在“党的十一届三中全会以后，我们集中力量搞四个现代化，着眼于振兴中华民族。”②可见，实现中华民族伟大复兴是中国梦的核心理念，贯穿于中国革命、建设和改革开放的各个历史时期之中，呈现出历史发展任务的连续性和思想的高度统一性，中国梦是与邓小平理论、“三个代表”重要思想、科学发展观有机统一的中国特色社会主义理论体系。

---

① 张明．“中国梦”的特征、价值导向与实践路径[J]．新疆师范大学学报(哲学社会科学版)，2003，4.

② 邓小平文选(第3卷)[M]．人民出版社，1993：357.

## 二、为实现“中国梦”对经济发展战略的继承和创新

中国梦是由富强、法治、文明、美丽之梦目标等诸要素构成，其中每一项要素又是一个相对独立的系统。各要素之间相互依存、相互制约，又相互促进，由此构成完整的体系并形成国家目标。“中国梦”的国家目标就是要发展经济、增强国力、保障社会成员的民主权利、建设清明政治、协调社会利益关系，实现国强民富、有序民主、政治文明、社会和谐。”①我国是世界上最大的发展中国家，处于社会主义初级阶段，面临的根本问题是发展不足、发展不平衡问题，面临的主要矛盾是人民日益增长的美好生活需要和不平衡不充分的发展之间的矛盾。发展仍然是并继续是解决我国所有问题的关键所在，也是实现中华民族伟大复兴中国梦的根本保证。为此，经济发展是一切发展的基础，必须始终把以经济建设为中心作为执政之要，实现中国梦之要，“我们要坚持发展是硬道理的战略思想，坚持以经济建设为中心，全面推进社会主义经济建设、政治建设、文化建设、社会建设、生态文明建设，深化改革开放，推动科学发展，不断夯实实现中国梦的物质文化基础。”②

纵观本章对党制定的理论渊源的论述，我们可以看到，马克思、恩格斯、列宁、斯大林关于经济发展思想的相关论述是我党在中华人民共和国成立后制定经济发展战略的直接理论来源。

### (一)经济发展战略对马克思、恩格斯相关理论的继承和创新

人与自然要协调发展的思想，是马克思和恩格斯在青年时代就关

---

① 王淑芹. 国家、社会、个人：中国梦的价值主体[N]. 光明日报，2013-04-10.

② 习近平. 在第十二届全国人民代表大会第一次会议上的讲话[N]. 人民日报，2013-03-18.

注的问题。在经历了粗放型的经济发展之后，进入 20 世纪 90 年代中期，我们党明确提出在现代化建设进程中必须把实施可持续发展作为一项重大战略。党的十七大第一次把建设生态文明作为实现全面建设小康社会奋斗目标的新要求提出来。党的十八大进一步将生态文明建设提升到与经济建设、政治建设、文化建设、社会建设并列的战略高度。

马克思和恩格斯都十分注重科学技术对社会经济的推动作用，明确阐明科学技术是生产力，并提出推动科学技术发展的举措。科学技术在国家经济社会发展中的地位和作用历来受到中国共产党重视。1953 年，“一五”计划建设时，毛泽东就提出要用先进的科学技术来建设我们的国家。1956 年，周恩来代表党中央提出“向科学进军”的口号。改革开放以后，邓小平明确提出了“科学技术是第一生产力”的著名论断。衡量一个国家综合国力和社会文明程度的重要标志就是国民教育水平和科学技术实力。基于对科技和教育重要性的深刻认识，党中央相继提出科教兴国和人才强国战略。

马克思和恩格斯把对外贸易的研究放在相当重要的位子，不仅研究了资本主义条件下实行自由贸易政策对经济发展的破坏作用，而且也看到了这一政策的实行对经济发展起到的促进作用。新中国成立之后，受国际局势的限制，中国共产党实行了向苏联“一边倒”的外交政策，同苏联为代表的社会主义国家开展密切的外交外贸关系，随着外交局势的改善，也争取机会积极发展同其他友好国家和地区的经济贸易。改革开放后，在经济全球化的国际背景下，中国共产党更是创新性地发展了马克思恩格斯的对外经济思想，把对外开放作为加快社会主义现代化建设的战略措施和长期的基本国策，充分利用国内外两个市场，实现了“引进来”“走出去”相结合，形成了全方位、多层次、宽领域、各产业、点线面相结合的对外开放格局，极大地促进了社会生产力的发展。

### (二)经济发展战略对列宁、斯大林相关理论的继承和创新

针对新生的社会主义国家在极为有限的资金、物资条件下如何实现经济的快速发展，列宁提出应该突出“重”点，增长最快的应是生产资料的生产，生产资料发展中应优先发展重工业，其中生产资料的生产是顺序上优先发展，重工业是速度上优先发展，但是，一旦它们的发展有了较大的改善，不再制约整个国民经济发展的时候，经济发展的战略就应该改变，重点突出的发展战略应该让位于均衡发展战略。斯大林也强调了必须高速度实现工业化，以及利用国营工业和农业优先发展重工业的思想。受列宁斯大林的工业化思想影响，中国共产党将工业化作为全面建设社会主义的主要任务，并把提高工业化的发展速度作为目标和衡量标准，领导了新中国的工业化建设。同时采取了重工业优先发展的发展战略，要求“高积累、低消费”，利用工农业产品剪刀差等形式从农业攫取工业生产资金，全国人民为工业体系的建设作出了贡献，同时也造成了一系列严重的消极影响。改革开放后，以满足人民的需要为根本目标，从以重工业作为固定的突出发展的重点发展战略到重点与一般相结合的平衡协调发展战略的转变。党的十二大把农业、能源和交通、教育和科学作为经济发展的重点，在综合平衡的基础上，促进消费品生产的较快增长，带动整个工业和其他各项生产建设事业的发展，保障人民生活的改善。逐步实现列宁提出的经过一段时间重点发展，重点突出的发展战略应该让位于均衡发展战略，即应该开始逐步而坚决地从重点制转向平均制。

列宁提出的新经济政策理论，是探讨在生产力水平落后的社会主义制度下，如何进行经济建设，是对马克思主义经济理论的重大发展。新经济政策的主要内容，是社会主义经济制度和经济建设发展的全新的实践，这些思想提出了重视商品、市场和价值规律的作用。列宁还发展了马克思恩格斯的对外经济关系思想，提出经济技术落后的社会主义国

家，为了加速经济的发展，可以利用资本主义国家的资金和设备以及先进技术，还谈到具体形式，比如租让制等。在改革开放新时期，中国共产党把建立社会主义市场经济体制作为经济体制改革的战略重点，列宁提出的新经济政策为我国改革开放后提出的社会主义基本经济制度、市场经济建设提供了重要的理论指导，推动了我国社会生产力的快速发展。

当然，马克思、恩格斯、列宁、斯大林关于经济发展的思想是相当丰富的，本章主要是选择性的针对在本书中提到的不同阶段的战略目标，战略方针和战略重点进行了联系互动分析。

# 第二章

## 寻梦：计划经济体制下党关于经济发展战略的探索

1949年10月1日，毛泽东在天安门城楼上庄严宣告"中华人民共和国今天成立了"，中华人民共和国的成立使得中国人民彻底摆脱了帝国主义、封建主义、官僚资本主义这三座大山的压迫。从此中国人民真正站了起来，民族的独立与解放得以实现，开始了中华民族的伟大复兴。毛泽东在《论联合政府》中提到："一百多年来无数先烈所怀抱的宏大志愿，一定要由我们这一代人去实现，谁要阻止，到底是阻止不了的。"中国共产党带领全国各族人民承担起建立新民主主义的国家和实现中国的工业化和农业近代化的历史重任，最终"将中国建设成为一个独立、自由、民主、统一和富强的新国家。"①1949年新中国的成立，为中国道路的开辟和中国梦的实现奠定了根本政治前提。

中国梦是中华民族的伟大复兴梦，民族复兴需要一个独立自强的国家作为保障。以毛泽东为代表的领导集体不断为民族独立和人民解放、国家富强与人民富裕而奋斗，为实现中国梦做出了巨大贡献。中国工业化发展道路是中国梦的重要组成部分，考察和研究中国工业化发展道路的进程，对于我们坚持和发展中国特色社会主义具有重要的启示。

我国长期以来就是一个以农业为主的社会，社会生产力水平比较落后，再加上长期的战争和自然灾害以及各种各样的剥削，使得我国社会经济水平极端落后，所以新中国成立后最为迫切的任务是努力恢复和发展我国落后的生产。以毛泽东为核心的党的第一代领导集体以苏联为师，并结合我国的实际，开始了社会主义革命和社会主义建设，为我们打下了坚实的物质基础，同时在发展过程中为我国社会主义经济发展战略思想提供了有益的借鉴。胡锦涛在十八大报告指出，我国社会主义经济的发展是一个延续的过程，我们不能借前三十年的经济发展来否定改革开放时期的经济发展，也不能以改革开放以来的经济建设成就来否定前三十年的经济发展建设成就。同样，我国的经济发展战略思想也是相

① 毛泽东选集(第3卷)[M]. 人民出版社，1991：1080、1053.

互延续的，不可切割分开的，中华人民共和国成立后，在计划经济体制下对经济发展战略的积极探索成为我国中国特色社会主义经济发展战略理论的宝贵经验。

## 第一节　高速度实现工业化发展战略提出的背景

人民政权建立以后，我们对经济基础和上层建筑进行了深刻的革命性的改造。社会生产力摆脱了长期束缚着它的桎梏，我国的经济有了广阔发展的前景。但是，怎样使我国的经济从中华人民共和国成立前极端落后的状态发展成为社会主义现代化的经济，有一个经济发展战略的选择问题。这是一个非常重要的问题。在开始进行大规模经济建设之初，在我国展开过关于社会主义工业化道路问题的讨论，这场讨论实质上就是关于我国经济发展战略问题的讨论。当时提出的任务是实现国家的社会主义工业化，也就是使整个社会主义经济从以手工劳动为主的技术基础转移到工业化生产即机器化大生产的技术基础上来，使我们的国家由落后的农业国变为先进的工业国。尽管当时还没有明确地提出经济发展战略问题，实际上为了实现国家工业化的任务，参照苏联的经验，我们已经选择了一种经济发展战略。这种经济发展战略的规划蓝图就是：从建立和优先发展重工业入手，建设资金基本依靠国内积累，高速度优先发展重工业；需要进口的生产资料通过出口轻工业品和一部分农产品、矿产品等初级产品换回；随着重工业的建立和优先发展，重工业生产的生产资料逐步装备农业、轻工业和其产业部门，使这些部门逐步转移到机器化大生产的轨道上来，并用国内生产的生产资料逐步代替它们的进口；独立完整的工业体系和国民经济体系，随着重工业、轻工业和农业以及其他产业部门的发展逐步得以建立和完善，人民的生活也随之逐步改善。经济发展战略的目标就是高速度的实现工业化。这一经济发展战略思想的形成有其特定的历史背景。

## 一、改变极落后的经济发展水平的迫切需求

由于我国在相当长历史时期处于封建的农业社会，资本主义工商业萌芽在我国发展缓慢，直到晚清政府遭遇西方列强的入侵，中国才被迫卷入世界发展的洪流，机器大工业生产才缓步出现。但是晚清政府腐败无能，虽然洋务运动引进了一批西方先进技术，资本主义工商业在沿海港口城市出现，可是他们仅仅是从技术层面引进了西方先进技术，并没有从制度上进行变革。工业管理还都是官场衙门式的方法，所以工业化迟迟难以起步，辛亥革命终于推翻了封建统治，为我国的工业化发展创造了基本社会条件，然而不久袁世凯以及随后的北洋政府连年混战，工业化鲜有起色。1949 年，城市失业工人达 400 万，农村灾民达四千多万人。旧中国留给人民的是这样一个破烂不堪的“遗产”。

对于新中国落后的工业状况，毛泽东有形象的描述，他说：“现在我们能造什么？能造桌子椅子，能造茶碗茶壶，能种粮食，还能磨成面粉，还能造纸，但是，一辆汽车、一架飞机、一辆坦克、一辆拖拉机都不能造。”①所以初步建立我国的工业化体系尤显重要。实现工业化一直是中国人民近百年来实现国家富强的梦想，新中国的成立终于为我国实现工业化创造了先决条件。当时我国积贫积弱一穷二白的状况和面临的帝国主义国家的封锁，促使我们借鉴社会主义苏联的经济建设经验，确定了优先发展重工业。周恩来在 1954 年 9 月第一届全国人民代表大会第一次会议上就强调了新中国建立属于自己的工业体系的紧迫性。“第一个五年计划之所以要集中主要力量发展重工业，即冶金工业、燃料工业、动力工业、机械制造工业和化学工业，这是因为只有依靠重工业，才能保证整个工业的发展，才能保证现代化农业和现代化交通运输业的

---

① 毛泽东文集(第 6 卷)[M]. 人民出版社，1999：329.

发展，才能保证现代化国防，并且归根结底，也只有依靠重工业，才能保证人民的物质生活和文化生活的不断提高。”①

在中国民主革命和社会主义建设阶段，以毛泽东为代表的中国共产党制定的各项路线“方针”政策都是为中国梦的实现而服务的。中国梦的实现是与中国的工业化相联系的，以毛泽东为代表的中国共产党把实现工业化作为民主革命胜利的重要保障。1944 年 5 月 22 日，毛泽东在陕甘宁边区工厂厂长及职工代表会议上指出，“要打败日本帝国主义，需要工业。要使中国的民族独立有巩固的保障，就需要工业化。我们共产党是要努力于中国的工业化的。”②随着抗日战争即将胜利，毛泽东在党的七大报告中指出：“在新民主主义的政治条件获得之后，中国人民及其政府必须采取切实的步骤，在若干年内逐步地建立重工业和轻工业，使中国由农业国变为工业国。新民主主义的国家，如无巩固的经济做它的基础，如无进步的比现时发达得多的农业，如无大规模的在全国经济比重上占极大优势的工业以及与此相适应的交通、贸易、金融等事业做它的基础，是不能巩固的……中国工人阶级的任务，不但是为着建立新民主主义的国家而斗争，而且是为着中国的工业化和农业近代化而斗争。”③新民主主义革命的胜利和新中国的建立为党领导中国人民实现中国梦奠定了基础。习近平在毛泽东诞辰 120 周年座谈会上对此给予高度评价：“为我们探索建设中国特色社会主义的道路积累了经验和提供了条件，为我们党和人民事业胜利发展、为中华民族阔步赶上时一代发展潮流创造了根本前提，奠定了坚实的理论和实践基础。④ 以毛泽东为核心的领导集体为实现中国梦奋斗终生，鞠躬尽瘁，为当代全面建成小

---

① 周恩来经济文选[M]. 中央文献出版社，1993：177.

② 中共中央文献研究室. 毛泽东年谱 1893—1949(中卷)[M]. 中央文献出版社，1993：514.

③ 毛泽东选集(第 3 卷)[M]. 人民出版社，1991：1081.

④ 习近平. 在纪念毛泽东同志诞辰 120 周年座谈会上的讲话[N]. 人民日报，2013-12-27.

康社会目标打下坚实基础。

## 二、苏联工业化道路的榜样作用

在建立社会主义制度之后，如何在新的制度框架内实现“中国梦”成为以毛泽东为代表的中国共产党人思考的核心问题。社会主义建设事业在实现“中国梦”中基始性地位的奠定，以及社会主义建设在中国探索的原初性，使得学习苏联模式成为当时符合发展的必然选择。

在中华人民共和国成立伊始，世界上唯独存在苏联建设社会主义的样板，我们很自然地把苏联所实行的经济发展战略作为社会主义国家唯一可行的经济发展战略。实际上也是把苏联的工业化道路同社会主义工业化道路是视为同一的。

对于苏联长期实行的经济发展战略的根据，应该区分为不同的部分。第一部分是由社会主义制度决定的，那是社会主义国家必须遵循的。例如，不能通过侵占和掠夺殖民地，也不能主要依靠外国资本的投资来实现国家的经济发展。第二部分则是由苏联的国情和所处的环境决定的。例如，帝国主义的包围、革命前经济（特别是工业的）落后等。后者应随各国的具体国情和所处的国际环境而异，不能把它们同社会主义制度划等号。但是，我们曾简单而又绝对地把从发展重工业开始实现工业化说成是社会主义工业化的道路，把从发展轻工业开始实现工业化说成是资本主义工业化的道路，这就把苏联从发展重工业开始实现工业化的经济上、技术上和国际环境上的具体根据同社会主义制度划上了等号。第三部分是即使对于苏联来说也是不对，因而是要引以为训的。例如，长时期地把增长的速度放在压倒一切的地位，长时期地把发展重工业放在压倒一切的地位。对于这一部分根据，我们自然更不能把它们看作社会主义制度的本质要求，我们在形成和实行原有的经济发展战略时显然没有而且在当时不可能作出这样的分析。虽然，从 1956 年开始，从苏联、东欧国家和我们自身的实践，我们开始觉察到苏联的经济发展战略的问题，提出了在当时来说难能可贵的见解，但是应该承认，我们还没有从全盘上检讨这种经济发展战略，以至使我们自己的经济发展战略并没有从根本上摆脱苏联的榜样的影响，甚至发展了这种发展战略的消极方面。

## 三、国际政治经济环境的压力

1949 年 9 月 22 日召开了中国人民政治协商会议第一届全体会议，会议通过的《中国人民政治协商会议共同纲领》中确定："中华人民共和国可在平等和互利的基础上，与各国政府和人民恢复并发展通商贸易关系。"这说明新生的中国愿意积极发展同外国的经济交往，也说明我们并不打算采取闭关自守、自给自足的经济发展战略。但是，这一积极同外国发展经济交往的打算在实行中遇到了阻碍。美国等一些西方国家，长时期妄图从政治上孤立我国，非法剥夺我国在联合国的合法席位，制造"两个中国"。1950 年 10 月以后，美国对我国实施"封锁""禁运""冻结"，某些西方国家也追随美国对我国不断实行各种歧视政策。我国从西方发达国家引进新技术受到极大限制，同其他许多西方国家的贸易也几乎中断，从西方取得建设资金的希望更是化为泡影。中国只能采取"一边倒"的外交政策，着重同苏联和东欧一些社会主义国家发展对外经济往来。1954 年日内瓦会议后，中国的外交关系有了一定程度的缓和，中国同一些西方国家的贸易有了一些恢复和发展，但是交往的数量和程度仍旧很有限。到了 1960 年，中苏关系破裂，苏联停止对中国的援助，并单方面撤走在中国帮助工作的专家。失去了苏联这唯一的外援，在国际外交关系极度恶化的情况下，迫使我们不得不更加强调要依靠自己的力量从事经济建设。正是在上述国际经济关系下，促使我国形成了自给自足、闭关自守的经济发展战略。

中华人民共和国成立后，我国面临的战争威胁，是我们实行高速实现工业化的经济发展战略的重要原因。朝鲜战争、台湾海峡地区的紧张局势、越南战争、老挝内战、中苏边界的冲突和紧张关系、超级大国推行的霸权主义和扩军备战等等，迫使我国不得不特别突出重工业的建设，因为没有重工业就没有巩固的国防。对战争威胁的考虑，也使我们不得不特别强调建设的速度，提出“如果我们不以最快的速度进行建设，不力争在尽可能短的时间内在经济上赶上发达的资本主义国家，我国的安全就不能认为有充分的保证。”①我们必须赶在战争强加在我们头上以前建立起有强大重工业基础的巩固的国防。对战争威胁的考虑，也是我们力图实现自给自足的一个重要原因。1959 年党提出：不仅要求在全国范围内建立一个完整的工业体系，而且要求在各个协作区以至许多省、自治区都建立不同水平和各具特点的工业体系。这也是考虑到一旦爆发战争各地能各自为战，“三线”建设更是基于备荒备战的考虑。

① “鼓起干劲，力争上游！”[N]. 人民日报，1958-02-03.

## 第二节 “一五”计划时期经济发展战略的探索

1949 年 3 月，中国人民解放战争取得决定性胜利之际，我们党召开了七届二中全会，适时提出实现党的工作重心的转移。党的工作重心转移的思想包括三个要点。一是工作重点由乡村转入城市；二是城市工作必须以建设为中心；三是转变工作作风和思想观念。以毛泽东为核心的党的第一代中央领导集体认为，新中国的前途是稳步地由农业国转变为工业国，由新民主主义国家转变为社会主义国家。基于这样的认识，我们党在新中国成立前夕就提出，革命胜利以后，必须坚持以恢复和发展国民经济为中心任务，实行与落后的生产力水平相适应的经济结构和政策，迅速促进社会生产力的恢复和发展，把中国建设成为一个伟大的社会主义国家。1949—1952 年，在以毛泽东为核心的党中央的正确领导下，党和政府紧紧抓住经济建设这个中心，引导民主改革和政治运动激发群众建设热情，经过三年奋斗，国民经济得到了全面恢复和初步发展。

1953 年即将到来之际，中国的发展面临着新的形势和新的问题。一方面，全国范围内出现了有利于推进经济建设的好形势。抗美援朝战争的局势基本稳定，战争不久可望结束；另一方面，土地改革这一民主革命遗留的主要任务，已在全国范围内基本完成，恢复国民经济的工作，原来设想 3 至 5 年完成，由于全国人民的艰苦奋斗，3 年便实现并超过了预期目标。这一切说明，中国人民已获得有计划地发展经济的条件，终于可以在工业化的道路上阔步前进了。党中央抓住机遇，及时决定从 1953 年开始实行以工业化建设为主体的发展国民经济的“一五”计划。

## 一、“一五”计划期间经济发展战略的实施及效果

1953 年元旦的《人民日报》社论宣告：我国开始执行国家建设的第一个五年计划。在社会主义改造的过程中，党带领全国人民开展了有计划的社会主义工业化建设。

### （一）“一五”计划的战略特点

在 1954 年周恩来总理的政府工作报告中，可以看到国家确定的第一个五年计划的战略方针。“第一个五年计划的方针是大家已经知道的，这就是：集中主要力量发展重工业，建立国家工业化和国防现代化的基础；相应地发展交通运输业、轻工业、农业和商业；相应地培养建设人才；有步骤地促进农业、手工业的合作化；继续进行对资本主义工商业的改造；保证国民经济中社会主义成分的比重稳步增长，同时正确地发挥个体农业、手工业和资本主义工商业的作用；保证在发展生产的基础上逐步提高人民物质生活和文化生活的水平。”①

“一五”计划在经济建设领域体现了以下突出特点：

一是经济建设的主要任务是工业化，重工业是要集中主要力量发展的重中之重。按照“一五”计划，新建一批规模巨大、技术先进的新工业部门，同时用先进技术扩大和改造原有工业部门；合理利用和改造东北地区、上海等沿海城市的工业基础，同时在内地新建一批工业基地。通过这些措施，我国工业生产的能力大大提高，工业几乎集中于东北地区和沿海地区的不合理布局得到初步改善。用于工业基本项目建设的资

---

① 国务院政府工作报告（1954 年），人民网，2012-03-06.

金占到全部基本建设投资的58.2%，工业基本项目建设资金的88.8%又是用于重工业建设。虽然重工业优先发展，但并不意味着重工业是孤立地发展。“一五”计划规定，在重工业优先发展的同时，农业、轻工业、运输邮电业、商业及文化教育等事业也要相应地发展；基本建设投资总额中，7.6%用于农林水利部门，19.2%用于运输邮电部门，3%用于银行贸易部门，7.2%用于文化教育部门；同时还提到要关注市场的稳定，把握好物资、信贷、财政、外汇的平衡，努力使整个国民经济有计划、按比例地协调发展。

二是发展的资金技术方面以自力更生为主，争取外援为辅。苏联在“一五”计划的制订和实施过程中给予中国很大的帮助。“一五”计划工业建设的重点项目中有156个商定由苏联帮助兴建。苏方不仅对这些项目给予贷款，而且从勘探、选址、设备安装，技术设计、人员培训乃至试车投产都给予具体的指导和帮助。尽管如此，我们党仍然清醒地强调要坚持自力更生为主的方针，凡自己能解决的绝不依赖外援。在苏联援建的这些项目中，我们自行负担的设计工作量有20%~30%，自行安装调试的机器设备有30%~50%。“一五”期间，国外贷款为36.4亿元，期间国家财政收入共计1354.9亿元，利用外资占财政总收入的2.7%。这些贷款，从1955年开始便以对苏贸易顺差的方式分年偿还。这些指导思想，对于我国一直以来奉行独立自主、自力更生的发展立场开了一个好头并产生了深远的影响。

三是提出了要妥善处理积累和消费的比例问题。社会主义建设的根本目的，是逐步地满足人民日益增长的物质和文化需要，改善人民生活；把生产发展与人民生活的改善适当地结合起来。积累与消费存在一致性。因为人民群众生活的改善，可以提高他们建设社会主义的积极性，为生产发展提供根本动力。但同时积累与消费之间也存在矛盾。我们党主张，全国人民勤俭节约、艰苦奋斗，为了积累建设资金，对眼前生活的改善作必要的克服，牺牲眼前利益，服从国家发展这一长远而根本的利益。当然，在提高积累率和劳动生产率基础上，还是要适当地改善人民生活。“一五”计划期间，从苦难社会过来的中国人民生活普遍得到改善，建设新生国家的热情高涨。“一五”时期，虽然建设规模很大，但积累和消费占国民收入的比重和1959年相比还是比较适当的。

### (二)“一五”计划期间经济发展战略的实施效果

在党中央的带领之下，经过各族人民的努力，“一五”在1955年7月完成，取得了巨大的成就：在基本建设方面，这五年里，我国总共完成的基本经济建设投资总额达到了550亿，其中经济和文教部门的基本建设投资总额达到了493亿元，超过计划原427.4亿元的15.3%。“一五”期间，施工的工矿建设单位在1万个以上，其中限额以上的921个，比计划规定的单位数增加227个。苏联援建我国建设的156个重大建设项目，有135个已经施工建设，有68个全部建成和部分建成投入生产。在工业生产方面，1957年，工业总产值达783.9亿元，比1952年增长128.3%，平均每年增长18%。在工业总产值中，工业总产值所占比重由1952年的43.1%提高到1957年的56.7%。当时的统计资料表明，到1957年，绝大多数产品的产量都超过了原定的计划目标，“一五”期间，工业生产所取得的成就，远远超过了旧中国百年以来所达到的水平。在农业生产方面，农业总产值1957年比1952年增长24.8%，平均每年增长4.5%，到1957年，粮食、棉花都超额完成了原定计划。① “一五”期，许多投资要在后期甚至“二五”时期才能发挥作用，因而经济增长速度主要是靠农业和现有企业提高效益、增加产出实现的。

“一五”计划提高了经济发展速度，一批新兴产业得以建立，薄弱

---

① 柳随年，吴群敢．中国社会主义经济简史[M]．黑龙江人民出版社，1985：177-181.

的重工业得以加强，与发达国家之间工业技术的差距得以有效缩短。在这期间，我国有了自己的飞机制造业、先进的机床制造业、汽车制造业、冶金和矿山设备制造业、整个重工业和装备行业有了巨大的起色，众多的建设项目使得社会生产能力大幅度增加，很多重工业产品如钢材、水泥等工业原料生产都迈上了一个历史性的大台阶，取得了旧中国百年以来从未有过的好成绩。

依据国情，建立了相对合理的产业投资结构，逐步改善了人民的生活。虽然“一五”期间确定的是优先发展重工业的方针，不过，党中央正确地安排了重工业与轻工业，以及农业的比例。虽然在“一五”期间的几年农业生产遭受了比较严重的自然灾害，但是在党和国家的正确领导之下，国家加强了对农业的支持力度，农业生产得到了保证。到了1957年，粮食的总产量超额完成了原定计划，农产品的有效供给保证了人民的生活水平不受影响。轻工业生产方面经过三年恢复期(1949—1952年)，在工业中所占比重达到了64.5%，重工业只占工业总产值的35.5%。根据“一五”计划的要求，到1957年，工业总产值中重工业产值比重达到45.4%，轻工业的比重下降到54.6%，虽然比较偏重于发展重工业，但是，轻工业在整个工业产值中的比重仍然大于重工业。这样，农业、轻工业、重工业的比例得到合理安排，使得社会生产有序进行，人民生活水平也得到改善，国家实力也在稳步提升。避免了像别的一些社会主义国家，重工业和农业轻工业发展不合理，人民生活得不到改善，而陷入经济和政治上困境的局面。

“一五”计划是我国国民经济发展的第一个中长期计划，编制过程中由于坚持了实事求是的原则，谨慎从事、反复论证，较好地解决了经济建设中几个难以处理的重大问题，提供了解决有关问题的经验。一是，党和政府采取了许多措施和办法，较好地实现了经济发展速度和效益二者的统一。二是，在经济发展的地理布局方面，努力做到统筹区域发展。旧中国的经济发展极不平衡，仅有的一点儿现代工业和交通主要集中于东部沿海地区。毛泽东曾说：“我们全部轻工业和重工业，都有约百分之七十在沿海，只有百分之三十在内地。这是历史上形成的一种不合理的状况。沿海的工业基地必须充分利用，但是，为了平衡工业发展的布局，内地工业必须大力发展。"①为了改变不平衡的状况，"一五"计划在建设布局上作了明显倾斜。三是，在处理重点发展与全面安排、积累与消费、自力更生和争取外援的关系等方面，"一五"计划的制订和实施都提供了有益的经验探索。这一时期，党的发展思路比较切合实际，为后期的发展提供了经验借鉴。

## 二、关于经济发展战略有益的理论探索

1954年，第一届全国人民代表大会召开，毛泽东在开幕词中指出："将我们现在这样一个经济上文化上落后的国家，建设成为一个工业化的具有高度现代文化程度的伟大的国家。"②周恩来在《政府工作报告》中进一步阐释："如果我们不建设起强大的现代化的工业、现代化的农业、现代化的交通运输业和现代化的国防，我们就不能摆脱落后和贫困，我们的革命就不能达到目的。"③1956年，我国社会主义改造基本完成，确立了社会主义基本制度，为实现中国梦奠定了制度基础。

因为没有经验，我们党在中华人民共和国成立初期和"一五"时期参照了苏联模式，"向苏联老大哥学习"成为当时中国人民的口号。1956年年初，加速进行的中国社会主义改造不久便可基本完成，我们党面临把工作中心进一步转向发展生产力、全面建设社会主义的新形势和新任务。但这时苏联共产党中央书记赫鲁晓夫在苏共第二十次代表大会上作了《个人崇拜及其后果》的秘密报告，报告中披露了斯大林在他所领导的苏联在社会主义经济政治发展建设过程中所出现的一系列错

① 毛泽东文集(第7卷)[M]. 人民出版社，1999：24.
② 建国以来重要文献选编(第5册)[M]. 中央文献出版社，2011：400.
③ 建国以来重要文献选编(第5册)[M]. 中央文献出版社，2011：503.

误。苏共二十大揭露的苏联社会的问题和斯大林的错误，破除了人们对斯大林和苏联经验的迷信，解放了被教条主义束缚的思想，提供了寻求适合本国情况的建设道路的契机。怎样看待苏联模式对我国的影响，如何总结这方面的经验教训，使我国即将开始的社会主义全面建设顺利发展？以毛泽东为核心的党中央一方面积极反思苏联模式，另一方面也对和中华人民共和国成立头7年的建设经验进行客观总结，坚持从中国具体实际出发的实事求是基本原则的指导，在学习苏联模式之初就敏锐察觉到其弊端，并极力尝试走出一条符合中国具体实际的圆梦路径。诸如，《论十大关系》和《关于正确处理人民内部矛盾的问题》等著作，就是独立自主追梦思想的集中体现，党的八大的召开，标志着这一探索取得了初步的成果。

### （一）《论十大关系》的科学阐释

《论十大关系》围绕调动国内外一切积极因素、为社会主义事业服务的基本方针，一方面总结我国经验教训、研究我国发展问题，另一方面借鉴苏联经验教训，阐明了我国社会主义建设中的一系列重大问题。在经济建设方面，毛泽东着重论述了五对关系，可以概括为以下四个方面内容：

第一，走适合中国国情的工业化道路。《论十大关系》原文指出“必须优先发展生产资料的生产，这是已经定了的。但是决不可以因此忽视生活资料尤其是粮食的生产，如果没有足够的粮食和其他生活必需品，首先就不能养活工人，还谈什么发展重工业？所以，重工业和轻工业、农业的关系，必须处理好”，“我们现在的问题，就是还要适当地调整重工业和农业、轻工业的投资比例，更多地发展农业、轻工业。这样，重工业是不是不为主了？它还是为主，还是投资的重点。但是，农业、轻工业投资的比例要加重一点”，“加重的结果，一可以更好地供给人民生活的需要，二可以更快地增加资金的积累，因而可以更多更好地发展重工业”①。重工业、轻工业、农业三者之间的关系，是以毛泽东为核心的党的第一代中央领导集体在探索中国社会主义现代化建设道路时首先考虑的问题。毛泽东比较了中苏两国的发展道路，从我国有几亿农民的国情出发，认为农业问题解决不好，整个国家就没有牢固的基础，应当在优先发展重工业的前提下，工农业同时并举，不能走苏联那样优先发展重工业、忽视甚至牺牲农业发展的路子。

第二，统筹内地工业和沿海工业的协调发展。《论十大关系》原文指出“沿海的工业基地必须充分利用，但是，为了平衡工业发展的布局，内地工业必须大力发展。”②因为历史原因，我国区域经济形成的状况并不合理，重工业和轻工业的70%约在沿海，30%约在内地。毛泽东认为，新的世界大战和侵华战争，短时间内估计打不起来，可能有10年甚至更长的和平时期，这一时期应该充分利用沿海工业的设备能力和技术力量；充分发展和利用沿海工业的老底子，特别是轻工业。这样可以为内地工业的发展争取更多的力量，否则，内地工业的发展速度就会受到影响。

第三，统筹经济建设与国防建设协调发展。毛泽东认为，我们要想在国际上不受他国欺负，没有强大的国防可不行。但他同时强调指出，只有通过加快经济建设的发展，提供充分的技术物质保障，国防建设才能有更大的进步。可靠的办法就是把军政费用降到一个适当的比例，保证经济建设费用的支出。总之，我们要加强国防，一定要首先加强经济建设。

第四，建立适合于现代化发展的经济体制。这个思想，体现在关于国家、生产单位和生产者个人三者关系的论述中，体现在关于中央和地方关系的论述中。《论十大关系》原文指出“总之，国家和工厂，国家和工人，工厂和工人，国家和合作社，国家和农民，合作社和农民，都必

---

① 毛泽东文集(第7卷)[M]. 人民出版社，1999：24、25.

② 毛泽东文集(第7卷)[M]. 人民出版社，1999：25.

须兼顾，不能只顾一头。无论只顾哪一头，都是不利于社会主义，不利于无产阶级专政的。这是一个关系到六亿人民的大问题，必须在全党和全国人民中间反复进行教育。"①分配结构上，毛泽东提出了"三兼顾"的思想。要兼顾个人、集体和国家三个方面，也就是我们通常所说的"军民兼顾""公私兼顾"。工资是需要随着国民经济的发展适时调整的，工人工资增加要给予特别考虑，争取缩小上下工资差距。有两种关系要处理好，一个是国家和工厂、合作社的关系，另一个是生产者个人与工厂、合作社的关系。在交换结构上，毛泽东也明确提出了工农业产品要等价交换的思想。他曾告诫全党，鉴于苏联在以农养工问题上犯的严重错误，我们必须更多地关注和处理好国家和农民的关系。在发挥企业的积极性方面，毛泽东明确提出了扩大企业自主权的思想。各生产单位要发展得更加活泼，都需要有一个与统一性相联系的独立性。在处理地方和中央的关系问题上，毛泽东提出了发挥地方积极性和扩大地方权力的体制改革设想。《论十大关系》原文指出"我们的国家这样大，人口这样多，情况这样复杂，有中央和地方两个积极性，比只有一个积极性好得多。我们不能像苏联那样，把什么都集中到中央，把地方卡得很死，一点机动权也没有。为了建设一个强大的社会主义国家，必须有中央的强有力的统一领导，必须有全国的统一计划和统一纪律，破坏这种必要的统一，是不允许的。同时，又必须充分发挥地方的积极性，各地都要有适合当地情况的特殊。"②显然，这些思想实际上已经涉及经济体制改革。

由于1958年"大跃进"的影响，这一文献的基本精神未能得到很好的贯彻。到了20世纪60年代，刘少奇、周恩来等人重新按照这一文献的精神指导工作，使国民经济调整取得明显成效。邓小平对《论十大关系》作过这样的评价："这篇东西太重要了，对当前和以后，都有很大

---

① 毛泽东文集(第7卷)[M]. 人民出版社，1999：30、31.

② 毛泽东文集(第7卷)[M]. 人民出版社，1999：32.

的针对性和理论指导意义”。①

### （二）党的八大对社会主义现代化建设蓝图的初步设计

1956年9月，党的八大隆重举行。大会的基本任务是：总结党的七大以来的经验，团结全党，团结国内外一切可能团结的力量，为建设一个伟大的社会主义国家而奋斗。这次大会，初步而完整地设计了中国社会主义现代化建设的蓝图。

第一，当前的主要任务是把我国尽快地从农业国变为工业国。刘少奇的政治报告，系统论述了以《论十大关系》为中心的一系列方针，进一步提出和解决了一系列战略问题。报告指出：“我们国内的主要矛盾，已经是人民对于建立先进的工业国的要求同落后的农业国的现实之间的矛盾，已经是人民对于经济文化迅速发展的需要同当前经济文化不能满足人民需要的状况之间的矛盾。这一矛盾的实质，在中国社会主义制度已经建立的情况下，也就是先进的社会主义制度同落后的社会生产力之间的矛盾。党和全国人民的当前的主要任务，就是要集中力量来解决这个矛盾，把我国尽快地从落后的农业国变为先进的工业国。”②在我国错综复杂的社会矛盾中理出这一主要矛盾，是对斯大林关于“阶级斗争越往后越尖锐”观点的重大突破。《论十大关系》提出了十大矛盾，但还没有提出我国社会的主要矛盾。如果说这是个不足的话，那么，党的八大关于我国社会矛盾的探索，就弥补了这个不足，从而在《论十大关系》的基础上又迈出了重大的一步。

第二，坚持既反保守又反冒进的经济建设方针。正确认识国情、规

---

① 邓小平年谱（一九七五——一九九七）（上）[M]. 中央文献出版社，2004：68.

② 中国人民解放军国防大学党史党建政工教研室. 中共党史教学参考资料（第21册）[M]. 国防大学出版社，1989：487.

定一个恰当的速度，是经济建设健康发展所必需的。我们党在领导全国人民实施“一五”计划的过程中，周恩来、刘少奇、陈云等人为纠正1956年经济建设中出现的急躁冒进倾向，于当年6月提出了既反保守又反冒进即在综合平衡中稳步前进的经济建设方针。党的八大接受了这个正确方针。“二五”计划建议也体现了这一指导思想。周恩来在关于制定“二五”计划建议的报告中指出：应根据需要和可能，合理规定国民经济发展速度，把计划放在既积极又稳妥可靠的基础上，以保证国民经济比较均衡地发展；应把重点建设和全面安排结合起来，使国民经济各部门能够按比例地发展。

第三，建立符合经济建设要求的经济体制。我国“一五”期间形成的经济管理体制，基本上是参照苏联模式建立的，其特点是经济决策权和管理权高度集中与统一，由国家、政府以行政手段调节经济运行，实行以指令性计划为主的产品生产。这种管理体制，对于恢复国民经济、实现财政经济状况好转、赢得抗美援朝战争胜利，对于促进社会主义改造、保证重点建设等方面，都发挥了积极作用。但随着社会主义建设的全面展开，它不利于生产力发展的弊端日益暴露。对此，毛泽东、刘少奇、周恩来、陈云等中共中央领导人都有所察觉。1956年春到1957年春，他们在全面研究社会主义改造基本完成后出现的新情况、新问题时，对经济体制改革进行了积极的探索，提出了一些可贵的见解。《论十大关系》已提出改变过分集中的倾向，适当扩大地方和企业的自主权，发挥中央和地方两个积极性。之后，陈云对这个问题进行了较长时间的思考。这个思考集中反映于他在党的八大的发言中提出的“三个主体三个补充”方针。在工商业经营方面，国家经营和集体经营是工商业的主体，一定数量的个体经营是补充；在生产计划方面，计划生产是工农业生产的主体，按照市场变化而在国家计划许可范围内进行的自由生产是补充；在流通领域，国家市场是社会主义的统一市场的主体，一定范围内国家领导的自由市场是补充。① “三个主体三个补充”方针，其实质论及到了所有制结构、经济运行的调节机制和市场结构，这一思想对于当时社会主义改造中出现的盲目求纯的思想无疑是一副对症的良药，可以有效克服社会主义改造高潮中给经济体制带来的弊端。虽然在当时没有及时地发挥作用，但为改革开放后我们实行经济体制改革提供了有益的启示。

经过第一个五年计划的大规模建设，一批现代化的大型骨干企业脱颖而出，社会主义工业化的基础得以初步奠定，许多工业部门从无到有开始建立起来，各种经济比例大体是协调的，我国经济呈现了良好的发展势头。但在集中建设的156个项目中，绝大部分是重工业的项目。农产品和某些轻工业品的供应日趋紧张，我们被迫实行粮、棉、油等主要农产品的统购统销制度和粮、棉、油等消费品的配给制度。结合我国社会主义建设的初步经验和苏联模式的经验教训，1956年毛泽东同志在《论十大关系》中提出了适合我国国情的社会主义建设道路。同年召开的党的八大提出了，国内主要矛盾是当前经济文化状况不能满足人民对于经济文化迅速发展的需要，全国人民的主要任务是集中力量发展社会生产力，实现国家工业化，逐步满足人民日益增长的物质和文化需要，提出了各部门按比例协调发展的意见。这说明从苏联社会主义建设的教训中，以及通过对我国第一个五年计划期间的社会主义建设的初步总结中，我们已经开始认识到实行原有的经济发展战略所产生的某些问题，提出了一些很好的思想，如果沿着这些思想发展就可以形成新的经济发展战略。可惜的是这种转变刚要开始就在一片被胜利冲昏了头脑的颂扬声中夭折了。正如《关于建国以来党的若干历史问题的决议》中所指出的那样，1958年“轻率地发动了‘大跃进’运动和农村人民公社化运动，

① 毛泽东思想和中国特色社会主义理论体系概论[M]. 高等教育出版社，2010：115-116.

使得以高指标、瞎指挥、浮夸风和‘共产风’为主要标志的左倾错误严重地泛滥开来”①，我国原有的经济发展战略非但没有转变，反而向着极端化的方向发展了。

① 中国共产党中央委员会关于建国以来党的若干历史问题的决议[M]．人民出版社，1981：19.

## 第三节 “大跃进”赶超战略的实施与积极调整

党的第一代领导集体在探索社会主义的道路上，由于没有丰富的社会主义建设的经验，因此走过了不少的弯路，也成为我们建设社会主义过程中不得不吸取的教训。第一个五年计划的顺利完成，成功的喜悦使得我们没能充分认识到社会主义经济建设的艰巨性，鉴于人民建设社会主义的高涨热情，随即对建设社会主义的客观生产力能力估计过高，提出了社会主义建设的总路线，实施了“大跃进”的经济建设战略。这一发展指导理论极大地脱离了我国社会实际，造成了我国社会主义建设以来一次重大的失误。

### 一、社会主义建设总路线的提出

#### (一)赶超战略提出的原因

其一，党选择赶超战略的基础就是人民群众迸发的建设社会主义的高度热情。社会主义改造以超出预想的速度得以胜利完成，全国上下一片欢欣鼓舞。随着社会主义新制度的确立，被胜利鼓舞的满怀热情的人民群众希望尽快实现社会主义工业化。在全国人民齐心协力的努力下，“一五”时期的工业发展速度不仅远远超过了旧中国的水平，也优于其他国家工业起飞时期的增长速度。工业化进一步发展的基础依靠人民群众的创造得以初步奠定，为赶超现代化先进国家建构了一个物质平台。这些使毛泽东等领导同志愈发感到赶超战略的可行。人民高度热情，领导层的迫切愿望，使党和人民感到我们完全可能以比其他国家更高的速度完成社会主义工业化。他们认为，虽然工业化的基础还十分薄弱，但只要人民有建设社会主义的高度热情，中国高速前进的步伐就不可阻挡。当然，这无疑犯了唯意志论的错误。

其二，强烈的忧患意识是实行赶超战略的另一个重要原因。近代中国饱受百年屈辱，每一个中国人的心中都铭刻着落后就要挨打的意识。作为刚刚站立起来的东方大国的缔造者和开国领袖，毛泽东的这种忧患意识尤为强烈。1956 年 8 月，他用被开除“球籍”的危险来警示国人必须加快发展步伐。毛泽东说：“你有那么多人，你有那么一块大地方，资源那么丰富，又听说搞了社会主义，据说是有优越性，结果你搞了五六十年还不能超过美国，你像个什么样子呢？那就要从地球上开除你的球籍！”①另外，苏联赫鲁晓夫提出“赶英超美”以超常规的速度实现社会主义工业化的做法也对毛泽东提出赶超战略起到了推波助澜的作用。

### (二)“大跃进”战略的实施及社会主义建设总路线的提出

在 1957 年下半年党的八届三中全会后，全国各省市开展了大规模的农田基本水利建设，投入农田水利建设的劳动力一度达到一亿人，农业“大跃进”的帷幕由此拉开。《人民日报》在 1957 年 11 月的社论中发表评论，第一次在报刊上正式提出跃进。“有些人害了右倾保守的毛病，像蜗牛一样爬行的很慢，他们不了解在农业合作化以后，我们就有条件也有必要在生产战线上来一个大的跃进”②，并称之为是一个伟大

① 毛泽东文集(第 7 卷)[M]. 人民出版社，1999：89.
② 谢春涛.“大跃进”口号溯源[J]. 党史纵横，1989(5).

正确的发明。当月毛泽东率中国共产党代表团出席了庆祝苏联社会主义革命40周年大会，会上赫鲁晓夫宣称苏联要在15年之内赶上美国，受苏联老大哥的影响，中国作为社会主义阵营中仅次于苏联的一支重要力量，提出了钢产量在15年赶上或超过英国。在中国工会第八次全国代表大会上刘少奇向全国人民公开宣告了15年赶上英国的口号。刘少奇说"在15年后中国的钢产量可以赶上或超过美国，我们应当争取在同一时期，在钢铁和其他重要产品的产量方面赶上或者超过英国。"超越英国也成了"大跃进"的目标。这个阶段是"大跃进"的准备阶段。要"跃进"而且是要"大跃进"则成为当时国家发展经济的最大的战略。

《人民日报》在1958年2月2日社论中发起大跃进的号召。社论说："我们国家现在正面临着一个全国大跃进的新情形，工业建设和工业生产要大跃进，农业生产要大跃进，文教卫生事业也要大跃进"①毛泽东在1958年2月18日中央政治局会议上讲话时指出："多、快、好、省，这是代表中央的，是党的一个路线，是我们党搞建设的一个路线。"1958年5月5日中共八大二次会议在北京举行，会上，刘少奇所做的工作报告中代表党中央正式提出了："鼓足干劲，力争上游，多快好省地建设社会主义的总路线。"这样，社会主义建设的基本点就确定了下来。《人民日报》发表社论对总路线做了高度评价。社论说："用最高的速度来发展我国的社会生产力，实现国家工业化和农业现代化，是总路线的基本精神；速度是总路线的灵魂；快是多快好省的中心环节"②，这虽然在一定程度上反映了当时党和人民对建设社会主义的美好理想，但国民经济的发展步入盲目求快的歧途。片面追求工农业生产的高速度，不断地大幅度提高和修改计划指标，这在实际上废止了"二五"计划。

---

① 参见：我们的行动口号[N]. 人民日报，1958-02-02.
② 参见：力争高速度[N]. 人民日报，1958-06-21.

## 二、“大跃进”的严重后果

“大跃进”的出发点是为了加快建设社会主义，实现社会主义现代化。这样必须走出一条适合自己的道路来，我们在长期以来的革命建设中都是依靠群众运动来取得成功的，所以在社会主义的建设中也大搞群众运动，但在实际中严重违反了客观的经济发展规律，在 1958 年底到 1959 年春天，“大跃进”的后果就显示了出来。

### （一）重工业总产值上升，轻工业生产倒退，轻重工业比例严重失调

八大二次会议后，生产指标越来越高，1958 年钢产量的指标，由原定的 700 万吨增加到 800 万到 850 万吨，第二个五年计划钢产量从 1200 万吨提高到 3000 万吨，整个“二五”计划转上了“大跃进”的道路。1958 年 8 月 13 日到 30 日，中共中央政治局在北戴河召开扩大会议，在这次会议上提出了“号召全党全民为生产 1070 万吨钢而奋斗”及“关于农村建立人民公社问题的决议”。1958 年钢产量要比上一年翻一番，达到 1070 万吨。为了实现目标，发起了“以钢为纲，带动一切”的“大跃进”高潮。《人民日报》发表社论，直接要求与钢铁生产无直接关系的部门“停车让路”。一个全民炼钢运动在整个中国广大地区热火朝天地开展起来，保证钢铁产量“立即行动起来，完成把钢产量翻一番的伟大任务”①。为了完成这项任务，发动了大规模的群众运动，广大工人、农民、学生动员起来，仅农村劳动力已达 6000 万人，后来又增加到 9000 万人，建成的小高炉和土高炉 60 多万座，土法炼钢，成本高，收益差，而且炼成的钢质量太差，不能使用。为炼钢铁把人们日常生活的用具都

---

① 参见：立即行动起来，完成把钢产量翻一番的伟大任务[N]. 人民日报，1958-09-01.

用来炼钢，造成了严重的后果，同时投入大量农村劳动力，使得1958年大丰收的情况下，地里庄稼得不到及时收割而烂在地里，造成了粮食的紧张。

### （二）农业生产倒退，粮食大幅度减产，供应严重不足

农村中的大跃进运动集中表现为：人民公社大规模建立和发展，“共产风”和“一大二公”成为了当时党在农村工作的指导思想。人民公社与当时的农村基层政权结合起来，把社员的自留地、饲养的家畜等都收归为社有，对农业产量估计太高，结果出现了高征购，使得农民手中没有粮食，这样造成了严重的三年饥荒。在很多地方，表面上是广大人民在夜以继日地进行社会生产建设运动，甚至冬天都得不到休息，然而整个农业生产却出现了严重的困难，到1960年，社会上粮食等产品物资奇缺，几乎所有人都吃不饱饭，再加上繁重的劳动和疾病，这三年时间出现了严重的大饥荒和人口死亡率的大幅度上升。此外工农生产遭受巨大的损失，使得国家财政出现严重困难，市场供应紧张，“大跃进”严重影响了国民经济的发展。

毛泽东思考中国的工业化和现代化发展战略时，将规模和速度紧密联系起来，实行的是速度与规模并举的“赶超战略”。现代化后发国家有一个普遍特点就是“赶超性”，中国属于现代化的后发国家，也有着在一定时期内实现赶超的强烈愿望，实行赶超战略应该说是国情的需要。但是对赶超的困难估计不足，把赶超的时间定的太短，脱离了中国国情，违背了现代化发展的客观规律，结果只能适得其反。在超乎寻常的赶超战略指导下，“大跃进”“浮夸风”“共产风”带来的是严重破坏生产力的惨痛教训。赶超战略脱离实际，严重受挫之后，我们党实行了“巩固、调整、充实、提高”的战略调整，现代化发展战略又逐渐回到原来的设计。

## 三、“调整、巩固、充实、提高”的战略调整

毛泽东和党中央开始察觉到人民公社运动和大跃进中出现的严重问题。1960年9月，中央提出要对国民经济进行“调整、巩固、充实、提高”的八字方针。1961年1月14日至18日，中国共产党八届九中全会在北京举行。在这次会议上听取和讨论了李富春的《关于1960年国民经济计划执行情况和1961年国民经济计划主要指标的报告》，对“大跃进”运动时期所造成的国民经济比例严重失调和带来的种种困难的局面，会议强调贯彻执行国民经济发展以农业为基础的方针政策，通过采取缩减基本建设战线和降低重工业发展速度，整个国家群众大力发展农业，保证粮食生产，“调整、巩固、充实、提高”作为整个国民经济发展的方针在这次会议上正式通过。其中，调整是指国民经济各部门间失衡的比例关系急需调整，巩固是指生产建设取得的成果仍需巩固，充实是指短缺产品和新兴产业的项目尚需充实，提高是指产品质量和经济效益亟待提高。① “八字方针”的主要内容是对发展速度进行调整，重工业的发展速度被特别指出需要给予控制，尤其是钢铁工业的发展速度，并缩小基本建设的规模，使得工业和农业之间、重工业和轻工业之间、积累与消费之间的比例趋于协调，统筹安排国家建设和人民生活。

在这期间，国家对农业、农村生产进行了恢复和调整，在人力、物力和财力上进一步加大投资，提高粮食等农产品的收购价格，减轻了农民负担，促进了农业生产的恢复。在工业方面暂停了一批建设工程项目，使得当时基本建设规模适应当时国家和整个社会的财力、物力，改变了当时经济建设比例失调的局面。对于一些能源资源消耗量大，产品质量却很低劣的企业，进行停产整顿，对部分企业甚至进行关闭，对企

① 武力．中华人民共和国经济史(上卷)[M]．中国时代经济出版社，2010：376.

业职工进行精简，促使他们回到农村进行农业生产，节省了工资开支。针对市场不稳定的现象，国家采取了增加商品供应，减少建设投资，减少财政支出，回笼货币的手段。通过这些办法，国家加强了对国民经济的统一管理和领导。

1962年1月召开中央工作会议，总共有7118人参加，这次会议被称为"七千人会议"，会议总结了1958年以来工作中的错误和缺点，并指出了产生这些问题的原因，报告强调：总路线、大跃进、人民公社的基本方向是正确的。毛泽东在讲话中作了自我批评，号召全党总结正反两方面经验，加深对社会主义建设规律的认识。毛泽东说：我们还有很大的盲目性。社会主义经济对于我们来说还有许多未被我们认识的必然王国。拿我来说，经济建设中的许多问题还不懂得。我注意较多的是制度方面的问题，生产关系方面的问题。对于生产力方面我知识很少。拿全党来说，社会主义建设的知识都非常不够。今后要下苦功夫调查它，研究它，在实践中逐步加深对它的认识，弄清它的规律。① 这次会议以后，党中央开始调整农村政策，恢复和发展农业生产，减少了对粮食的征购，加强工业对农业的支援，努力争取农业生产的恢复，对重工业和轻工业的比例作了调整，工业生产也开始恢复正常。

随着经济调整工作的逐步展开，许多方面都出现了迅速恢复的转机，到了1962年底，国民经济和人民生活开始走出低谷，渐渐好转。在此后的三年时间里，国家继续改善国民经济的比例关系，并着重加强现有生产能力的提高，继续贯彻党在经济工作方面的"八字"方针，企业的经营管理逐步改善，经济效益逐渐提高；企业专业化协作适当开展。通过这些手段措施，各项工作逐步走上了正常轨道，国民经济开始走上了顺利发展的道路。

---

① 陈锡华．毛泽东对初级阶段基本路线探索的贡献与失误[J]．安徽省委党校学报，1993(1)．

## 四、“四化”任务和“两步走”战略的提出

任何梦想的实现必须依赖于客观物质条件的保障，即必须基于客观现实发展的具体历史情境加以推进。梦想与现实以脱节的形式加以呈现的结果只能是空想，不可能求得实现梦想的具体路径。毛泽东时代对于当下实现“中国梦”基础性条件的夯实，主要体现在探索社会主义基本制度和构建比较完整的国民经济体系和工业化基础等方面。

国家富强、民族振兴和人民幸福，必须有赖于较为客观、感性的评判标准，而经济因素无疑在此过程中占据了基础性地位。实现现代化、完成由传统社会向现代社会转变的重要方式便是实现工业化，这是近代中国历史发展的重要实践主题。毛泽东始终将追求工业化作为衡量国家富强、民族振兴与人民幸福的重要标准，这与近代中国因为工业化落后而导致积贫积弱和被动挨打的局面密切相关。也正是在此基础上，毛泽东明确提出：“如果不在今后几十年内，争取彻底改变我国经济和技术远远落后于帝国主义的状态，挨打是不可避免的。”①毛泽东时代不仅科学预设了工业化的基本目标，而且也为这一目标的实现提供了难能可贵的探索。毛泽东认为，工业化的实现不能仅仅立足于工业这个单一领域，而且必须要科学处理工业、农业和轻工业之间的关系。

### (一)从“工业化”到“四个现代化”

新民主主义革命胜利之际，我们党明确提出使中国稳步地由农业国转变为工业国的任务。新中国成立后，刘少奇在1950年写的一篇研究经济问题的论文中阐述了党和政府的基本任务。“这就是使中国逐步地走向工业化和电气化。只有工业化和电气化，才能建立中国强大的经济

① 毛泽东文集(第8卷)[M]. 人民出版社，1999：340.

力量和国防力量。”①社会主义改造时期，社会主义工业化成为过渡时期总路线的主体内容，实现社会主义工业化成为全民的口号，并被写入宪法。社会主义改造基本完成之初，毛泽东又提出并探讨了中国工业化道路的问题。“工业化道路的问题，主要是指重工业、轻工业和农业的发展关系问题。”②工业化道路虽然不等于现代化建设，但所涉及的重工业、轻工业和农业涵盖了现代化建设的主要方面。工业化是中国共产党人对现代化的最初表述形式。因此，中国工业化道路的探索，在很大意义上也就是中国现代化道路的探索。在宣传和建设工业化的过程中，我们党又逐渐形成了关于现代化的提法与思想。

1957 年 11 月，刘少奇宣布确定了“三个现代化”的国家发展战略目标。1957 年 11 月，在庆祝俄国十月革命胜利 40 周年的群众大会上，刘少奇宣布，把我国建设成为一个具有现代农业、现代工业和现代科学文化的伟大的社会主义国家，从而确定了“三个现代化”的国家发展战略目标。1959 年底，毛泽东研读了苏联《政治经济学教科书》之后，又对“三个现代化”的发展目标作了补充和修正，即：建设社会主义，原来要求是工业现代化、农业现代化、科学文化现代化，现在还要加上国防现代化。1962 年 1 月，刘少奇在“七千人大会”上讲到国家发展的目标时，正式把三个现代化修改为四个现代化。“我们一定能够把我们的国家建设好，建设成为一个具有现代工业、现代农业、现代科学文化和现代国防的强大的社会主义国家。”③

1963 年党中央制定国民经济长远规划，毛泽东提出我国首先要建立起自己独立完整的社会主义国民经济体系和社会主义先进工业体系，这样，我国工农业水平基本达到世界先进水平，在此基础上加快发展，全面实现农业、工业、国防和科技的现代化。1964 年 12 月，在三届全

---

① 刘少奇选集(下卷)[M]. 人民出版社，1985：4.

② 毛泽东文集(第 7 卷)[M]. 人民出版社，1999：240.

③ 刘少奇选集(下卷)[M]. 人民出版社，1985：416.

国人大一次会议上周恩来向全国人民郑重宣布了“四个现代化”奋斗目标。“今后发展国民经济的主要任务，总体说来，就是要在不太长的历史时期内，把我国建设成为一个具有现代农业、现代工业、现代国防和现代科学技术的社会主义强国”。① 从此，称之为“四个现代化”的奋斗目标延续下来。“四个现代化”的奋斗目标，极大地激发了中国民众投身社会主义建设的积极性。

### (二)从“赶英超美战略”到“两步走战略”

“赶英超美”的大跃进严重受挫之后，我们党及时反思，实行战略调整，同时提出了“两步走”的发展战略目标。

1961 年 9 月，会见英国元帅蒙哥马利时，毛泽东指出：在中国，建设强大的社会主义经济，50 年不行，会要 100 年，或者更多的时间。他在 1962 年的“七千人大会”上再次强调，要赶上和超过世界上最先进的资本主义国家，没有一百多年的时间，我看是不行的。根据毛泽东的提议，中国现代化建设分两步走的战略步骤于 1963 年 9 月在中共中央工作会议首次提出。

1964 年 12 月 21 日，周恩来在第三届全国人民代表大会上作的《政府工作报告》中正式宣布了这个“两步走”设想。报告指出：“为了实现现代化这个伟大的历史任务，从第三个五年计划开始，我国的国民经济发展，可以按两步来考虑：第一步，建立一个独立的、比较完整的工业体系和国民经济体系，使我国工业大体接近世界先进水平；第二步，使我国经济走在世界的前列，全面实现农业、工业、国防和科学技术的现代化。”②

根据毛泽东“把国民经济搞上去”的指示，1975 年 1 月 13 日，四个

---

① 周恩来选集(下卷)[M]. 人民出版社，1984：439.

② 周恩来选集(下卷)[M]. 人民出版社，1984：439.

现代化的目标和两步走的设想在第四届全国人民代表大会的《政府工作报告》中被重申，并且提出要在21世纪到来之前实现社会主义的现代化。“从第三个五年计划开始，我国国民经济的发展，可以按两步来设想：第一步，用十五年时间，即在一九八〇年以前，建成一个独立的比较完整的工业体系和国民经济体系；第二步，在本世纪内，全面实现农业、工业、国防和科学技术的现代化，使我国国民经济走在世界的前列。”①“两步走”的时间，即用大约15年时间实现第一步目标，力争到20世纪末实现第二步目标。这一战略，突出了经济建设在现代化事业中的中心地位，但“两步走”尤其是第二步的要求仍然过高。不过，对于实现现代化怀有深有紧迫感的以毛泽东为核心的党的第一代中央领导集体来说，由赶超战略调整为“两步走”战略已属不易。

这一战略的提出，当时发挥了动员各种资源和调动人民积极性的重要作用，为后来邓小平提出“三步走”战略奠定了基础。

“两步走”战略和“四化”任务的提出，虽然不够成熟，但是反映了以毛泽东为代表的党中央对实现我国经济快速健康发展，实现中华民族伟大复兴的美好愿望和战略安排。

---

① 周恩来选集(下卷)[M]. 人民出版社，1984：489.

## 第四节　备战型发展战略的经验及教训

20 世纪 60 年代初，从国际形势来看，在中国的南面，美国插手越南的侵略战争逐步升级，由于中国派出志愿军坚决地支持越南人民，美国加强了对中国的敌视和封锁。在中国的北面，中苏形势也日趋严峻，在中国边境地区派驻的苏联军队有近百万人，苏联战略导弹直接指向中国。在中国的西南面，中印边境在 1962 年击退印度大规模入侵部队后，局势尚未得到缓和。在祖国大陆的东南面是蒋介石政权盘踞的台湾，从 1961 年到 1965 年，一直在叫嚣反攻大陆，多次派出武装特务和飞机、军舰进行窜扰。而同时，我国应对战争发生的防备确实存在着问题。"工业过于集中，14 个 100 万人口以上的大城市就集中了约 60%的主要民用机械工业、50%的化学工业和 52%的国防工业；大城市人口多，大部分都在沿海地区，易遭空袭，如何防空尚无有效措施；主要铁路枢纽、桥梁和港口码头多在大中城市附近，易遭轰炸破坏，缺乏应付措施；所有水库紧急泄水能力都很小。"①

外有强敌，内有隐患。国际环境的严峻形势，促使党中央下定决心改变原定的国民经济建设部署。调整"三五"计划解决"吃穿用"的指导思想，"三五"计划的中心任务改为抓战备，而且这一中心任务一直延续到 20 世纪 70 年代的"四五"计划。在这种情况下，我国的经济建设

---

① 武力．中华人民共和国经济史(上卷)[M]．中国时代经济出版社，2010：516.

战略方针转入了以战备为中心的状态。

## 一、以“备战”为中心的“三五”计划

“三五”计划本应在1963年到1967年执行，但由于“大跃进”的挫折和自然灾害造成了经济困难局面，毛泽东提出1963年至1965年这三年作为一个过渡阶段，贯彻调整方针，为经济恢复打下底子，从1966年起搞“三五”计划。这个主张得到中央其他领导人的一致赞同。

1964年4月底，国家计委提出了《第三个五年计划(1966—1970)的初步设想(汇报提纲)》，规定了这一计划的基本任务：一是大力发展农业，基本上解决人民的吃穿用问题；二是适当加强国防建设，努力突破尖端技术；三是与支援农业和加强国防相适应，加强基础工业，继续提高产品质量，增加产品品种，增加产量，使我国国民经济建设进一步建立在自力更生的基础上。相应的发展交通运输业、商业、文化、教育、科学研究事业，使国民经济有重点、按比例地向前发展。

基于对严峻的国际形势的担忧，1965年毛泽东听取石油工业部部长余秋里汇报计划编制时指示说：“计划要考虑三个因素，第一是老百姓，不要丧失民心；第二是打仗；第三是灾荒。”根据这个精神，1965年9月14日，国家计委向中共中央和毛泽东报送《关于第三个五年计划安排情况的汇报提纲(草稿)》，提出：备战是“三五”计划的立足点，把国防建设放在第一位，加快三线建设，积极备战同时逐步改变工业布局。许多三线建设项目和国防建设从1964年年底就已动工，并取得了显著的进展。1966年，“三五”计划《汇报提纲》开始正式执行。但是，“文化大革命”的开始打断了这个进一步蓬勃兴起的大规模国民经济建设的计划设想。

1970年是“三五”计划的最后一年，为了尽快扭转“文化大革命”造成的计划进度滞后状况，从年初起，经济建设掀起了一场跃进。3月29日，《人民日报》在社论中宣布：“工业生产的新高潮，正在全国蓬勃兴

起”，我国工业生产和基本建设“将有一个新的增长”和“以更大的规模展开”。“三五”计划在 1970 年的高投入下得到了完成。然而，这一年已经暴露出许多严重问题：基建规模过大，使积累率过高，由上年的 23.2%急剧上升到 32.9%，投资总额 31.55 亿元，比上年增加 55.6%，消费与积累比例失调。建设项目上马虽多，但投产率却从上年的 18.1%下降到 16.7%。① 1971 年，原有的问题没有得到应有的重视和调整，反而又要求在制定“四五”计划期间继续跃进。

## 二、急于求成的“四五”计划

1970 年 2 月到 3 月间，国务院召开全国计划会议，制定了 1970 年的国民经济计划，并拟定了《第四个五年计划纲要(草案)》。1970 年到 1975 年是第四个五年计划。第四个五年计划是一个急于求成的计划，它规定：到 1975 年钢要达到 3500 万吨至 4000 万吨，生产要达到 4000 万吨以上。原煤产量要达到 4 亿到 4.3 亿吨，原油 7000 万到 10000 万吨，发电量 2000 到 2200 度，铁路货运量 9 亿至 10 亿吨，粮食 6000 亿至 6500 亿斤，棉花 6500 至 7000 万担。据此，电力、轻工业等部门先后提出比 1971 年产量翻一番的高指标。燃料工业部也提出大干三年，扭转北煤南运的口号，要求到 1972 年江南九省实现煤炭基本自给。其他各行各业也都酝酿着要大干、要翻一番。②

到了 1971 年，经济计划指标又有所提高，要求：工农业总产值比上年增长 12%，其中农业总产值增长 7%，工业总产值比上一年增长 13%。粮食产量达到 4900 至 5100 亿斤，棉花 4800 万至 5000 万担，钢 2000 万至 2100 万吨，原煤 3.6 亿至 3.7 亿吨，发电量 1300 亿至 1350

---

① 武力．中华人民共和国经济史(上卷)[M]．中国时代经济出版社，2010：543.

② 周太和．当代中国的经济体制改革[M]．中国社会科学出版社，1984：135、136.

亿吨，原油3900万至4000万吨，棉纱1000万件，铁路货运量7.3亿至7.5亿吨。社会商品零售总额850亿元。财政收支各705亿元。国家预算内基建投资270亿元，比上年增加15亿元。大中型项目1168个，其中新建112个，改、扩建137个。新增职工140万至156万人，职工人数达到4850万人，工资总额达到296亿元。① 这些指标都大大超过了实际的生产能力，使得国民经济不进反退，经济比例严重失调。

虽然在1970年底的时候，经济方面的一些问题就暴露了出来，但是《第四个五年计划纲要》本身就是一个高指标急于求成的计划，所以虽然1971年的国民经济计划基本上完成了，但是由于经济建设指标过高，经济发展出现的问题不仅没有得到解决，而且进一步恶化，给国民经济带来了严重的后果。

一是，减少了农业劳动力。为了保证工业计划的按时完成，从农村抽调了大量的劳动力，各地大搞会战虽然规模宏大，但是实际生产效率却没有相应提高，反而使得农业生产受到了重大影响，短时间内大量增加了吃商品粮人口，也加剧了粮食供应的紧张。

二是，基建规模过大，降低了投资效果。投资的39种主要产品中，有36种没有完成计划。1972年计划投产的大中型项目600个，实际上完成120个。计划投产的单项工程700多个，实际上只完成370多个。②

三是，忽视科研和技术培训，排斥科学管理。从农村招收的大批新工人素质较差，导致了工业劳动生产率的下降。1971年全国工业企业劳动力生产率比1970年降低0.8%，1972年又比1971年降低5.4%。

四是，积累率过高，农轻重比例进一步不合理。1971年工业投资达65.2%，农业投资只占总投资额的10%，相差悬殊超过了1958年

---

① 柳随年，吴群敢．中国社会主义经济简史[M]．黑龙江人民出版社，1985：381、382.

② 武力．中华人民共和国经济史(上卷)[M]．中国时代经济出版社，2010：548.

“大跃进”时期。轻工业投资在工业投资中仅占5.8%，是除1963年外新中国成立以来最低的。这种依靠高投资，实现高积累，以保证工业增长高速度的做法，影响了人民生活水平的提高，导致职工生活出现下降趋势，给以后的经济建设造成严重的欠账。

五是，一味求快，生产中浪费现象严重。冶金部重点企业1970年的每一单位焦比、机车煤耗、发电煤耗，都比1966年有大幅度增高。由于盲目求多，产品质量日趋下降。以国防工业为例，为援外装配的一批40架“歼6”歼击机，经检查就有7架不合格，无法交付，占全数的17.5%。①

六是，随着工资总额的增长，货币投放增多，使得市场供应紧张，商品供不应求的现象更加严重，社会经济状况更加不稳定。

第四个五年计划一直处于“文化大革命”的笼罩之下，所以政治对经济的影响非常巨大。1973年，在周恩来的领导之下，调整了《第四个五年计划(草案)》。这个草案根据周恩来等人的意见，把1975年的钢产量指标做了较大调整。这样整个计划安排都随着钢产量指标的下降而得到缩减。

1974年10月，毛泽东提议邓小平任国务院第一副总理，1975年初邓小平开始主持国务院和中央的日常工作，他根据毛泽东提出的“要把国民经济搞上去”的指示，以铁路运输和钢铁工业为突破口，对政治、经济、军事、文化等方面进行了全面的整顿，一定程度上扭转了当时混乱的局面。到了1975年，“文化大革命”到了后期，动乱局面随着邓小平等人的大力整顿，得到了好转，广大干部、群众努力生产，工农业产值都有所上升。由于1975年整顿带来的变化，才使“四五”计划的多数指标基本上得到完成。“四五”计划期间，有2579个大中型建设项目开始施工，期间有700多个全部建成并投产，还取得了一批科学技术成果。

---

① 周恩来选集(下)[M]. 人民出版社，1984：463.

## 三、“三线”建设成就与问题

“三线”建设是从1964年到1980年，以备战为中心，开展的大规模基本建设领域主要集中在国防科技工业和工业交通，主要建设范围定为我国内地的十几个省和自治区。所谓三线，是由沿海、边疆地区向内地划分为三条线，一线指沿海和边疆地区；三线指四川、贵州、陕西、甘肃、湖南、湖北等内地地区，其中西南、西北地区（川、贵、陕、甘）俗称为大三线，中部及沿海地区的腹地俗称小三线；二线指介于一、三线之间的中部地区。“三线”建设主要是指三线和二线地区的建设，也包括一线的迁移。① “三线”建设的第一个特点是时间长，它历经三个五年计划；第二个特点是建设规模大，共投入2050余亿元资金，安排了几千个建设项目。第三个特点是动员广，参与人数达几百万人力，对我国的国民经济结构和布局产生了深远的影响。

由于历史的原因，中国的东南、东北沿海一带的工业占有量为全国的70%，内地西南和西北地区则十分薄弱，而且这些地方不仅工业落后，交通也极不发达。基于备战和促进内地经济发展的考虑，党中央果断提出了建设内地的长远战略要求。毛泽认为：三线是一个阵地，一、二线是一个阵地，以一、二线的生产来支援三线建设，也就是沿海工业支援内地工业，使内地工业逐步赶上沿海工业的发展水平。因此，他要求在加强三线建设的同时，做两手准备，即战备和长期建设。针对党内有些人认为大规模战争打不起来的看法，他说：“他们的看法也是有些道理的，我们本来就是做两手准备的。”在三线建设过程中，毛泽东特别提出还要注意照顾到人民的利益。1966年3月，在给刘少奇的信中，毛泽东对三线建设的目的作了高度概括，就是“备战备荒为人民”。在

① 武力．中华人民共和国经济史(上卷)[M]．中国时代经济出版社，2010：552.

"三线"建设的规划中，党中央形成了一系列重要的经济建设指导思想。

### （一）"三线"建设的历程

从1964年到1966年，"三线"建设仅在两年多的时间里就取得了很大的进展。在西南、西北三线开始新建、扩建、续建的大中型项目有三百余项。其中钢铁工业14项，有色金属工业18项，石油工业2项，化学工业14项，化肥工业10项，森林工业1 1项，建材工业10项，纺织工业12项，轻工业8项，铁道工程26项，交通工程1 1项，民航工程2项，水利工程2项。① 但是，"文革"的爆发，打乱了这个庞大的建设计划。

1967年，"全面内战""全面夺权"的动乱蔓延到全国各个领域，"三线"建设因此受到严重冲击。"三线"科研、建设工作因为江青、林彪等人的直接干扰和他们煽动的极"左"思潮，严重偏离正常轨道。许多科技人员在"清理阶级队伍""批判反动权威"的运动中遭到伤害，致使重要科研攻关项目停滞不前。从1967年到1969年初的两年多里，不少"三线"建设项目处于半停顿甚至停顿状态，如重庆兵器工业基地、成昆铁路等，其余的也只能是在艰难维持之中。

1969年3月，在珍宝岛边界中苏两国发生了武装流血冲突，中苏关系骤然紧张。为了抵御随时可能发生的侵略战争，作为当务之急，相关的"三线"建设项目迅速得以恢复。1970年2月，全国计划工作会议在拟定"四五"计划纲要和当年计划时，就特别强调作为战备后方的"三线"建设是重点，规定用于"三线"建设的项目和投资要占到1970年全国计划的一半以上。经过一系列重点部署，"三线"建设重新全面铺开，重点充实了"三线"建设的施工力量、物资资金及领导班子。

---

① 武力．中华人民共和国经济史（上卷）[M]．中国时代经济出版社，2010：555.

通过和平谈判，中越、中美、中苏关系开始逐步缓和，鉴于边境外交局势的缓和，中央决定不再投入新的项目，“三线”建设随即进入后期续建阶段，主要工作是搞好后期建设的配套工程。特别值得一提的是，1972年周恩来果断地向国家计委提出了进口的设备小部分放在内地，大部分可以放在沿海的原则。周恩来指出：“沿海工业发展得快一些，从长远看，对促进内地建设是有利的。”①至此，沿海地区的建设才开始和“三线”的建设得到同等重视。

邓小平1975年复出主持中央工作时，一方面积极执行“三线”建设的部署，同时注意到片面强调战备的偏差必须尽可能地纠正。邓小平具体指出：“许多‘三线’的工厂分散在农村，也应当帮助附近的社队搞好农业生产。一个大厂就可以带动周围一片。”②十一届三中全会后，党的经济发展战略方针发生重大转变，“三线”建设基本结束。

### （二）“三线”建设的问题

“三线”建设经历的建设时期正值“文革”时期，受到“文革”政治挂帅错误路线的干扰，同时党中央在当时对战争形势的估计也过于严重，导致“三线”建设存在着不少问题。

第一，由于过分强调备战的需要，忽视了生产的经济效益和生产的长期性。比如，按照“靠山、分散、进洞”的原则，一些现代化工业企业只能在山沟里搞建设。由于远离城市，受地理位置的限制，生产的管理协作和运输，日常用品的供给都十分不方便。企业为此担负了过多不必要的成本。同时，为了解决职工生活的需要，企业必须拿出资金设“小而全”社会，包括企业办学校、商店、医院等等，这也增加了企业负担，影响了企业效益，造成社会建设的重复浪费。

---

① 陈东林．七十年代前期的中国第二次对外引进高潮[J]．中共党史研究，1996(2)．

② 邓小平文选(第2卷)[M]．人民出版社，1994：28.

第二，“三线”建设超过了国家的承受能力，无力完成的项目造成了很大的损失。在片面强调战备的要求下，国家建设战线拉得过长，建设规模铺得过大，比如，1969 年至 1971 年，有上千个大中项目向“三线”内迁和新建，工程之浩大导致设备、资金、原料难以按时到位，一部分工程在建设中途被搁置，还有些匆忙上马的项目因为建设施工缺陷而长期不能投产，这些不能最终发挥生产效益的项目造成了很大的经济损失和资源浪费。

第三，受“文革”的影响，政治挂帅，片面追求政治目标，正常的经济管理制度受到严重干扰，期间的“三线”建设也遭受了不应有的严重损失。如陕西阳(平关)安(康)铁路，是我国的第二条电气化铁路，全长 358 公里，修建中就有 1512 人受重伤，384 人牺牲，平均每公里牺牲一人以上，代价是很大的。① 有一些项目没有进行资源环境的调查和论证，还未弄清地质条件，就匆忙动工，盲目投建，结果缺乏可行性，给施工造成很大困难，勉强完成的也遗留下来长期隐患。

### (三)“三线”建设的成就

尽管存在着上述这些问题，“三线”建设作为战略重点其取得的成绩仍然有着不可磨灭的积极意义。

第一，通过“三线”建设，有效缓解了内地薄弱的工业基础和落后的交通状况，资源也得到有效的利用，我国工业大量集中沿海的不合理布局初步得到改变。到 70 年代末，“三线”地区的工业固定资产由 292 亿元增加到 1543 亿元，增长 4. 28 倍，约占当时全国的 1/3。工业总产值由 258 亿元增加到 1270 亿元，增长 3. 92 倍。职工人数由 325. 65 万增加到 1129. 5 万，增长 2. 46 倍。② 中西部地区作为战略后方基地，能

---

① 何金铭等．当代陕西简史[M]．当代中国出版社，1996：203、187.

② 武力．中华人民共和国经济史(上卷)[M]．中国时代经济出版社，2010：558.

源交通得以改善，以国防科技为重点，科研与生产相结合，原材料工业与加工工业相配套的工业体系初步建成。

第二，在中国面临霸权主义、帝国主义战争威胁的局面下，“三线”建设为备战奠定了坚实的基础。一大批国防科技工业方面的雄厚生产基础和尖端科研试验基地在“三线”建设中得到较大发展。以重庆为中心的常规兵器工业基地体系，不仅能够大批量生产轻武器，而且能够生产相当数量的先进重武器，到 1975 年兵器生产能力已占全国的近一半。四川、陕西等地的战略武器科研生产基地，拥有从铀矿开采提取、元件制造到核动力、核武器研制的核工业系统。贵州、陕西、四川、鄂西北等地的航空工业基地建成的 125 个项目，到 1975 年占全国生产能力的 2/3。四川等地的航天工业基地建有 96 个项目，形成了比较完整的战术导弹和中程运载工具的研制基地，包括中国第一个自行设计建设的卫星地面实验站、在我国航天事业中发挥巨大作用的西昌卫星发射基地等。其他还有沿长江中上游地区的船舶工业科研基地等，也都填补了我国国防科研和工业的空白。① 到 1975 年，国防工业的布局状况得到极大改善，作为战略防御重点的“三线”地区，其主要国防产品的生产能力、固定资产原值、净值，技术力量和设备水平都已达到甚至超过一、二线地区，具有重要的备战战略意义。江泽民总书记 1991 年 4 月视察西昌卫星发射中心、攀枝花钢铁基地、西南研究院等当年的“三线”重点工程时，对其在当时乃至当今发挥的战备意义给予了高度评价。

第三，“三线”建设虽然是以战备为中心，但确实客观上使我国东中西部工业布局得到有效调整，为今后区域的合理化发展开了一个好头。“三线”建设期间，几十个中小工业城市在长期不发达的少数民族地区和内地涌现，比如十堰、金昌、攀枝花、六盘水经过建设，从人迹

① 武力．中华人民共和国经济史(上卷)[M]．中国时代经济出版社，2010：559.

罕至的山区变成新兴工业城市，经济文化水平、人民生活水平得到显著提高。“三线”建设不仅促进了内地省区科技文化进步和经济繁荣，而且为今后内地的建设提供了很好的发展机遇，产生了长期的经济效益和社会利益。中华人民共和国成立后，如果没有“三线”的战略举措，内地与沿海地区的经济差距将会持续拉大，那么我们在改革开放时期，内地的建设任务将会更加繁重，整个国家的发展势必会受到影响。

党中央和国务院决定1979年到1983年为“三线”建设的调整期。首先，缩短基本建设战线，调整投资方向，停建、缓建了一批基建工程。其次，将一些生产任务严重不足的企业开始转向民用品生产。再次，关、停、并、转、迁的措施在极少数选址不当，难以维持生产，或者重复建设、重复生产的工厂和科研所中展开。经过军民结合的产品改造，到1990年，原“三线”军工企业的民品产值已经达到155亿元，占当年军工企业总产值的75%，比1985年增长了1.93倍。① 同时开发生产了一大批人民生活需要的高中档耐用消费品和一批国民经济建设需要的重大技术设备，在民用飞机、汽车、电视机、电冰箱领域打造了一批著名的民族品牌。如全国驰名的陕西长岭集团、四川长虹集团、重庆嘉陵集团等现代化企业集团，都是作为重点“三线”企业经过转换机制后创立的。以备战为中心的建设时期，也正值十年“文革”时期，林彪、江青两个反革命集团的肆虐，使我国原有的经济发展战略朝着极“左”的方面恶性发展。对错误的“大跃进”的纠正遭到批判，而当国民经济在遭到人为破坏稍有好转后，就被他们鼓吹为“新的跃进时期”已经到来，改善人民生活的正当要求则被斥为修正主义；他们在备战的口号下更加片面强调重工业特别是钢铁生产；在他们批判“利润挂帅”的鼓噪声中，我国经济的发展更粗放化，经济效益极度下降；他们妄图把我国重新变成一个封建的闭关锁国状态，进口商品和引进技术被斥之为“洋奴哲

---

① 武力．中华人民共和国经济史(上卷)[M]．中国时代经济出版社，2010：562.

学”和“爬行主义”，出口物资被诬蔑为“出卖国家资源”的卖国主义，是“把我国变成国际资产阶级的原料供应地”，利用外资更被咒骂为“接受帝国义国家的资本输出”，是使我国沦为“帝国主义国家投资场所”，等等。他们的破坏，使我国在 1968—1971 年期间中断了新技术的引进，经济发展在 1966—1976 年十年间遭到严重破坏。

# 本章结语

中国梦是中华民族的伟大复兴梦，民族复兴需要一个独立自强的国家作为保障，以毛泽东为代表的领导集体不断为民族独立和人民解放、国家富强与人民富裕而奋斗，为实现中国梦做出了巨大贡献。毛泽东时代对于当下实现中国梦基础的夯实，除了提供坚强的制度保障之外，还创立了比较完整的国民经济体系和工业化基础。中国工业化发展道路是中国梦的重要组成部分，考察和研究中国工业化发展战略的进程，对于我们坚持和发展中国特色社会主义具有重要的启示。

一种经济发展战略的实行是同一种相应的经济体制分不开的。1953年至1977年，在高度集中的计划经济体制下，中国共产党将有限的人财物资源高度集中，推行了高速度突出发展重工业的发展战略，从25年实行的情况来看，可对其发展战略思想的特点及利弊归纳如下：

## 一、这一时期经济发展战略思想的特点

第一，以高速度发展为主要目标。

新民主主义社会过渡期的“三大改造”胜利完成后，党认为建设速度是摆在我们面前最重要和最急迫的问题。我们的发展速度最好能超过旧中国几倍甚至几十倍，超过一切资本主义国家。因此在“大跃进”时期，经济发展战略的主要目标就凸显为高速度发展。中国全体劳动人民要在今后一二十年甚至更短的时间内来达到资本主义国家用一二百年的

时间达到的生产水平。可以说，除了60年代初的几年经济调整时期外，直到1977年党的十一次代表大会提出经济工作新的冒进目标，这一时期大部分时间把发展目标确定为追求很高速度的发展。

第二，把重工业作为突出固定的发展重点。

中华人民共和国成立后，我们开始大规模经济建设，党就指明，发展的主要任务就是实现国家的工业化，通过工业化把我国的经济从落后的、不发达的状态改变为发达的状态。在追求高速实现工业化的过程中，受苏联的影响以及我们自身战备的需要，以生产资料的工业生产为基础，即工业化事业中优先发展重工业的生产。因此我国在这一时期的经济建设就是以重工业为中心，而且重工业一直是我国这一时期经济发展战略所突出的固定的重点。

第三，以粗放发展为主。

靠增加生产的要素，即增加生产资料和劳动力、增加积累作为实现经济增长的主要途径称之为粗放式的发展。这一时期的发展战略有两点和粗放式发展有着密切的联系。一是，中华人民共和国成立初期重工业基础极端薄弱落后，把总产值作为衡量经济发展速度的最主要指标，要求以很快的速度实现工业化并优先发展重工业，必然要求大批地建设新的项目，建设新项目、增加固定资产、投入巨量的劳动力，成为实现发展目标的主要途径，原有企业的更新改造对于经济发展的作用被忽视了。二是，固定突出重工业的发展使它脱离了农业、工业和其他部门，引起国民经济比例的反复严重失调，每出现一次比例严重失调，不仅农业、轻工业等部门遭受严重破坏，而且重工业部门本身的发展速度也不得不退下来，一进一退，损失很大，大量宝贵资源付诸流水。

第四，自给自足、闭关自守。

这一时期，固定优先发展重工业，希望通过赶超快速建立独立完整的工业体系和国民经济体系，其最终目的是早日实现经济上的自给自足。20世纪60年代中苏关系的破裂一定程度促使了我国经济发展战略向极端化方向发展，特别是更加强调实现自给自足、闭关自守。在苏联逼债下，我们提前还清债务，把实现了“既无内债又无外债”看作一项伟大的成就。在建设资金方面，我们也曾提出，随着我国财政的日益巩固，我们更有条件完全依靠国内的积累进行建设。在达到这些目标以前，尽管也存在着甚至在一段时间内发展着对外的经济技术交流，但从本质上说，这一时期的经济发展战略是一种闭关自守的发展战略。这种发展战略的指导思想要求把经济自给自足的程度作为衡量经济发展程度的重要标志。

## 二、这一时期经济发展战略实施取得的成就

首先，在高度集中的计划经济体制下，利用行政权力把我们有限的物资和资金调动集中起来，重点用于发展重工业，用于实现经济高速增长的目标，因而推动我国的经济走上了迅速发展的道路。这个速度不仅同解放前相比，速度之快是历史上从未达到过的，而且同绝大多数第二次世界大战后走上独立道路的国家相比，我国经济的发展速度也是它们所不能及的。

第二，建立了民族工业。由于从建立和发展重工业入手发展国民经济，把工业的发展置于突出的优先发展的地位，经过第一个五年计划的经济建设，一批为国家工业化所必需而过去又非常薄弱甚至完全是空白的基础工业建设起来。以后又经过十年的社会主义全面建设，独立的比较完整的工业体系和国民经济体系得以建立，奠定了我们现在赖以进行现代化建设的物质技术基础。通过“三线”建设在辽阔的内地和少数民族地区，也兴建了一批新的工业基地。国防工业从无到有地逐步建设起来。我国的科学技术水平有了很大的提高。这些成就的取得也是同这一时期实行上述经济发展战略是分不开的。可以说，我国在对外经济关系方面的发展战略对于保护我国民族工业的建立和发展，也起到了重要的作用。

第三，维护了我国在政治上和经济上的独立。在实行上述经济发展

战略的过程中，由于经济的高速发展和独立的比较完整的工业体系及国民经济体系的建立，我国顶住了来自外部各方面的封锁、禁运、“冻结”、歧视、逼债、武装侵略、战争威胁、“不承认政策”、妄图控制我国和干预我国内部事务等压力。在经济上极为困难的20世纪60年代初期，我们还清了苏联的全部债款，保持了政治上、经济上的完全的民族独立。

尽管如此，从总结历史的经验和教训的角度来考虑，从研究经济发展战略的思想来着眼，还应当看到，上述经济发展战略的实行，无论在我国还是在苏联等国都出现了一些问题，表现出它本身所具有的弱点，特别是这种经济发展战略同我国的基本国情之间有一系列难以克服的矛盾。

### 三、这一时期经济发展战略指导思想的缺陷

首先，这一时期经济发展战略指导思想同我国落后的农业发展状况的矛盾。在我国的国民经济中农业占有举足轻重的地位。我们国民经济的发展是从建立和优先发展重工业入手，并且是希望以很快的速度来建立和优先发展重工业，使我们遇到了一个从哪里取得建立和发展重工业的大量积累资金的问题。而从我国的经济发展战略来说，那时我们也力争少借甚至不借外债用于经济建设。这就是说，经济建设特别是重工业的建设，必须完全或几乎完全要靠我国自身的积累。而重工业企业，一般地说，资金周转慢，在建成后的一段较长时期内不能提供积累或提供得不多，重工业的建设和发展要靠它自身提供足够的资金，这不是在短期内所能办到的。可是我国原有的经济发展战略又决定了轻工业的发展不是重点，这样，农业在一段相当长的时间内成为建立和发展重工业的主要资金来源。这种状况就使原有的经济发展战略同落后的农业之间发生了矛盾，使得农业的发展在一段相当长的时间内受到限制。如要求重工业以很高的速度发展，那就要求集中更多的资金，对农业过多的挤压

也因此会带来农业发展的滞后，严重影响到居民的基本生活保障。苏联的情况就是一例。毛泽东同志很早就提出了这个问题，并关注到发展要兼顾国家和农民的利益。他曾形象地说，又要马儿跑，又要马儿不吃草，哪有这样的道理。但当我们片面强调发展速度、重点强调发展重工业时，我们也违反了这项原则。总结了苏联的严重教训但还是犯了相同的错误，出现了农产品征购量过多的情况。农产品越增长，农民亏本越大，使我国的农业发展遭受了严重的影响。

其次，这一时期经济发展战略指导思想同我国人民穷困生活的矛盾。中华人民共和国成立前，我国人民的生活是极度贫困的。中华人民共和国成立后，广大人民希望改善自己的生活，这是理所当然的，也是社会主义生产的目的要求。中华人民共和国成立后人民的生活确实得到了改善，但是应该说是不快的。这是因为，经济发展战略是以增长速度作为主要目标的，而不是以满足人民的基本需要为主要目标。同时，这种济发展战略又是长期固定地突出发展重工业。投资于重工业的积累转变为增加人民的消费，需要经历一段较长的时间。在这段长时间里，人民的消费的增长是不能不受到限制的，而以粗放为主的发展更是要求大量的积累。因此，实行这种经济发展战略必然要求保持高的积累率。当我们急于以很高的速度发展重工业时，积累率就会达到像1959年曾经达到过的43.8%这样罕见的程度。鉴于苏联的教训，我们其实也早就提出了要妥善处理积累和消费的比例问题。但是，积累率长时期过高，年复一年地限制人民的消费的增长，使得我国人民特别是农民的生活水平长时间不能随着经济的发展而得到更大的改善。

最后，这一时期经济发展战略指导思想同国内资金短缺、技术落后的矛盾。以速度为主要目标和长期固定突出发展重工业要求有大量的资金积累，同时以粗放为主的发展来发展重工业则更加要求有大量的资金积累。正是在这种经济发展战略下，产生了基本建设投资难以控制的顽症，造成对投资的饥渴同有限的资金之间的尖锐矛盾，这种状况又使得各个方面争上项目争要投资，而许多项目由于投资不足又引起工期的延长，投资效果的降低，从而要求追加更多的投资。这种资金严重短缺的情况，如能适当利用外资应当可以得到某些缓和，但在自给自足的发展战略下则又无法办到。

苏联对我国重工业的建立和发展起了重要的作用，对于缓和我国实行的经济发展战略同落后的技术的矛盾有很大帮助。但是，正如我们日后看到的，这种经济发展战略是要实行技术装备的进口替代。在我国，由于人民的科学技术和文化水平很低，开发新技术的力量很薄弱，实行技术装备的进口替代就会造成国内技术的发展缓慢甚至停滞，而粗放的发展战略则又助长了这种弊端。这样就造成了国内技术同国外技术的隔绝和差距的扩大。那些在工业化初期建立起来的新的工业企业由于技术长期得不到更新逐渐变得落后了。现代化的重工业技术要求有高水平的工程技术人员和熟练的技术工人来掌握才能充分发挥其效益。由于技术力量的严重不足以及缺乏现代化企业的管理人才，我国重工业的经济效益远远未得充分发挥。

## 四、寻梦的启示

国家富强、民族振兴和人民幸福的美好梦想，构成了毛泽东时代社会主义革命与建设的实践主题。毛泽东对于中国共产党成为中国革命与建设时期各项事业领导力量的必然性的准确认识，为中国梦的实现奠定了坚实的领导基础；对矛盾特殊性与不平衡性理论的坚持和运用，以及建立在此基础上以实事求是为核心的马克思主义中国化的路径选择，为基于中国具体实际推进“中国梦”提供了科学的指导思想；对共产主义理想信念的执著追求，点燃了“中国梦”与共产主义远大理想之间的内在逻辑同构性，并且科学规划了在社会主义框架内实现“中国梦”的具体路径；对社会主义基本制度的探索以及建立比较完整的国民经济体系和工业化基础，为圆梦之旅的科学推进奠定了坚实的制度保障和物质基础。

中国人站立起来，仅仅是以毛泽东为代表的中国共产党人实现中国梦的第一步，毛泽东的梦想是在通过革命扫清中国强盛的障碍后，把中国建设成为一个独立的、自由的、民主的、统一的、富强的新中国，一个具有现代工业、现代农业、现代科技、现代国防的社会主义现代化的新中国，一个强大而又可亲的社会主义新中国，一个通过自己艰苦奋斗赶上世界先进水平的新中国。尽管毛泽东在领导我们建设社会主义的过程中犯过这样那样的错误，但是他提出的梦想一直在激励着中国人民。他创造性地提出马列主义与中国实际相结合的命题，拉开了马克思主义中国化的逐次飞跃的序幕；创立了社会主义基本矛盾学说，发出了社会主义改革的理论先声；提出了“三个世界”划分理论，奠定了对外开放的国际环境；制定了“两步走”的发展战略，深化我们对社会主义发展目标的认识。在他的领导下，我国初步建立了独立的比较完整的工业体系和国民经济体系，为中国社会的全面发展和一切进步奠定了牢固的物质技术基础；启动三线建设，初步改变了东西部经济发展不平衡的布局；把计划生育、环境保护政策纳入基本国策，促进了人口、资源与环境的协调发展。在他领导下建立的独立的、完整的工业体系和国民经济体系，为我们实现中国梦提供了重要的物质基础。

总而言之，毛泽东作为近代中国历史上追逐“中国梦”的杰出代表，他在“追梦”之旅中的艰辛探索为顺利实现“中国梦”提供了宝贵的经验与财富。尽管毛泽东晚年在社会主义建设问题上也经历了一些挫折，但无论如何都无法抹杀其对于实现“中国梦”的创造性贡献。当前，必须始终坚持中国共产党作为“追梦”主导性与非替代性力量的选择，必须坚持从中国具体实际出发构筑梦想、追求梦想，必须坚持共产主义最高理想与中国特色社会主义共同理想的有机统一、坚持共产主义作为“中国梦”的基本价值导向，必须基于特定的物质条件与制度保障推进各项事业，这是毛泽东在执著追求“中国梦”的伟大历史征程中为后世留下的创造性贡献。以毛泽东为代表的中国共产党人为此奋斗不懈的中国梦，既是马克思主义者的“进步人类的梦想”，又是我们这个多灾多难的伟大民族的民族独立、人民解放和国家富强、人民幸福的崇高追求。

# 第三章

# 释梦：党以经济发展为中心的经济发展战略思想的转折

以毛泽东为代表的第一代领导集体在“寻梦”之旅中留下了深刻教训，到底要不要再继续“筑梦”、构筑何种形式的“梦想”、如何“圆梦”等，这一些列问题对以邓小平为代表的中国共产党人提出了“释梦”的要求。

是回到“封闭僵化”的“老路”，还是结合社会主义建设具体实际“另辟蹊径”，成为邓小平必须要加以认真思考的问题。邓小平在深刻总结毛泽东晚年错误的同时，以伟人的政治智慧力挽狂澜、高举了毛泽东思想与社会主义的伟大旗帜，即在较为复杂而且深刻变动的政治格局下，坚守了社会主义的梦想，坚定了通过走社会主义道路实现国家富强、民族振兴和人民幸福这一梦想的道路。

在中国共产党领导人民追梦、圆梦的过程中，党的第二代领导核心邓小平作出了重大贡献。他虽然没有明确地提出“中国梦”这一概念，但是他所有的理论和实践活动都是围绕着中华民族伟大复兴而进行的。邓小平不但明确地提出了基本实现现代化这一中华民族伟大复兴的重要战略目标，而且对其进行了具体的规划和部署；不但探求到实现中国梦的正确道路，明确了实现中国梦的动力之源，而且领导全国人民开创了改革开放的伟大事业，从而开辟了中华民族伟大复兴的一个新的时代。

1976年随着“文化大革命”的结束，中国开始走上了现代化建设的新征程。以邓小平为核心的党的第二代领导集体建设性地开创了社会主义建设的新局面，放弃了以阶级斗争为纲，做出了以经济发展为中心、改革开放的伟大决策。

## 第一节　经济发展战略思想转变的时代背景

由于长期极“左”的思想难以根除，当时的国家领导人还是以“革命”的思想理论来指导经济建设。在粉碎“四人帮”后国民经济有了恢复与好转，当时党中央领导人提出了“两个凡是”的指示。在社会经济恢复好转的形势面前，经济发展指导思想的错误又以相似的面貌重现，一场“洋跃进”又随之展开。

### 一、“两个凡是”与“洋跃进”发展战略

在1977年1月，国务院发布了《一九八〇年基本实现农业机械化的报告》，要求用最大努力实现农业机械化。结果，很多地区不根据当地实际情况，盲目地进行农田基本建设、水利建设，制造了一批低效的农业机械，造成了人力、物力、财力的极大浪费。当时国家又大力宣传所谓的“新跃进”。《人民日报》宣称“要发动群众把现有的工业生产能力较好地发挥出来，生产就可以大幅度上升，一年就可以增产几百万吨钢，几千万吨煤”。①

1977年8月，在北京召开了第十一次全国代表大会。大会强调调动国内外一切积极因素，团结一切可以团结的力量，为在20世纪内把我国建设成为社会主义现代化强国而奋斗，这是中国共产党在新时期的

① 参见：抓纲治国，推动国民经济新跃进[N]. 人民日报，1977-04-19.

根本任务。

1977年10月26日的《人民日报》发表《速度问题是一个政治问题》。随后各个行业都不同程度地制定了不切合实际的计划，如，煤炭部提出到1987年突破年产10亿吨，赶上美国，到本世纪末达到年产20亿吨；冶金部提出1990年完成1.6亿吨目标，超过美国。1956年的“大跃进”又以相似的面貌上演在各个领域。1978年党的“两报一刊”发表元旦社论《光明的中国》，文章又搬出“大跃进”的一套理论思想。“伟大领袖和导师毛主席早在一九五八年就提出鼓足干劲，力争上游，多快好省的建设社会主义的总路线。社会主义建设总路线的灵魂是高速度。高速度全面体现了多快好省的要求。”1978年11月2日的党报又宣称在今年的最后两个多月，要在深入揭批“四人帮”的基础上，鼓足干劲，奋勇前进，开足马力，捋起袖子大干。

1978年2月第五届全国人大一次会议召开，华国锋作为当时最高领导人做政府工作报告，报告指出：“到二十世纪末，农业产量要达到或者超过世界先进水平，工业主要产品产量要分别接近，赶上和超过最发达的资本主义国家。”显而易见，在“文化大革命”十年浩劫刚刚结束的1978年提出的这样宏大的目标明显脱离了我国经济社会发展的实际，严重违反了经济社会发展规律。这次会议把新的“大跃进”式的发展思路推向了新的高潮，“左”的思想也在“文化大革命”结束后达到高潮。

与1958年“大跃进”相比，新的“大跃进”与之前不同的地方在于提出了实现四个现代化。由于国际、国内外形势的好转，中华人民共和国面临的国际环境得到了很大的改善。因此，当时党和国家开始利用外国的资金、设备，引进了大量先进的国外技术和设备，冶金等工业部门把其高速发展的计划依托在大规模地引进国外先进技术上，这有别于1958年大炼钢铁时大搞“小、土、群”时的状况，当时所有急需的资金依赖于借外债，采用外国先进技术设备，被人们称之为“洋跃进”。虽然在一定程度上取得了一定的成就，但是大规模引进国外设备，高效率进行基本建设，使我国本来薄弱的家底不堪重负。仅在1978年就耗费了78亿美元，而且全部要用外现汇支付。同时引进的外资设备大多投入到了重工业，农业、轻工业发展缓慢，造成了许多地方农民口粮不足，严重影响到人民的日常生活，财政经济困难的局面没有得到根本性好转。我国经济发展受政治气候影响，被政治捆绑的局面也依然没有得到根本性的改变。一场新的变革呼之欲出。继续“左”的思想路线，不仅在政治上贻害无穷，在经济上也是严重阻碍社会经济的发展，也不能从根本上改变中国贫穷落后的面貌。要求改革的呼声越来越强烈。

## 二、经济发展战略的伟大转变

### (一)发展战略变革的先声

在“左”的路线下，也有正确的声音。胡乔木同志在1978年10月发表了《按经济规律办事，加速实现四个现代化》的文章。文章说，要给企业，社队必要的自主权，要运用经济杠杆，经济手段来管理经济，不能只靠行政手段，要加强经济立法和经济司法。企业以生产建设为中心，实行党委领导下的厂长负责制。有些地方农业生产实行了按劳分配，并允许开展多种经营，允许发展家庭副业，推动了农村经济的发展。邓小平同志恢复工作后出面抓科学技术和教育工作，改变了科技工作的地位，推动了教育的发展，为国家的长远发展打下了良好的社会教育基础。

1978年11月中央召开了工作会议，会议对“文化大革命”极“左”路线进行了纠正，对党的工作重心这一任务进行了讨论。会议认为实现社会主义四个现代化应该成为全党工作的重心，并对“两个凡是”的错误思想作了深刻批判。邓小平在会议闭幕时作了《解放思想、实事求是、团结一致向前看》的讲话，他着重讲了几个方面的问题：首先，要解放思想，正确地改革同生产力迅速发展不相适应的上层建筑。其次，要实行民主，应该有计划地大胆下放经济管理体制权力，鼓励多劳多得。再次，要向前看，要及时地研究新情况和解决新问题。邓小平同志从政治、经济和国内外的形势出发，实事求是地分析了当时的社会、经济状况和当时存在的诸多方面的问题，并提出了解决的对策。邓小平指出："各方面的问题都要解决，尤其是要注意研究和解决管理方法、管理制度、经济政策这三方面的问题。在管理方法上，要特别注意克服官僚主义，现在，我们的经济管理工作，机构臃肿，层次重叠，手续繁杂，效率极低。我们要学会用经济方法管理经济。在管理制度上，当前要特别注意加强责任制。要使责任制真正发挥作用，必须落实到人。要严格考核，责罚分明。经济政策上，我认为要允许一部分地区，一部分企业，一部分工人农民，由于辛勤劳动成绩大而收入先多一些，生活先好起来。实现四个现代化是一场深刻而伟大的革命，在这场伟大的革命中，我们是在不断的解决新的矛盾中前进的"。① 邓小平的讲话，成为党的十一届三中全会的先声，也是对中华人民共和国成立以来经济建设中出现的这样那样的失误的深刻的反省和总结。

1978 年 12 月党的十一届三中全会召开，这成为我党历史上又一次重大的历史转折。会议决定放弃"以阶级斗争为纲"的极端错误的口号，宣布要把"全党工作的着重点和全国人民的注意力转移到社会主义现代化建设上来"。邓小平指出：社会主义现代化建设是我们当前最大的政治任务，因为它代表着人民的最大利益，最根本的利益。邓小平说："现代化建设的任务是多方面的，各个方面需要综合平衡，不能单一。但是说到最后，还是要把经济建设当作中心。离开了经济建设这个中心，就有丧失物质基础的危险。其他一切任务都要服从这个中心，围绕这个中心，决不能干扰它，冲击它。"②

在十一届三中全会上通过的《一九七九、一九八〇两年经济计划安

---

① 邓小平．解放思想、实事求是、团结一致向前看[N]．人民日报，1978-12-13.

② 邓小平文选(第 2 卷)[M]．人民出版社，1993：25.

排(草案)》写道：抓住当前的大好时机，抢时间加快四个现代化的步伐，是关乎国家命运的战略决策，是全国人民的根本利益。只有实现社会主义的四个现代化，才能从根本上改变我国经济技术的落后面貌，不断提高人民的物质和文化生活水平，才能有雄厚的物质基础，进一步巩固社会主义的经济制度和政治制度，才能迅速地增强国防实力，有效地对付帝国主义和帝国主义可能发动的侵略战争。只有实现社会主义的现代化，才能使老一辈无产阶级革命家开创的无产阶级革命事业发扬光大，使我们党在全国人民和全世界人民的威信日益增高。我们必须从这样的高度来认识全党工作重点转移的极端必要性和深远意义。

党的十一届三中全会说明了政治占首位并不等于说政治是社会日常生活的目的和中心，发展经济才是正常的社会日常生活中的头等大事。只有发展经济，才能满足广大人民的生活需要，才能使整个社会有效地运转。所以发展经济才是社会生活的目的和中心，政治只是前提和保证，从理论上解决了政治与经济的关系。甩开了套在头上的“紧箍咒”，经济领域内的问题就较为容易地得到了解决，在经济建设中依照客观的经济规律办事。十一届三中全会指出，实践证明，按照客观规律办事，我们的国民经济就能高速度地，稳定地向前发展。反之，国民经济就发展缓慢、停滞倒退。十一届三中全会强调了在国民经济发展过程中各生产领域中的一些比例问题。会后，陈云和李先念联名致信党中央：“只有按比例，才能有高速度。”现代化建设要有一个合理的安排，这个“合理”要符合社会主义经济建设的“理”而不只是主观想象到的“理”。全会还强调重视价值规律的作用，这为以后的市场经济的建立创造了基础。

### (二)经济发展战略变革的条件

毛泽东时代“逐梦”之旅的探索性实践为邓小平的抉择提供了重要依据。传统社会主义建设模式已无法推进“中国梦”的当下实现，因此中国特色社会主义道路成为历史发展的必然性选择，成为了当下“圆梦”的主要路径。作为“圆梦”基本路径的“中国道路”，是建立在对社会主义初级阶段基本国情的深刻把握基础之上。尽管毛泽东时代也洞察了中国社会主义建设物质基础较为薄弱的基本现实，但他却将其视为优势并犯下了理想主义的错误，这是值得我们深入反思的。社会主义初级阶段基本国情成为以邓小平为代表的中国共产党人建设中国特色社会主义事业的“总依据”，也成为了追逐“中国梦”的“总依据”。也就是说，邓小平坚持从社会主义初级阶段的基本国情出发，在实现“中国梦”的历史进程中，重设了共产主义理想性与现实性互动的张力格局，胜利开辟了中国特色社会主义新事业，顺利拨正了中国共产主义运动的航向，既将“中国梦”的实现坐落于推进中国特色社会主义事业的整体进程之中，同时又在共产主义理想的导引下不断深化对“中国梦”的探索。

在实践基础上，我们党总结了二十几年发展的经验教训，特别是“大跃进”和“文化大革命”中的严重挫折。党的十一届三中全会开始全面认真地纠正“文化大革命”中及其以前的左倾错误，确定以经济建设为中心是今后社会主义现代化建设的工作重点；提出国民经济重大比例严失调的状况需要有效解决，并制定了加快农业发展的相关决定。过去在经济工中长期存在的左倾错误影响在1979年4月的中央工作会议上得到认真清理，提出经济建设必须量力而行，循序渐进，必须符合经济规律和自然规律，讲求实效；发展要体现社会主义优越性，要把发展生产同改善人民的生活密切结合起来；在和平与发展的时代主题下，积极开展对外经济合作和技术交流，同时必须坚持独立自主、自力更生原则。

在发展的国际环境上，我国有了发展对外经济技术交流的前所未有的良好条件。1971年恢复了我国在联合国的合法权利，结束了美国等国多年来妄图从政治上孤立我国的局面，1972年中日建交和中美两国签署《上海公报》，1975年中国同欧洲共同体建立正式关系，1979年中美建交。1980年我国恢复了在世界银行和国际货币基金组织等的代表权，扩大了我国获得国外资金的来源。同时，1973年石油危机之后，资本主义经济萧条，资本过剩，也为我们利用外国资本提供了条件。

1979年，国家设置了以陈云、李先念为领导的财经委。陈云在国务院财政经济委员会上指出：经济的调整，即实行调整、改革、整顿、提高的方针，是必要的，并不是多此一举。经过一系列的改革、调整，到1981年，"国民经济已经开始走上了稳步发展的轨道。"①国民经济生产比例也趋于合理，为邓小平开始实现中国社会主义现代化战略部署提供了条件。一场深刻的伟大变革已然开始。

---

① 中华人民共和国第五届全国人大第四次会议文件[M]. 人民出版社，1981：3.

## 第二节 “三步走”和小康社会的战略目标

实现中华民族的伟大复兴是中国共产党人的总体愿景和宏观目标，只有将其转化为具体的目标体系，才会在现实中真正地起到感召和引领作用。作为党的第二代领导集体的核心，邓小平根据现实国情以及对世界发展潮流的深刻洞察，首次提出了在 21 世纪中叶基本实现现代化这一中华民族伟大复兴征程中的百年目标。邓小平提出的基本实现现代化的战略目标经过了一个不断调整和发展的过程。

### 一、“三步走”的战略部署

在我国实现现代化，是指在社会主义制度的基础上，在工业、农业、国防、科学技术、人民物质文化生活等方面，达到当今世界先进发达国家的水平。长期以来，我国经济文化都比较落后，制定一个能够反映实际，正确指导我国社会主义建设的战略安排，就显得非常重要。邓小平同志作为我国伟大的改革开放总设计师，设计了分“三步走”基本实现现代化的战略步骤和战略目标。

1981 年 11 月，在第五届全国人大四次会议上，赵紫阳在政府工作报告上说：“第六个五年计划的主要任务是要争取国家财政经济情况的根本好转。七五的发展速度有望比六五高，再后十年的发展速度，有希望更高些。力争用二十年的时间使工农业总产值翻两番，使人民的消费达到小康水平。”① 1982 年 9 月召开的十二大上邓小平提出战略目标：1980—2000 年这 20 年间使国内生产总值翻两番，并且这 20 年分为两步：前 10 年注重打基础，创造必要条件，后十年就进入一个新的经济快速发展时期。

当时邓小平提出这样的发展战略后，对这个目标能否实现心里还没底，他说：“到本世纪末二十年的奋斗目标定了，这就是在不断提高经济效益的前提下，工农业生产总值翻两番，靠不靠得住，还要看今后的工作。”②现在看来，由于多年来经济建设中出现这样那样的失误，邓小平同志对这个目标的实现抱有极大的期待，但心里还是难免担心所定目标不符合实际，而不能实现。所以在 1983 年，邓小平亲自来到江苏、浙江、上海等地进行视察。视察发现，情况不错，因此到了 1984 年，邓小平在接见日本首相曾根康弘时，表达了对实现小康的信心，并将其称为中国式的现代化。邓小平谈到：“这几年一直摆在我的脑子里的问题是，我所提出的到本世纪末翻两番的目标能不能实现，会不会落空？从提出到现在，五年过去了，从这五年来看，这个目标不会落空。翻两番，国民生产总值人均达到了八百美元，就是到本世纪末在中国建立一个小康社会。这个小康社会叫做中国式现代化。”③

1983 年，社会总产值达到 11052 亿元，国民收入 4673 亿元，比上一年增长 9%；工农业总产值为 9209 亿元，比上年增长 10.2%。到了 1984 年，当年的社会总产值已经达到 12835 亿元，国民收入 5485 亿元，比上一年增长 12%；工农业总产值为 10627 亿元，比上年增长 14.2%；粮食产量达到 8146.2 亿斤，比上年度增长 5.1%；棉花达到 12516.8 万担，比上年增长 31.1%。取得了喜人的成就。据此，在 1984 年中华人民共和国成立 35 周年的庆祝典礼上邓小平宣告，根据近几年的生产实践，十二大提出的国民经济翻两番的宏伟目标是能够实现的。

---

① 三中全会以来重要文献选编(下)[M]. 人民出版社，1982：1038、1039.
② 邓小平文选(第 3 卷)[M]. 人民出版社，1993：16.
③ 邓小平文选(第 3 卷)[M]. 人民出版社，1993：53.

社会主义现代化建设“三步走”的经济发展战略目标在 1987 年 10 月，党的第十三次全国代表大会上正式通过。十三大报告指出：第一步，从 1981 年到 1990 年实现国民生产总值比 1980 年翻一番，解决人民的温饱问题；第二步，从 1991 年到 20 世纪末，使国民生产总值再增长一倍，人民生活达到小康水平；第三步，到 21 世纪中叶，人均国民生产总值达到中等发达国家水平，人民生活比较富裕，基本实现现代化。然后在这基础上继续前进。① “三步走”发展战略规划了实现中国梦的阶段性目标。

## 二、小康社会的战略目标

1979 年 12 月，邓小平在会见日本首相大平正芳时第一次提出了“小康”的概念。邓小平说：“我们要实现的四个现代化，是中国式的现代化。我们的四个现代化的概念，不是像你们那样的现代化的概念，而是‘小康之家’。到本世纪末，中国的四个现代化即使达到了某种目标，我们的国民生产总值人均水平也还是很低的。……中国到那时也还是一个小康的状态。”②

“小康”目标的提出，是邓小平深思熟虑的结果，标志着我们党对现代化建设进程的探索进入一个更加成熟的阶段。1982 年 9 月，党的十二大把小康目标作为党的行动纲领提了出来。从 1981 年到 20 世纪末的 20 年，我国经济建设的奋斗目标是，在不断提高经济效益的前提下，力争使全国工农业的年总产值翻两番，即：由 1980 年的 7100 亿元增加到 2000 年的 28000 亿元左右。实现这个目标，我国国民收入总额和主要工农业产品的产量将居于世界前列，整个国民经济的现代化进程将取得重大进展，城乡人民的收入将成倍增长，人民的物质文化生活可以达

① 毛泽东思想和中国特色社会主义理论体系概论[M]. 高等教育出版社，2010：155.

② 邓小平文选(第 2 卷)[M]. 人民出版社，1994：237.

到小康水平。① 为了确保20年发展目标的实现，党的十二大报告还作出了"两步走"的战略部署。前10年为第一步，打好基础，积蓄力量，创造条件，实现工农业年总产值翻一番，解决人民的温饱问题；后10年为第二步，这是一个新的经济振兴期，工农业年总产值再翻一番，人民生活达到小康水平。人民生活逐步达到小康水平，是20世纪90年代经济发展的重要目标。这是党中央全面分析了我国经济情况和发展趋势之后作出的重要决策，有利于从战略指导上解决长期存在的急于求成的问题。

1990年12月，中国共产党十三届七中全会上通过了《中共中央关于制定国民经济和社会发展十年规划和"八五"计划的建议》对小康社会做了描述。人民生活逐步达到小康水平，是20世纪90年代经济发展的重要目标。所谓小康水平，就是在温饱的基础上，生活质量进一步提高，达到丰衣足食。这个要求既包括物质生活的改善，也包括精神生活的充实；既包括居民个人消费水平的提高，也包括社会福利和劳动环境的改善。② 1991年国家统计与计划、财政、卫生、教育等12个部门的研究人员组成了课题组，按照中央、国务院提出的小康社会的内涵确定了16个基本检测值。(1)人均国内生产总值2500元(按1980年的价格和汇率计算，2500元相当于900美元)；(2)城镇人均可支配收入2400元；(3)农民人均纯收入1200元；(4)城镇人均住房面积12平方米；(5)农村钢木结构住房人均使用面积15平方米；(6)人均蛋白质摄入量75克；(7)城市每人拥有铺路面积8平方米；(8)农村通公路行政村比重85%；(9)恩格尔系数50%；(10)成人识字率85%；(11)人均预期寿命70岁；(12)婴儿死亡率3.1%；(13)教育娱乐支出比重11%；(14)电视机普及率100%；(15)森林覆盖率15%；(16)农村初级卫生

---

① 胡耀邦. 全面开创社会主义现代化建设的新局面——中国共产党第十二次全国代表大会上的报告，人民网，2007-08-28.

② 十三大以来重要文献选编[M]. 人民出版社，1991：1401.

保健基本合格县比重100%。①

1992年，邓小平南方讲话后，我国的改革开放事业有了进一步发展，在1995年，提前5年达到了国民生产总值比20世纪80年代翻两番的目标。由于我国经济社会地区发展的不平衡性，全国小康水平的实现，从时间上地区上将是逐步推进的。尚未摆脱贫困的少数地区，将普遍实现温饱；温饱问题基本解决的地区，向小康迈进，已经实现小康的少数地区，进一步提高生活水平。

尽管邓小平基于社会主义初级阶段基本国情基础之上重设了“中国梦”的实现路径，但是面对国际政治风云变动的复杂情况，尤其是随着20世纪80年代末90年代初国际共产主义运动陷入低谷的不利局面，邓小平以较为理性的姿态科学处置了“中国梦”的呈现形式与话语结构。也正是在此复杂背景下“韬光养晦”成为具有特定历史必然性的选择。换言之，在国际政治形势急剧变化和中国特色社会主义事业尚处于起步阶段等复杂情况下，中国并没有站起来充当所谓社会主义阵营的领头羊，而是脚踏实地、扎扎实实地推进中国特色社会主义事业，管好自己的事情。而随着经济全球化步伐的不断推进，以及在此基础上与国外交流的日益密切，我们清醒地认识到中国特色社会主义在生产力等物质形式方面与发达资本主义国家之间仍然存在较大的差距，因此，邓小平曾多次提出“贫穷不是社会主义，发展太慢也不是社会主义。”②以邓小平为代表的中国共产党人深刻地认识到，实现“中国梦”必须首先依赖于生产力的快速发展，其也是社会主义优越性的内在彰显。这十分明显地体现在邓小平突破了毛泽东时代从静态结构层面理解社会主义本质，而实现了从动态的功能——“解放生产力，发展生产力，消灭剥削，消除两极分化，最终达到共同富裕”。③ 面对社会主义本质的深刻把握。在

---

① 贺铿．全面小康社会怎么样[N]．人民日报，2002-11-18.

② 邓小平文选(第3卷)[M]．人民出版社，1993：255.

③ 邓小平文选(第3卷)[M]．人民出版社，1993：373.

经济、文化等相对落后的社会主义初级阶段，对于“中国梦”的推进不能停留于毛泽东时代急躁冒进的情绪之中，而必须通过一步一个脚印地扎实推进。也正是基于上述现实的深刻理解，邓小平时代中国人民将“中国梦”牢牢地放在心底，通过艰苦奋斗一步一步趋向梦想的实现。

## 第三节　加快发展的两大战略举措

为了保证“三步走”战略目标的实现，以邓小平为核心的党的第二代中央领导集体还提出了加快发展的两大战略举措：“台阶式战略”和“先富共富战略”。

### 一、台阶式战略

应该保持怎样的经济发展速度实现中国现代化的战略目标？邓小平对此做出了回答。鉴于对“大跃进”和“洋跃进”教训的反思，发展中盲目求快、急于求成的倾向是邓小平坚决反对的。邓小平提出经济发展要保持适当的、较快的速度。如期实现“三步走”的宏伟目标，发展中的时机一定要牢牢把握，争取出现若干个速度较快、效益较好的阶段，每隔几年上一个台阶。这就是以邓小平为核心的党的第二代中央领导集体提出的“台阶式战略”。

#### （一）抓住时机　加快发展

党的十一届三中全会把中国的发展送入了快车道。此后的10年，是新中国成立以来经济发展最快的时期。而1984—1988年的5年，又是这10年中发展最快的时期，社会劳动生产率增长率、国民收入年均增长率、国民生产总值年均增长率分别达到7.8%，11.3%，11.5%，同时出现了协调发展的可喜局面，城市和农村、工业和农业、发展和改革呈现齐头并进，相互促进的发展态势。但同时，加速发展的这5年也带来了一些问题，物价涨幅较大，甚至出现抢购风潮，低水平的重复建设造成了一些浪费，以致不得不进行治理整顿。1988年9月召开的党的十三届三中全会，批准了中共中央政治局提出的治理经济环境、整顿经济秩序、全面深化改革的指导方针和政策措施。此后，进行了3年的治理整顿。然而，治理整顿犹如一把“双刃剑”。就积极成果来讲，基本扭转了经济过热的局面，初步理顺了改革、稳定、发展之间的关系，创造了一个相对宽松的经济环境，使国民经济走上持续、稳定、协调发展的轨道，特别是为1992年以后经济的快速发展打下了良好的基础。就负面效应来讲，治理整顿使改革开放的步伐放慢，有些方面甚至出现暂时的徘徊或倒退。就是在这样一种背景下，邓小平提出了“抓住时机、加快发展”的著名思想。他强调，我们的发展，总是要在某个阶段，抓住时机，加速搞几年，发现问题及时加以治理，而后继续前进。当然，对于经济稳定、协调发展要有恰当分析，否则，就会变得畏手畏脚，迈不开发展的步伐，使改革停滞，丧失发展的机遇，减缓发展的速度。

### (二)保持适当、较快的发展速度

社会主义初级阶段的经济发展保持一个适当的、较快的速度，是必要的。

首先，这是发挥社会主义优越性的要求。作为人类有史以来最先进的社会制度，社会主义的优越性就应该表现在能够解放被资本主义制度所束缚的生产力，并消灭阶级剥削和两极分化，实现共同富裕，这就是社会主义的本质所在。因此社会主义生产力要比资本主义发展得更高一些，更快一些，才能体现社会主义的优越性，并且以不断改善人民的物质文化生活作为生产力发展的落脚点。生产力搞不上去，人民的生活得不到改善，搞社会主义就失去了意义。认识当代中国经济建设的重要性，就是应着眼于比资本主义发展得更快、更高，达到改善人民生活的目的。

其次，这是激烈竞争的国际形势的要求。欧美日本发达国家自不必说，就是从我国周边的一些国家和地区来看，我们必须加快发展。20世纪80年代以后，我们周边的一些国家和地区纷纷加入快速发展的行列，并称亚洲四小龙的中国香港、新加坡、中国台湾、韩国1990年的人均国民生产总值分别为12000美元、11500美元、8000美元、5500美元，他们的年增长速度为6%~8%。随后，称之为“新小龙”的马来西亚、泰国也开始奋起直追，20世纪90年代初的年增长速度达8%左右。面对周边国家日新月异的发展，邓小平产生了紧迫感。他指出：东南亚一些国家发展得很快，过去我们可以安慰自己比上不足、比下有余，现在再不加快发展，恐怕比下也要有差距了。我们要抓住机会使经济上一个台阶，要不然，比别人的发展速度慢，我们就会慢慢落在后面了。中国若长期处于落后位置，社会主义优越性如何体现？不发展不是社会主义，发展太慢也不是社会主义。邓小平非常担心发展的速度慢下来，担心经济滑坡。他讲，4%~5%的速度，一两年没问题，如果长期这样，同发展速度快的地区比，也叫滑坡了。当代世界使我们面临的发展问题就是这样严峻，我们在发展，人家也在发展，我们要赶上或超过其他国家，必须跑出发展的加速度，力争隔几年上一个台阶。对此，邓小平充满信心。邓小平说：“现在，我们国内条件具备，国际环境有利，再加上发挥社会主义制度能够集中力量办大事的优势，在今后的现代化建设过程中，出现若干个发展速度比较快、效益比较好的阶段，是必要的，也是能够办到的。我们就是要有这个雄心壮志！”①

---

① 邓小平文选(第3卷)[M]. 人民出版社，1993：377.

## 二、先富而后共富战略

邓小平指出，社会主义的原则，一是发展生产，二是共同富裕。共同富裕是社会发展的基础，也是社会发展的目的，是社会主义区别于资本主义的根本标志。但是，邓小平说："我们坚持走社会主义道路，根本目标是实现共同富裕，然而平均发展是不可能的。"①因此，共同富裕既不是同等富裕也不是同步富裕，而是有条件地让一部分人先富起来，然后通过"先富带后富"的方式，去达到共同富裕。

### (一)让一部分人先富起来

中华人民共和国成立后我国一直实行计划经济，实行"一大二公"的平均主义政策，国家在经济上大包大揽，无论工业生产还是农业生产，都采取的是平均主义的"大锅饭"的分配形式。造成了广大劳动者积极性不高，工农业生产落后的局面。改革开放后，我国逐渐打破了这种局面。1978 年 12 月在《解放思想，实事求是，团结一致向前看》的这篇讲话中，邓小平第一次提出了他的"先富"思想。"在经济政策上，我认为要允许一部分地区、一部分企业、一部分工人农民，由于辛勤努力成绩大而收入先多一些，生活先好起来。一部分人生活先好起来，就必然产生极大的示范力量，影响左邻右舍，带动其他地区、其他单位的人们向他们学习。这样，就会使整个国民经济不断地波浪式地向前发展，使全国各族人民都能比较快地富裕起来。"②共同富裕不是同步富裕，实践证明，同步富裕或平衡发展是不可能的。过去吃"大锅饭"，搞平均主义，实际上是共同贫穷，共同落后。现在要打破平衡发展，实现让一

① 邓小平文选(第 3 卷)[M]. 人民出版社，1993：172.

② 邓小平. 解放思想，实事求是，团结一致向前看[N]. 人民日报，1978-12-13.

部分人先富起来，大力发展国民经济。当然，这种鼓励和支持是以合法经营、辛勤劳动为前提的。

允许一部分人先富起来的思想，突破了平均主义的思想，对社会主义有了重新的认识，为共同富裕指引了正确的路径。社会主义的最终目标是实现共同富裕，但共同富裕不是同步富裕，也不是同等富裕，共同富裕是一个过程，所以应该允许一部分人先富起来，一部分地区先富起来，而且应当有一定的合理差距。有利益差别，能够促进人们相互之间的竞争，激发人们的积极性和创造性，因而能推动整个社会生产力的发展，极大地提高社会产品的总量，极大地促进了整个社会的物质财富的增长，使我国经济走上了一条快速发展的道路。

我国地域辽阔，交通、资源、经济发展状况很不平衡，各地区经济条件差异很大。党的十一届三中全会以后，以邓小平为核心的党的第二代中央领导集体，立足现实，面向未来，提出了包括促进东西部地区经济合理布局和协调发展的"两个大局"思想。邓小平说："沿海地区要加快对外开放，使这个拥有两亿人口的广大地带较快地先发展起来，从而带动内地更好的发展，这是一个事关大局的问题，内地要顾全这个大局。反过来，发展到一定的时候，又要求沿海拿出更多力量来帮助内地发展，这也是个大局。那时沿海也要服从这个大局。"①"两个大局"战略构想的实质，是从各地生产力发展水平和各方面实际条件出发，加快沿海地区的发展，带动和支持中西部地区发展，最终实现全国各地区的协调发展和共同富裕。可见，"两个大局"的战略思想与毛泽东关于正确处理沿海与内地、汉族与少数民族之间关系的思想，在本质上是一致的，前者是对后者的继承与发展。

共同富裕实现的途径是先富带动后富。经济发展的不平衡性导致了共同富裕不可能同时同步实现，它是一种非均衡的经济，我国社会的复杂性也决定了，发展过程不会是同步的、同时的。比如从自然地理环境

---

① 邓小平文选(第3卷)[M]. 人民出版社，1993：277、278.

来看，我国整个地域可以分为东部、中部、西部三个阶梯。东部沿海从鸦片战争开始就逐渐地卷入了世界资本主义体系，工商业发展时间早，起步早，地势平坦，经济发展具有历史优势，区位优势。中部地区发展较为缓慢，但具有资源的优势，而大西南和大西北，气候条件比较恶劣，经济基础比较差。这种情况下传统的计划经济时代的发展模式是采取行政性的手段，推动落后地区的发展，比如在“三线”建设时期国家曾对中西部地区进行了大量的投资，可惜这样的方式并没有使得中西部地区经济状况得到飞速的发展，相反使得东部地区的经济发展反而相对停滞。

邓小平根据我国的实际情况，利用东部地区沿海便于对外开放吸引外国投资的区位优势，采用“先富带后富”的策略，加快了东部沿海地区的经济发展步伐，促使东部沿海地区经济得到了长足的发展，成为全国经济发展的领头羊，同时也带动了中西部经济的发展。新旧世纪交替之际，以江泽民为核心的党的第三代中央领导集体正式提出和开始实施西部大开发战略。可以说，没有东部沿海地区 20 多年的改革开放发展，就不会有今天的西部大开发。用宏观的视野看问题，“两个大局”的思想是一种谋求区域协调发展、全国整体推进的战略思想。

### (二)最终达到共同富裕

先富带动后富，实现共同富裕是一个过程，在这个过程中绝不能出现两极分化。对此，我们党给予了高度重视。邓小平说：“社会主义的目的就是要全国人民富裕，不是两极分化。如果我们的政策导致两极分化，我们就失败了；如果产生了什么新的资产阶级，那我们就走了真的邪路了。”①为防止产生两极分化，我们党采取了一系列有力措施。

首先，让一部分人先富起来，是有条件的。富起来，必须是要通过

① 邓小平文选(第 3 卷)[M]. 人民出版社，1993：110、111.

合法经营诚实劳动的方式富起来。鼓励勤劳致富，实行按劳分配原则，多劳多得、少劳少得、不劳不得，按照劳动付出来分配生活资料，鼓励所有诚实劳动的人走上富裕的道路，鼓励人们发挥一切主观能动性，提高科技文化素质，采用先进生产方式，极大地创造社会价值。当然在创造价值的同时，必须要通过合法的手段，在市场经济的情况下，要保护劳动生产者的合法权益，各项经济活动必须依法进行。社会财富只有通过辛勤劳动才能创造出来，必须树立积极的劳动态度，培养熟练的劳动技能，提高科学文化素质，采用先进的生产方式、管理技术，打破平均主义，勤劳致富。在现代科技日新月异发展的今天，科学技术已然是第一生产力，特别是在东部沿海地区，教育发达地区，通过发展教育提高劳动者个人的受教育水平，引进或发明先进的科学技术，使得社会生产效益取得很大提高。一部分人先富起来后，为共同富裕创造了极大的便利条件。先富者为后富者提供了可行的范例，起到了很好的示范作用和激励作用，并可以借助先富者的资金、技术等条件来提高自己的经济收入，也逐步的富裕起来。部分人先富起来后，国家也可以通过税收等手段积累一定的财富。这样国家可以通过税收杠杆，加大扶贫力度，加大对不发达地区的投资，帮助其发展。把先进地区的资金、技术、人才、管理方法引入落后地区，促进落后地区的发展。

其次，务必处理好先富、后富与共同富裕的关系。社会主义本质要求，先富带后富的发展方式，必须要以共同富裕为根本目的，一方面必须要有一部分人先富起来，不能打击先富者的积极性，否则就会共同贫穷。另一方面，先富起来的人，要考虑到后富者的利益，担负起他们的社会责任。邓小平说："要看到一种倾向，就是有的人，有的单位只顾自己多得，不但不照顾左邻右舍，甚至不顾及整个国家的利益和纪律。"①这样的发展是不会长久的，所以对先富起来的人要加以引导和必要的限制。邓小平说："对一部分先富起来的个人，也要有一些限制，

---

① 邓小平文选(第2卷)[M]. 人民出版社，1993：258.

例如，征收所得税。还有，提倡有的人富裕起来以后，自愿拿出钱来办教育、修路。当然绝不是搞摊派，现在也不宜过多宣传这样的例子，但是应该鼓励。”①同时，政府要加大扶贫济困工作的力度。邓小平同志同时指出：先富政策不会产生两极分化。先富与后富的差别是暂时的。邓小平反复强调：“一个公有制占主体，一个共同富裕，这是我们必须坚持的社会主义根本原则”。“如果富的越来越富，穷的越来越穷，两极分化就会产生，而社会主义制度就应该而且能够避免两极分化”。② 总而言之，只要我们努力奋斗，就能解决发展中贫富差距的问题。

① 邓小平文选(第3卷)[M]. 人民出版社，1993：111.
② 邓小平文选(第3卷)[M]. 人民出版社，1993：111.

## 第四节　经济发展的战略方针

### 一、发展是硬道理

“文化大革命”极大地干扰了中国现代化发展的进程，严重破坏和阻碍了国民经济的发展。1976 年 10 月，我们党一举粉碎“四人帮”，随后在全国范围内掀起了揭批林彪、“四人帮”的群众运动。到 1978 年年底，这项运动基本胜利完成，实行全党工作中心转变的条件基本具备。适应形势发展的要求，我们党适时召开了十一届三中全会。全会指出：把全党工作的着重点和全国人民的注意力转移到社会主义现代化建设上来，对于实现农业、工业、国防和科学技术的现代化，巩固我国的无产阶级专政，具有重大的意义。

这次全会之后，为了在全党全国真正形成一个聚精会神搞建设、一心一意谋发展的局面，邓小平反复阐述了发展对于当代中国的极端重要性：其一，只有通过加快发展，摆脱贫穷落后的状态，才能使社会主义优越性得以体现；其二，中国想要坚持我们的社会主义制度，在国际舞台顶住霸权主义、强权政治的压力，也要依赖于我们自身实力的强大，关键就看我们的发展战略能不能很好地实现；其三，应当从维护世界和平的高度来认识发展的重要性，中国在国际上的影响力会随着国家实力的强大而增强，中国发展得越强大，世界和平就越靠得住。总而言之，要想办法让生产力得以大大发展。现在世界的发展一日千里，特别是科学技术，追都难追上，发展犹如逆水行舟，不进则退；说服不相信社会主义的人，最终要靠我们的发展。总之，“中国解决所有问题的关键是要靠自己的发展”。① 邓小平不仅强调发展的重要性，而且强调发展的绝对性。1984—1988 年，是我国经济发展比较快的一个时期。但随着发展的深入，也出现经济过热现象，带来了一些问题。因此，1989—1991 年进行了 3 年的治理整顿。通过整顿，经济发展平稳了，但速度也放慢了，甚至出现了下滑。对于治理整顿，邓小平认为，确实需要，并且有功；但整顿是为了更好的发展，和整顿比起来，根本的就是要发展。邓小平指出：“对于我们这样发展中的大国来说，经济要发展得快一点，不可能总是那么平平静静、稳稳当当。要注意经济稳定、协调地发展，但稳定和协调也是相对的，不是绝对的。发展才是硬道理。”②“发展才是硬道理”，简洁明快地揭示了在当代中国解决一系列问题中的核心问题是发展，凝聚了以邓小平为代表的党的第二代中央领导集体对发展重要性的共识，即阐明了发展的重要性又阐明了发展的绝对性。党的第三代领导集体继续秉承着这一发展理念。党的十四大报告指出：“我国近代的历史和当今世界的现实都清楚表明，经济落后就会非常被动，就会受制于人。当前国际竞争的实质是以经济和科技实力为基础的综合国力较量。世界上许多国家特别是我们周边的一些国家和地区都在加快发展。如果我国经济发展慢了，社会主义制度的巩固和国家的长治久安都会遇到极大困难。所以，我国经济能不能加快发展，不仅是重大的经济问题，而且是重大的政治问题。”③总之，历史与现实迫使我们发展，中华民族的出路和希望系于发展，社会主义的兴衰成败决定于发展，发展堪称地地道道的硬道理。改革开放以来，“发展是硬道理”成为中国共产党人推动中国社会经济发展的战略指导思想。

习近平在参观《复兴之路》展览时指出：经过鸦片战争以来 170 多

---

① 邓小平文选(第 3 卷)[M]. 人民出版社，1993：265.
② 邓小平文选(第 3 卷)[M]. 人民出版社，1993：377.
③ 江泽民文选(第 1 卷)[M]. 人民出版社，2006：224.

年的持续奋斗，中华民族伟大复兴展现出光明的前景。现在，我们比历史上任何时期都更接近中华民族伟大复兴的目标，比历史上任何时期都更有信心、有能力实现这个目标。① 首先，坚持以经济建设为中心的中国道路，引领了当代中国的发展和进步，为实现中国梦奠定了雄厚的物质基础。坚持以经济建设为中心，是党的基本路线的核心内容。1978年，党的十一届三中全会公报指出：要“实现全党工作中心的转变，使全党、全军、全国各族人民万众一心向前看，调动一切积极因素为四个现代化努力。”②只有坚持以经济建设为中心，聚精会神搞建设，一心一意谋发展，不动摇，不懈怠，不折腾，不断增强我国的综合国力，才能抓好发展这个党执政兴国的第一要务，才能更好地解决前进中的矛盾和问题，为全面协调可持续发展打下坚实的物质基础，实现全面建成小康社会的宏伟目标。

## 二、改革是中国发展的强大动力

党的十一届三中全会以后，以邓小平为核心的党的第二代中央领导集体总结世界社会主义运动发展的经验教训，在社会主义发展动力问题上坚持和发展了马克思主义的基本矛盾学说，形成了改革是社会主义社会发展动力的新认识。

邓小平1985年就清晰阐明了改革的意义。邓小平说：“改革的意义，是为下一个十年和下世纪的前五十年奠定良好的持续发展的基础。没有改革就没有今后的持续发展。所以，改革不只是看三年五年，而是要看二十年，要看下世纪的前五十年。这件事必须坚决干下去。”③改革是实现可持续发展的必然要求和重要途径。党的十四大报告继续明确阐明了我们党的这一新认识：在社会主义发展动力的问题上，强调改革是

---

① 习近平总书记深情阐述“中国梦”[N]. 人民日报，2012-11-30.
② 三中全会以来重要文献选编(上)[M]. 中央文献出版社，2011：8.
③ 邓小平文选(第3卷)[M]. 人民出版社，1993：131.

一场革命，是解放生产力，也是中国现代化的必由之路，僵化、停滞是没有出路的。

改革既是中国的第二次革命，又是中国社会主义基本制度的自我完善。就体制的转换而言，改革是革命，不是改良。但作为一场新的革命，改革绝不是也绝不允许改掉社会主义基本制度。改革是史无前例的全新的事情，没有现成的经验可循，必须在探索中前进。“摸着石头过河”，邓小平的这一说法形象地说明了改革的探索性质。中国的改革以改善人民的生活水平作为出发点，从解放和发展生产力，从经济领域开始了积极探索。

经济体制改革的步伐，是充分尊重人民的首创精神，从农村实行家庭联产承包制起步，并将这一改革经验向城市拓展，实现城乡改革相结合、微观改革和宏观改革相配套，既循序渐进地推进改革，又在重要环节不失时机地取得突破。经济体制改革经历了波澜壮阔的进程，显示了推进发展的强大动力作用。

### (一)以农村为突破口推进中国经济体制改革

改革首先在农村开始，由于“三大改造”和“人民公社”化运动，以及毛泽东等领导人坚决反对包产到户，所以在农业生产中一直是由生产队统一安排，农业生产资料如土地、牲畜、农具等都由生产队支配，农民个人没有所有权、经营权，造成了生产效率低下，家庭副业被斥为“资本主义尾巴”。这种“左”的政策却被认为是社会主义，只有如此才是走向共产主义的必由之路。在改革之前，有些地方实行个人承包等形式的生产经营活动，一些搞包产到户的农民和领导干部受到了严厉的打击和迫害。所以包产到户不仅仅成为一个经济问题，而且成为一个政治问题，一个事关社会主义根本政治制度，是走社会主义道路还是走资本主义道路的大问题。其实早在20世纪60年代的三年困难时期邓小平就曾经提出过改变这种政策的理由。邓小平说：“生产关系究竟以什么形式为最好，恐怕要采取这样一种态度，就是哪种形式在那个地方能够比较容易快地恢复和发展农业生产，就采取哪种形式，群众愿意采取哪种形式，就应该采取哪种形式，不合法的使它合法起来，"①

粉碎"四人帮"后政治形势发生了很大变化。1978 年底安徽省凤阳县小岗村生产队为了解决吃饭问题，村民私下决定承包到户，约定打下粮食，交够国家的，留足集体的，剩下都是自己的，再不用记工分了。这一约定激发了农民的生产积极性，立竿见影地解决了吃饭问题。这一农民自发的大胆尝试，放开了农民的手脚，也减少了党政干部的工作压力，取得了很好的效果。邓小平及时肯定和鼓励了这种承包制。邓小平说："农村政策放宽以后，一些适宜搞包产到户的地方搞了包产到户，效果很好，变化很快。有的同志担心，这样搞会不会影响集体经济。我看这担心是不必要的。"②

1980 年 9 月，中共中央发布了《关于进一步加强和完善农业生产责任制的几个问题》，充分肯定并支持在农村长期推行承包制。"在社会主义工业，社会主义商业和集体农业占绝对优势的情况下，在生产队领导下实行包产到户是依存于社会主义经济而不是脱离社会主义轨道的，没有什么复辟资本主义的危险，因而并不可怕。""应当支持群众的要求，可以包产到户，也可以包干到户，并在一个较长的时间内保持稳定"。③

家庭联产承包责任制的实行，从根本上改变了农民的经济地位，由过去人民公社体制下毫无自主权的劳动力，转变为自主经营、自负盈亏的商品生产者，农业生产效率大幅度提高，农村经济全面增长。到 1983 年初，绝大多数地方已经实现了包产到户。为了巩固包产到户的政策，党中央在 1982 年到 1986 年间，一连下发了五个"一号文件"，这

① 邓小平文选(第 1 卷)[M]. 人民出版社，1994：323.

② 邓小平文选(第 2 卷)[M]. 人民出版社，1994：315.

③ 十一届三中全会以来农村政策文件选集[M]. 中共中央党校出版社，1985：8.

五个文件不仅肯定了包产到户，而且在理论上肯定了它是一种社会主义集体经济的生产责任制，是建立在社会主义公有制基础上的，而且对当时农村出现的新的经济现象，如搞长途运输、外出打工、私人雇工等都做出了相应的规定。通过这几个文件，农村经济改革取得了巨大的成功，农业生产得到了发展，人民生活得到了改善。1979—1984 年的 6 年间，农业平均增长速度达 9.4%①，农村改革与发展的推进提出了加快城市经济体制改革的客观要求。

### (二)以城市为中心推进全面经济体制改革

以城市为中心推进全面经济体制改革是在中共十二届三中全会之后开始的。中国共产党在改革传统的经济体制时，同样也走着农村包围城市的道路。农业生产体制的改革，使得农业生产得到了巨大的发展，因此农业生产成为我国经济体制改革的先导，邓小平指出："不解放思想不行，甚至于什么叫社会主义这个问题也要解放思想，经济长期处于停滞状态总不能叫社会主义。"②包产到户取得的成功为工业企业经济体制改革突破了思想上的桎梏。在计划经济制度下，企业的生产经营全靠计划来进行，这种经营方式严重制约了企业和广大职工的积极性，企业生产效率极端低下，技术改进滞后，严重影响社会生产，改革发展势在必行。

党的十二届三中全会后，城市改革全面展开。在深化企业体制改革方面，借鉴农村改革把生产资料所有权与经营权适当分离的成功经验，围绕增强企业活力，在继续扩大企业自主权、实行承包经营责任制和租赁制以及股份公司制方面，改革迈出了较大步伐。在建立、培育和完善市场体系改革方面，采取一系列措施，大力发展农产品市场、工业消费

---

① 根据《中国统计年鉴 1985》，中国统计出版社 1985. 239-241 页数字计算。

② 邓小平文选(第 2 卷)[M]. 人民出版社，1994：312.

品市场、生产资料市场、金融市场、劳动力市场、技术信息市场、房地产市场。在价格管理体制改革方面，通过多次调放价格，形成了中央、省、地、县和企业五级价格管理体制，并改单一国家定价形式为国家定价、国家指导价、市场调节价并存的价格形成机制，企业在价格形成中发挥了重要作用。在政府管理经济方式改革方面，从直接调控为主转向间接调控为主，从行政手段为主转向经济手段为主。另外，在企业内部，改革劳动用工制度和分配制度，改革企业领导体制，实行厂长(经理)负责制，取得了重要进展。在全面改革阶段，我们党对改革目标的认识逐渐深化，市场取向的改革日益明确，市场化的进程也在小的反复中加快。

### (三)社会主义市场经济体制改革的尝试

经济体制改革的核心问题是处理计划与市场的关系。党的十一届三中全会以后，我们党对计划与市场的关系进行了不懈的探索，邓小平多次论及市场经济问题。这一探索的过程，也就是以市场为取向的经济体制改革的过程，一直到邓小平南方谈话和党的十四大，最终确立了社会主义市场经济体制的改革目标。

在我国，以国有制和集体所有制为基础的高度集中的计划经济体制，是随着社会主义改造的完成而建立起来的。这一体制的建立，有它充分的历史根据，而且发挥了无可替代的历史作用，但也有自身的缺陷，主要是指令性计划统得过多、过死，对市场机制利用不足。随着经济建设规模的不断扩大，随着经济行为主体和经济运行环节之间的关系日趋复杂，这一缺陷也越来越突出。改革开放以来开启的经济体制改革，从资源配置方式上看，核心问题是对计划与市场关系的再认识和再处理。

党的十一届三中全会总结了社会主义制度确立以来建设中的经验教训，提出着手改革指令性计划经济体制，要求按经济规律办事、重视价值规律的作用。1981 年 6 月，党的十一届六中全会指出，必须实行计划经济，同时发挥市场调节的辅助作用，根据我国实际情况，建立与生产力相适应的经济模式。我们党的这些主张表明，推动当代中国的发展，必须重视和发挥市场机制的作用。

1982 年 9 月，党的十二大提出了“计划经济为主、市场调节为辅”的改革原则。这时期向市场经济转变还笼罩在浓厚的计划经济的前提下，被称为“鸟笼子经济”。计划是只大笼子，市场是一只小鸟，鸟必须在笼子里面飞。

1984 年改革全面展开，党的十三大指出：计划调节和市场调节，是调节经济的两种形式和手段。市场的地位得到大大加强。党的十三大报告指出：“社会主义有计划商品经济的体制，应该是计划与市场的内在统一的体制。在这个问题上需要明确几个基本观念：第一，社会主义商品经济同资本主义商品经济的本质区别，在于所有制基础的不同。第二，计划工作是建立在价值规律和商品交换的基础上。第三，计划和市场的作用范围都是覆盖全社会的。新的经济运行机制，总体上说应当是国家调节市场，市场引导企业的机制。”①尽管 1989 年春夏之交那场政治风波后我们党对经济体制改革目标模式的认识有所反复，但探索的过程充分表明，中国的改革正在步步逼近社会主义市场经济体制。

## 三、中国的发展离不开世界

“改革”与“开放”，看上去似无联系的两个事物，在当代中国的发展进程中融为一体，以至于形成了“改革开放”这一新的事物。改革促进开放，开放推动改革，二者交互作用，共同构成中国现代化的必由之路。改革开放，成为以邓小平为核心的党的第二代中央领导集体开创的

---

① 中国共产党第十三次全国代表大会文件汇编[M]. 人民出版社，1987：26、27.

历史新时期的最鲜明特征。

### (一)以开放促发展

列宁是对社会主义国家对外开放问题做出重要论述的第一人。他指出："社会主义共和国不同世界发生联系是不能生存下去的，在目前的情况下应当把自己的生存同资本主义的关系联系起来"。①他还断言："社会主义能否实现，就取决于我们把苏维埃政权和苏维埃管理组织同资本主义最新的进步的东西结合得好坏。"他提出了一个著名的公式："苏维埃政权+普鲁士的铁路秩序+美国的技术和托拉斯组织+美国的国民教育等等总和=社会主义。"②十一届三中全会以后，随着"文化大革命"动乱的结束，现代化建设的任务日益迫切地提上日程。邓小平以宽广的眼光观察世界，指出："现在的世界是开放的世界"，"中国的发展离不开世界。""任何一个国家要发展，孤立起来，闭关自守是不可能的，"③总结封闭就要落后，落后就要挨打的教训，邓小平果敢地指出"中国要谋求发展，摆脱贫穷和落后，必须开放"；"中国不开放不改革没有出路，国家现代化建设就没有希望。"④随着中国同世界各国特别是西方发达国家的正常交往开始恢复，当时，中共中央和国务院派出的大量出国访问代表团，几乎都被赋于这样的使命：了解世界形势的发展变化，考察世界先进的科学技术和经济管理经验，以探索中国加快现代化建设的途径和方法。通过这些出访活动，人们形成了两点比较突出的共识：中国同世界发达国家在经济技术上的差距正在拉大，必须急起直追；世界通行的发展经济的某些做法，包括利用外国的资金、技术和管理经验，我们可以采用。中国要发展、要进步、要自强，就必须实行对

---

① 列宁全集(第41卷)[M]. 人民出版社，1985：167.
② 列宁全集(第34卷)[M]. 人民出版社，1985：170、520.
③ 邓小平文选(第3卷)[M]. 人民出版社，1993：64、78、117.
④ 邓小平文选(第3卷)[M]. 人民出版社，1993：266、219.

外开放，吸收和借鉴世界各国资本主义发达国家的一切先进技术和管理经验，充分利用人类社会创造的一切文明成果，以增强我国经济社会发展的自力更生能力和在国际社会的竞争能力，逐步使我们的社会主义赢得与资本主义相比较的优势。在党中央第二代领导集体对外开放思想的指导下，我国社会主义现代化建设逐步走上了对外开放的轨道。

根据经济全球化和科技迅猛发展的趋势，党中央领导集体坚持和发展邓小平关于对外开放的思想，反复强调必须坚定不移地扩大对外开放，以积极的姿态走向世界，完善全方位、多层次、宽领域的对外开放格局。

全方位，是指我国无论对资本主义国家还是社会主义国家、对发达国家还是发展中国家都实行开放政策。邓小平强调我国的对外开放是全方位的开放，是对世界所有国家的开放。实行全方位的对外开放，有利于我们吸收不同类型国家的长处，促进我国经济、技术发展。1980 年与我国开展贸易往来的国家和地区只有 180 个左右，2007 年已达到 270 个。

多层次，是指按照不同的开放程度所形成的梯次展开的开放格局。根据我国幅员辽阔，各地区经济、文化、地理条件差异较大，发展不平衡的特点，实行由点到线，由线到面，先试点后扩大，因地制宜，多层次发展的战略部署。20 世纪 90 年代，在邓小平视察南方谈话后，我国的对外开放逐步形成了从南到北，由东到西，沿江、沿边和中心城市多层次的开放格局。

宽领域，是指在开放的范围、空间和形式上，有宽阔的活动领域。在开放的范围上，不仅在经济领域，是包括在政治、科技、教育、文化、体育、卫生等多领域对外开放；在开放空间上，由生产领域扩展到基础设施、商业、金融业、旅游、信息产业等领域；在开放形式上，逐渐向全面地利用国际通行的各种服务贸易、货物贸易和技术贸易形式，以及各种直接投资、间接投资和新型的国际投资形式转变。

### （二）以改革促开放

十一届三中全会确立国民经济对外开放的基本方针。党和政府选择了由点到带，由沿海到内地，由地理开放到体制性开放的对外开放推进路径。

第一，创办经济特区，作为沿海对外开放的“点”，在此基础上，开放沿海 14 个港口城市、海南岛，形成沿海开放带。十一届三中全会结束后，中央和地方都积极思考，寻找对外开放的突破口，研究对策。这时，人们发现世界上许多国家和地区发展经济的成功经验特别是设置经济特区的作法值得借鉴。1980 年 8 月 26 日，深圳、汕头、珠海、厦门四个经济特区在第五届全国人民代表大会常务委员会第十五次会议得以审议批准建立，同时国务院提请审议的《广东省经济特区条例》也批准公布了。这标志着正式诞生了中国经济特区。经济特区在建立之初，为了使经济特区摆脱旧体制的束缚，对其实行优惠政策，国家允许在经济特区实行与内地有区别的经济管理体制，实行“特事特办”的改革先行原则和以市场取向为特征的体制创新，特区改革具有鲜明的中国特色和强烈的时代特征。新的经济体制和运行机制在经济特区得以大胆探索，特区成为改革的试验区，为全国的经济体制改革积累了经验，提供了借鉴。

第二，大幅度扩大对外开放区，将对外开放政策从沿海扩展到内地。成功创办经济特区，产生了强烈的政策示范效应，进一步统一了党内对进一步扩大对外开放的认识。邓小平 1984 年 2 月视察经济特区，充分肯定了建立经济特区的政策是正确的，并指出“可以考虑再开放几个点，增加几个港口城市”。1984 年 4 月，中央政府决定开放沿海的天津、上海、广州、湛江、北海等 14 个港口城市和海南岛，形成了从南到北沿海开放地带，敞开了中国对外开放的大门。1985 年 2 月，国务院决定将长江三角洲、珠江三角洲、闽南三角洲地区的 61 个市、县开辟为沿海经济开放区。这使中国的对外开放又迈出了重要的一步。1988年4月7日，国务院决定再一次扩大沿海经济开放区范围。这次划入沿海经济开放区的共有140个市、县，其中包括杭州、沈阳、南京3个省会城市。1988年划定海南岛为海南经济特区，1990年决定开发上海浦东。至此，中国形成了北起辽宁南到海南，成线连片的沿海开放地带。同时，一方面改革进一步尝试扩大经济特区范围。1991年中国经济特区的总面积已达到3481.5平方公里，比1981年增加了100多倍。① 另一方面探索实施对外开放的新形式，包括增设保税区，建立生产资料保税市场，建立高新技术产业开发区等。经过10多年的经济体制改革，中国共产党和中国政府已经开始将中国经济的发展纳入了整个世界经济发展体系中。

第三，在地理意义上的对外开放的基础上，1986年，正式向"关税和贸易总协定"申请"复关"，开始迈向体制性对外开放的进程。要真正实现经济的对外开放，除了在地理上和经济交往层面上实行对外开放以外，还必须在体制层面上实现与国际经济体系的接轨，获得国际经济体系的身份认证，因此，中国适时提出了恢复在"关税和贸易总协定"中的创始成员国资格的问题。十二届三中全会以城市为重点的经济体制改革全面展开后，中国加强了与"关税和贸易总协定"的联系，并于1986年7月11日，正式向"关税和贸易总协定"提交了要求恢复中国缔约国合法地位的申请。随着中国社会经济的发展，中国经济体制改革的进一步深入，申请"复关"表明中国在加快对外开放、融入国际经济体系的进程中又向前迈出了一大步，对如何将中国经济融入整个世界经济体系中有了更加理性的选择。

坚持把改革开放作为基本国策的中国道路，是实现中国梦的必由之路。改革开放是党在我国社会主义建设的关键时期做出的伟大抉择。1980年，邓小平谈到："所谓正确的政策和道路，就包括我们这个大国

① 赵凌云．中国共产党经济工作史[M]．湖北人民出版社，2005：337.

要充分利用国际的先进技术和经验，吸收国际资金来建设我们的国家，不能关起门来搞。”①。1985年，邓小平又谈到：“改革是中国发展生产力的必由之路”②。邓小平的谈话，明确了实现中国梦，必须走改革开放的道路。党的十八大报告指出：“要始终把改革创新精神贯彻到治国理政各个环节，坚持社会主义市场经济的改革方向，坚持对外开放的基本国策，不断推进理论创新、科技创新、文化创新以及其他各方面创新。”③

### 四、正确处理改革、发展和稳定的关系

改革、发展与稳定，是中国共产党经济工作中三个不可分割的方面。经济建设与发展是中心，是目的。改革开放是推动社会经济发展的基本途径。稳定是改革和经济发展顺利进行的重要条件。三者的关系从根本上说是相辅相成、相互促进的。建设有中国特色的社会主义实践必须正确处理改革、发展和稳定三者之间的关系，维护和保持安定团结的政治局面。

正确处理改革、发展、稳定三者关系，这一根本战略思想是在中共十一届三中全会作出把党和国家的工作重点转移到社会主义现代化建设上来的伟大战略决策之后，逐步提出来的。在新的历史时期，既要发展经济，要推进改革，同时还要保持稳定，自然在客观上就有一个如何处理三者之间关系的问题。在改革开放的进程中，中国共产党在发展、改革、稳定等方面取得了举世瞩目的成就，在正确处理三者关系上也积累了丰富的经验。

改革开放初期，农村改革步子迈得比较大，在城市只是进行改革试点，积累经验和作思想理论准备，经济发展速度比较适当，同时注意维

---

① 邓小平思想年编[M]. 中央文献出版社，2011：314.
② 邓小平思想年编[M]. 中央文献出版社，2011：552.
③ 中国共产党第十八次全国代表大会文件汇编[M]. 人民出版社，2012：33.

持安定团结的政治局面。所以，在改革开放的推动下，经济迅速发展，社会稳定进步，各项事业蒸蒸日上，呈现出新中国成立以来少有的好形势。20 世纪 80 年代中期，改革、发展、稳定关系总的看是比较协调的，但由于改革开始向城市全面推进，加大整个改革力度时，经济增长速度偏高，社会需求出现过旺状态，1984 年年底和 1985 年上半年不得不出台一些抑制总需求的措施，影响了一些改革措施的出台。20 世纪 80 年代后期，改革和发展中都出现了一些急于求成的倾向，在通货膨胀压力相当大的情况下，还试图全面推进价格改革，进一步加快经济发展速度，改革的力度和发展的速度超过了国力和社会的承受能力，结果出现宏观经济波动，由此成为导致社会出现不安定因素的原因之一。中国共产党果断决定进行三年治理整顿，维护了社会稳定。

实践证明，改革开放是我国社会主义制度建立后的又一次革命，是在新的历史条件下进一步解放生产力、发展生产力、推动社会主义现代化建设事业前进的强大动力。但是，经济体制改革也有成本。它涉及方方面面的利益关系的调整，不可避免地带来社会和经济生活的震动。改革和经济发展、社会安定也出现矛盾，相互制约。如果缺少统筹兼顾、相互协调，这个矛盾就会激化。

坚定地把改革推向前进，又兼顾经济的发展与社会稳定，充分考虑社会与经济环境的可能，确定改革的方式、进程、顺序、时机、力度，尽量降低和消化改革的成本，在改革中促进经济发展，减少震动；在建设的安排上，考虑改革的需要，为改革的顺利发展创造良好的环境，实现改革和经济建设相互促进，这是 1977—1991 年处理改革、发展、稳定关系的一项经验教训，也是今后发展必须坚持的战略方针。

1992 年，邓小平发表南方讲话，提出判断改革和各方面工作是非得失的“三个有利于”标准，将生产力标准、综合国力标准和人民利益标准结合起来，作为制定各项方针政策的出发点和落脚点。坚持将人民群众根本利益作为价值追求的中国道路，凝聚了全国各族人民的力量，为实现中国梦提供了力量之源。江泽民曾谈到：“始终保持同人民群众的血肉联系，是我们党战胜各种困难和风险、不断取得事业成功的根本保证。"①胡锦涛也指出："从人民群众的根本利益出发谋发展、促发展，不断满足人民群众日益增长的物质文化需要，切实保障人民群众的经济、政治和文化权益，让发展的成果惠及全体人民。"②习近平强调："人民是历史的创造者，群众是真正的英雄。人民群众是我们力量的源泉。"③

① 十五大以来重要文献选编(下)[M]. 中央文献出版社，2011：149.

② 十六大以来重要文献选编(上)[M]. 中央文献出版社，2011：850.

③ 习近平. 人民对美好生活的向往，就是我们的奋斗目标[N]. 人民日报，2012-11-16.

## 第五节　带动发展的三大战略重点

战略重点，指为实现战略目标而确定的需要重点投入的领域或项目，是保障战略目标实现的支撑点，战略重点所涉及的领域或项目是在经济、社会发展中或具有优势或比较薄弱，对战略目标的实现具有举足轻重的作用。战略重点在一个国家的一定时期是客观存在的，是必须长期从人力、物力、财力等方面加强的产业、行业和急需解决的重大问题。战略重点的选择是否正确，直接关系到战略目标能否实现。只有正确认识整体与局部、长远利益与眼前利益等方面的关系，才能准确加以把握。以毛泽东为核心的党的第一代中央领导集体，尽管提出以农业为基础、以工业为主导、以农轻重为序安排国民经济的发展思路，但由于各种原因，实践中基本把重工业作为战略重点。重工业优先发展战略的实施，对于尽快建立独立的、比较完整的工业体系发挥了作用，但也积累了一系列问题和矛盾，如农、轻、重三者关系的失调和经济结构的失衡，日用生活品匮乏，工业化的消费推动力不足等等。在谈到党的十二大提出的20世纪末“翻两番”的发展目标时，邓小平总结发展中的经验教训，指出当前发展的战略重点：一是农业，二是能源和交通，三是教育和科学。党的十二大强调指出：今后20年内，一定要牢牢抓住农业、能源和交通、教育和科学这几个根本环节，把它们作为经济发展的战略重点；在综合平衡的基础上，解决好这些方面的问题，就可以促进消费品生产的较快增长，带动整个工业和其他各项生产建设事业的发展，保障人民生活的改善。以农业、能源和交通、教育和科学作为新时期我国发展的战略重点，反映了中国国情的客观要求。

## 一、农业是发展的根本

人们首先必须解决吃喝穿住，然后才有可能从事各项活动，这是马克思主义的一个基本观点。在我国，更需要把农业作为国民经济的基础。在这个问题上，我们党的认识始终是清醒的。毛泽东讲，不抓粮食，总有一天要天下大乱；手里有粮，心中不慌。邓小平认为，制定政策，规划蓝图，必须考虑农业、农村和农民问题。邓小平指出“从中国的实际出发，我们首先解决农村问题。中国有百分之八十的人口住在农村，中国稳定不稳定首先要看这百分之八十稳定不稳定。”①“中国经济能不能发展，首先要看农村能不能发展，农民生活是不是好起来。”“对内搞活经济，首先从农村着手。”②中国式的现代化发展战略，农业发展是前提，农业搞不好，吃、穿、用的问题解决不好，工业也没有希望。党的十一届三中全会指出：国民经济的基础是农业，但这些年来国家农业受到严重的破坏，目前从整体来说还十分薄弱，需要大力恢复和加快农业生产的发展并且是全面发展，需要坚决地执行以粮为纲和农林牧副渔并举，全党必须集中主要精力把农业尽快搞上去；并适当集中、因地制宜的逐步实现农业现代化，才能不断提高全国人民的生活水平，才能保证整个国民经济的迅速发展。党的十二大提出，农业基本建设必须加强，农业生产条件急需改善，实行科学种田，在有限的耕地上生产出更多的粮食和经济作物，并且全面发展林牧副渔各业，以满足工业发展和人民生活提高的需要。党的十三大再次强调，要坚持把农业放在十分重要的战略地位，全面发展农村经济。

正是由于对农业基础地位的深刻认识，改革开放以来我们党抓农业

① 邓小平文选(第3卷)[M]. 人民出版社，1993：65.

② 邓小平文选(第3卷)[M]. 人民出版社，1993：77、78.

的力度不断加大。1981 年以后，党中央几乎每年召开全国性的农业或农村工作会议，连续多年发出关于农业问题的专门文件，农业问题成为新时期以来我们党的历次全国代表大会的重要议题。《邓小平文选》第一、二、三卷共二百余篇文章中，有 42 篇是论述农业问题的。

设计我国农业现代化和农村改革道路时，邓小平曾指出：从长远的观点看，中国社会主义农业的发展和改革，要有两个飞跃。邓小平指出："中国社会主义农业的改革与发展，从长远的观点看，要有两个飞跃。第一个飞跃，是废除人民公社，实行家庭联产承包为主的责任制，这是一个很大的前进，要长期坚持不变。第二个飞跃，是适应科学种田和生产社会化的需要，发展适度规模经营，发展集体经济。这是又一个很大的前进，当然这是很长的过程。"①"两个飞跃"思想代表了我国农村改革和发展的不同阶段。

## 二、基础工业是发展的保障

基础建设的发展水平，在国际上常被用来衡量一国经济的发展水平。在基础建设中，基础工业的作用最大。所谓基础工业，主要是交通、能源、原材料工业等。发展国民经济，首先要发展基础工业。否则，基础工业就会形成国民经济发展的"瓶颈"。对此，邓小平同志多有论述。"基础工业，无非是原材料工业、交通、能源等，要加强这方面的投资，要坚持十到二十年，宁肯欠债，也要加强"；"在这面，胆子要大一些，不会有大的失误"。②

### (一)大力发展能源工业

能源是工业生产的"粮食"，我国能源紧缺且浪费严重。企业会因

---

① 邓小平文选(第 3 卷)[M]. 人民出版社，1993：355.
② 邓小平文选(第 3 卷)[M]. 人民出版社，1993：307.

为缺电、缺油、缺煤，不得不开开停停，生产能力得不到充分发挥，整个经济效益也难以提高。党的十一届三中全会强调，要采取双管齐下的办法，让燃料动力严重不足的紧张局面尽快得以改变。一方面，要开源。在生产建设上尽快把煤、油、电的供应能力搞上去。提高煤的产量要从加快新井建设和老矿的技术改造入手。在石油的供应上重点是搞好地质勘探，使石油供应的后备资源能力大力增加。电的方面在积极发展火电的同时尽量多建设水电，认真搞好水电站建设的勘察设计，具备水电站建设条件，要立即组织力量，尽快施工，同时注意规划好水力资源的综合利用。另一方面，要节流。要加强能源的使用管理，采取有效的措施节约能源，杜绝浪费。

### （二）大力发展交通运输和邮电通信

交通运输和邮电通信是国民经济的命脉。由于落后的邮电通信设施，有限的交通运输能力，生产力的发展势必会受到严重制约。必须重点加强交通运输和邮电通信这两个薄弱环节的建设，国民经济增长的"瓶颈"制约才能有效缓解，才能保证国民经济的健康持续发展，经济发展的后劲才能得以增强。1975 年，主持中央日常工作的邓小平经过分析认定，当前国民经济的薄弱环节是铁路。铁路运输问题不解决，生产部署会被统统打乱，整个计划都会落空。在中共中央的部署下，主要铁路干线的技术改造和沿海港口建设得到加快。

### （三）大力发展原材料工业

原材料工业包括的种类很多，主要是以有色金属为重点的钢铁工业、建筑材料工业和化工原料工业等。邓小平主张，对于钢铁工业，要在现有企业的基础上加以改造，在这方面可以借点外债。建筑材料工业很重要，但在改革开放初这一行业很落后，所以中共中央强调应该加快发展，特别要把新型建筑材料搞上去。

为了保证基础工业的加强，必须正确处理其他工业特别是加工业与基础工业的关系。邓小平主张通过压缩重复建设、市场需求不多、能耗料耗高而生产技术水平又低的一般性加工工业，解决资金、材料不足的问题。1989 年，邓小平在谈到党的第三代中央领导集体的当务之急时，还专门强调了基础工业。邓小平指出："我建议组织一个班子，研究下一个世纪前五十年的发展战略和规划，主要是制定一个基础工业和交通运输的发展规划。要采取有力的步骤，使我们的发展能够持续、有后劲。"①根据邓小平这一指示精神，改革开放新时期我们党在每次提出制订国民经济和社会发展的长期规划的建议时，都坚持把基础工业作为重要内容而提出相应的对策。

## 三、科技和教育是发展的助推器

我国从中华人民共和国一成立就开始有计划地发展经济和科学文化事业。1956 年随着经济建设高潮的到来，在全国知识分子问题会议上党中央向全党全国人民发出了"向现代科学进军"的号召，国家科学技术政策被正式提到了大政方针的战略高度。在社会主义建设的前 17 年，党的第一代领导集体把教育与科技作为振兴国家和民族事业的战略去研究与部署，为新中国科技与教育事业发展做了大量的基础性工作，并取得了显著的成就。然而，由于国际形势与国内形势的新变化，没有一直沿着这条道路继续前进，反而是"左"的思想路线把中国科技与教育事业引向了误区。"四人帮"被粉碎以后，邓小平复出工作，自告奋勇抓科技教育，并以此作为全面拨乱反正的突破口。在 1978 年召开的全国科学大会上，邓小平全面阐述和分析了第二次世界大战以来科学技术领域发生的深刻变革，面对遭受"四人帮"严重破坏、濒于崩溃的国民经

① 邓小平文选(第 3 卷)[M]. 人民出版社，1993：312.

济，邓小平明确提出“科学技术正在成为越来越重要的生产力”，知识分子“已经是工人阶级自己的一部分”。因此，在改革开放的进程中，邓小平一直坚持要大力发展科学研究事业和科学教育事业，百年大计教育为本，努力发展科技和教育，教育工作者和科学技术工作者的积极性要想方设法调动起来，加强科学技术研究与生产实际的结合，加快科学技术转变为直接的生产力的速度，以此来大力推动生产力的发展。“科学技术是第一生产力”的著名论断就是邓小平1988年9月会见捷克斯洛伐克前总统胡萨克时明确提出的。邓小平说：“马克思说过，科学技术是生产力，事实证明这话讲的很对。依我看，科学技术是第一生产力”。①科学技术是第一生产力的论断，是邓小平深入研究当代科学技术与社会经济发展的新趋势时提出来的科学论断，是对马克思主义分析方法创造性地运用。这一论断科学鲜明地指出了科学技术对当代社会生产发展的第一位变革作用，代表着人类对科学技术重要性认识上的一次飞跃，为中国教育和科技指明了发展方向。

科学技术是第一生产力的阐述就是突出强调科学技术是劳动生产力中的决定因素，是综合国力的基础和新时代的标志。要使我国经济持续稳定地增长，在综合国力上达到世界的前列，改革建立健全社会主义市场经济体制是优化生产关系的要求，抓好科学工作和教育工作是提高生产力的关键。和平与发展的时代，党深刻认识到科技进步在日新月异地变化，国家之间的经济竞争同时也是科学技术的竞争，科学技术的竞争实质上是人才的竞争。所以邓小平一直反复教导全党要十分重视教育工作、科学工作和知识分子的工作。在1985年全国教育工作会议上，邓小平明确指出：“我们国家国力的强弱，经济发展后劲的大小，越来越取决于劳动者的素质，取决于知识分子的数量和质量。一个十亿人口的国家，教育搞上去，人才资源的巨大优势是任何国家比不了的。有了人才优势，加上先进的社会主义制度，我们的目标就有把握达到。中国虽

① 邓小平文选(第3卷)[M]. 人民出版社，1993：274.

然是人口资源大国，但却没有发挥人才资源的优势，关键问题在于中国科学技术落后，教育事业发展很不平衡，社会生产力水平很低。”①

1992年初，邓小平视察南方并发表了重要讲话。这次南方之行，他从第一线的科技人员的实践中进一步验证了“科学技术是第一生产力”这个新的理论观点的重大理论意义和指导实践的作用。在南方视察的过程中，邓小平关于科学技术的一系列谈话进一步深化了“科学技术是第一生产力，人才是第一资源”这一伟大命题。邓小平指明了“高科技领域，中国也要在世界占有一席之地”。“高科技领域的一个突破，带动一批产业的发展”。“搞科技，越高越好，越新越好。”“抓住时机，发展自己，关键是发展经济。而经济发展得快一点，必须依靠科技和教育。”“要提倡科学，靠科学才有希望。”南方谈话，把依靠科技和教育提到了一个更高的战略位置，为“科教兴国”的提出奠定了坚实的理论基础。我国的社会主义现代化建设，也逐渐从高投入、高消耗、高污染的非持续发展，转入依靠科技进步和提高劳动者素质的可持续发展。

① 邓小平文选(第3卷)[M]. 人民出版社，1993：120-121.

# 本章结语

## 一、这一阶段党制定经济发展战略的思想特征

从党的十一届三中全会以来逐渐形成并实行的新的经济发展战略，概括地说，主要有以下五个特征：

第一，以发展速度为主要目标转向以满足人民的需要（首先是基本需要）为根本目标。

改革开放前，发展的主要目标就是实现高速增长，为了实现尽可能高的增长速度，甚至以牺牲人民生活的改善为代价（“先治坡后治窝”“先生产后生活”）。但是，以我们过去的发展经验可以知道，并不是生产的任何增长都能带来人民生活的改善，更不是生产的迅速增长导致人民生活的迅速改善。

十一届三中全会后，党在实践中逐步完善制定了“三步走”的发展战略，提出了社会主义本质论，其落脚点就是把满足人民的需要作为经济发展的根本目标，要求经济增长速度的确定必须以保证人民的生活的改善为出发点，即随着经济的发展，人民的生活能够逐步提高。

从以发展速度为主要目标到以满足人民的需要为根本目标，这是经济发展战略的一个根本转变。

第二，将重工业作为固定突出发展重点转向重点与一般相结合的平衡协调发展。

改革开放前的发展战略要求把重工业特别是其中钢铁工业的发展置于固定不变的最重要的考虑的地位，为了实现它们的最迅速的发展，其他部门必须或者不得不为它们“让路”。实现这种发展战略本来期望会出现“重点带动一般”“一马当先，万马奔腾”的发展局面，但实际上这种局面非但没有出现，出现的却是国民经济比例的长期的、反复的严重失调。

改革开放以后，党在指导思想上提出平衡协调发展的经济发展战略，坚持发展中重点与一般相结合的原则。重点发展的部门一方面是国民经济发展的薄弱环节，同时又是保障国民经济发展的关键部门，因此形象的称之为“瓶颈”部门，另一方面是新兴的具有重大意义的部门。基于这种认识，党的十二大把农业、能源和交通、教育和科学作为发展的重点，是很恰当的。同时党也清醒地认识到指明的经济发展重点并非固定不变的，重点发展的这些部门是从实现经济的平衡协调发展为出发点来选定的。“一般”的非重点部门的发展是和重点部门的发展相结合的，不能靠牺牲非重点部门的发展来实现重点部门的发展。所以，这一时期的发展战略既不是单一重点发展，也不是各部门齐头并进的发展，是重点与一般相结合的平衡协调发展。

从以重工业作为固定突出发展重点(特别是其中的钢铁工业)的发展战略到重点与一般相结合的平衡协调发展战略的转变，这是党的经济发展战略思想的另一个根本性转变。

第三，以粗放发展为主逐渐转向集约发展为主。

改革开放前，以粗放为主的发展，可以不问产品的质量和是否适合需要(大炼钢铁的成果“首先是炼了人”)，可以不顾客观要求的比例性(“比例服从速度”“高速度中求平衡”“要积极平衡，不要消极平衡”)，实现经济发展的主要途径是增加生产资料和劳动力的数量、增加积累。

改革开放后，党及时总结了经验教训。提出：要通过劳动生产率的提高、积累效果的提高，资金产出率(资金被产值除所得的比率)的降低和技术的进步来实现经济的发展。总之，经济的发展要建立在提高经济效益的基础上。党的十二大就明确地指出，实现从 1981 年到本世纪末的 20 年，力争使全国工农业年总产值翻两番，要以不断提高经济效益为前提，要把提高经济效益作为全部经济工作的中心。

当然，在当时仍需加快发展速度的要求下，实行经济发展战略的这种转变并不意味着弃绝粗放的发展途径，作为一种发展的途径，它在当时还是存在的、需要的，但它在经济发展的作用中将退居次要的地位。只有实行以集约发展为主的发展战略才能在提高经济效益的基础上使人民的生活得到较大改善，同时又保持较高的经济增长率。

从以粗放发展为主到以集约发展为主的转变，是中国共产党经济发展战略思想的又一个根本性转变。

第四，自给自足、闭关自守转变为以自力更生为主的对外开放。

从自给自足、闭关自守的经济发展战略到以自力更生为主的对外开放的经济发展战略的转变，也是一个根本的转变，这个转变并不意味着放弃了自力更生的原则，自力更生是要使我国的建设立足于自己力量的基点上。我们必须而且只能主要依靠自己的力量来进行建设。以自力更生为主的对外开放，是要在自力更生的基础上实行对外开放，并通过对外开放增加我国自力更生的能力。

自力更生为主的对外开放战略既不同于一些国家实行的外向发展战略，也不同于以自给自足为目标的内向发展战略。改革开放以来，党一直坚持我们进行社会主义现代化建设，必须立足于自力更生，主要靠自己艰苦奋斗，同时把实行对外开放，按照平等互利的原则扩大对外经济技术交流，确定为我国坚定不移的战略方针。这是改革开放后党实行新的经济发展战略的重要内容。

第五，实施渐进式改革。

20 世纪 80 年代以来，中国的经济体制改革进程是由原有计划经济体制向市场经济体制过渡的历程。到 1991 年，中国经济体制改革战略的渐进性特征已经明显凸显出来。从部门上看，改革从农村开始突破，再推进到整个经济体制领域；从步骤上看，改革和开放先在生产队、企业、城市和经济特区等点上突破，再向全国面上推广；从切入点上看，改革先致力于“增量式”改革和“体制外”改革，即发展个体经济、合作经济、集体经济、外资经济等非国有制经济，从而为存量改革即“体制内”改革奠定基础和创造条件；从领域上看，改革先从经济体制领域展开，再根据实际推进到行政体制领域和政治体制领域。

实践证明，采取这种“渐进式”的改革战略，虽然两种体制相持的时间相对长一些，而且也会产生一些新的矛盾，改革的过程也会长一些，但是，这条道路既保证了改革的推进，又保证了经济发展和人民生活水平的提高，得到了社会普遍的理解与支持；既促进了经济体制的变动甚至社会的转型，又保持了社会稳定；既坚持了社会主义方向，又启动了脱离传统社会主义经济体制模式的进程。这是符合中国国情的改革战略。

## 二、“中国梦”视角下对这一阶段经济发展战略思想的评价

改革开放以后，以邓小平为核心的党的第二代领导集体深刻总结我国社会主义建设正反两方面经验，解放思想，实事求是，科学回答了建设中国特色社会主义的一系列基本问题，开辟了中国特色社会主义道路。这一时期，中国梦的蓝图愈发具体而又清晰。十一届三中全会提出：“全党、全军和全国各族人民同心同德，进一步发展安定团结的政治局面，并且立即动员起来，鼓足干劲，群策群力，为在本世纪内把我国建设成为社会主义的现代化强国而进行新的长征。”①

十一届三中全会以来的中国就是改革开放的中国，新时期最鲜明的特征就是改革开放。1978 年召开的十一届三中全会，在思想上拨乱反正、冲破“两个凡是”的基础上，我们党作出了把工作重心转移到经济建设轨道上来，实行改革开放的重大决策，从而开启了改革开放的伟大

① 三中全会以来重要文献选编(上)[M]. 中央文献出版社，2011：4.

征程。以农村家庭联产承包责任制的实行为标志，从农村到城市，从经济领域到其他各个领域，从沿海、沿江、沿边，从东部到西部，中国改革开放不断拓展和深入。经过 30 多年的改革开放，实现了从计划经济体制向市场经济体制，从封闭半开放状态向全面开放的伟大转折，社会主义制度不断完善，社会生产力水平和现代化程度快速提高，国家的面貌发生了翻天覆地的变化，中国的现代化建设取得的成就令世界称之为“中国奇迹”。

这一阶段经济发展战略指明了当代中国发展的一系列重大问题：

在发展的战略目标上，强调发展是为了建设富强、民主、文明的社会主义现代化强国，不断满足人民群众日益增长的物质文化需要，建设小康社会；在发展的战略步骤上，从我国处于社会主义初级阶段的基本国情出发，制定了分三步走、基本实现现代化的发展战略；在发展的战略方针上，强调中国所有问题的解决都离不开发展，发展才是硬道理，强调坚持以经济建设为中心，坚持改革开放，强调改革开放是必由之路，是决定中国命运的一招，强调社会主义也可以搞市场经济，改革是以经济体制改革为主的全面改革，同时处理好改革、发展与稳定的关系；在发展战略的实现途径上，强调按照社会主义建设的客观规律和中国的基本国情办事，通过一部分人、一部分地区先富起来，先富带动后富，逐渐达到共同富裕；在发展的战略要求上，争取隔几年上一个台阶，同时强调要实现效益与速度的统一；在发展的战略重点上，强调一是农业，二是能源和交通，三是教育和科学。

中国共产党在这一阶段提出的经济发展的战略思路，反映了中国人民的现实追求，既具有时代特点，又符合中国实际，是指导我们胜利推进社会主义现代化的科学理论，也是我们党在今天提出的科学发展观的理论基石。科学发展观的基本理念，如以人为本、全面发展、协调发展、可持续发展、统筹发展等等，均在这一阶段提出的经济发展的战略思路中开始闪现。

以邓小平为代表的党的第二代领导集体开创的改革开放的伟业托起

了民族复兴的中国梦，深刻启示着我们：过去30多年中国的发展依靠的是改革开放，未来实现伟大复兴的中国梦也必须坚定不移地坚持改革开放。习近平总书记高度评价改革开放的重要意义，把改革开放称为是"中华民族一次新的伟大觉醒"，强调"改革开放是决定当代中国命运的关键一招"。为了进一步深化改革开放，把中国的改革开放的伟大事业不断推向新的高度，党的十八大勾画了全面建成小康社会、加快推进社会主义现代化、夺取中国特色社会主义新胜利的宏伟蓝图。党的十八届三中全会立足全面深化改革新的历史时期，提出了综合改革方案，并就全面深化改革进行了总体部署，绘制了更加清晰的改革"路线图"和更加明确的"时间表"，从而解决了中国今后相当长一段时间内改革的方向性和路线性问题。沿着这一思路，秉持全面深化改革的勇气和决心，中华民族伟大复兴的中国梦一定能早日实现。

# 第四章

# 追梦：党以可持续发展为方向的经济发展战略思想的丰富

1992 年 10 月 12 日，党的十四大报告进一步提出要夺取有中国特色社会主义事业的更大胜利，而且分别从社会主义的发展道路、发展阶段、根本任务、发展动力，社会主义建设的外部条件、政治保证、战略步骤，社会主义的领导力量和依靠力量，以及祖国统一等方面，系统概括了建设有中国特色社会主义理论的主要内容。1997 年 9 月 12 日，党的十五大报告更加坚定地提出，要高举邓小平理论伟大旗帜把建设有中国特色社会主义事业全面推向二十一世纪。中国共产党带领着中国人民，为实现建设中国特色社会主义的梦想付出了艰辛的努力，取得了巨大的成就。党的十六大报告在回顾十三年实践的基础上，首次肯定了我们党领导人民建设中国特色社会主义所必须坚持的十条基本经验。建设中国特色社会主义的梦想还在延续，还要向前推进，并继续在追梦的道路上战胜新的困难取得新的胜利。

进入 20 世纪九十年代后，随着两极格局的解体，世界开始向多极化发展。世界各国都认识到，能在世界上取得一席之地，必须要拥有强大的经济实力。这样世界进入了一个经济发展竞争更为激烈的时代，全球经济发展取得了人类历史上从未有过的成就，但是发展过程中也出现了一系列问题，其中最为突出，也最为普遍的一个问题就是生态环境的破坏日益严重。人类发明的新技术层出不穷，呈现加速度趋势。人类生产力的不断发展，高科技的广泛应用，同时高消费、重污染的发展方式在全球各地大行其道，对自然环境造成了极大地污染和破坏。地球上资源和能源的大量消耗也造成了对未来人类发展可预见的忧患，生态环境的恶化，资源的短缺不可避免地影响了人类的生存。

一些发达国家为了减轻自己的生态环境难题，采取了一些转移措施，即把严重污染环境的工业转移到广大发展中国家，来减轻本国的生态环境压力。这种措施招致了广大发展中国家的抗议。我国作为世界上最大的发展中国家，同样面临着巨大的生态环境压力。以江泽民同志为核心的党中央在以经济建设为中心的同时提出了可持续发展战略的战略思想，为实现我国经济长远发展奠定了科学的理论和实践基础。

## 第一节　可持续发展战略思想提出的时代背景

### 一、国际可持续发展概念的提出

从 20 世纪 60 年代到 80 年代，在经历了一系列全球性生态环境问题对经济发展所带来的副作用的痛苦之后，人类开始积极反思和总结传统经济发展模式不可克服的问题，探索能在提高经济效益的同时保护资源，改善环境的政策和发展战略，于是可持续发展这一新的发展模式便逐渐形成了。

1972 年 6 月，联合国在瑞典斯德哥尔摩召开会议。会议通过《联合国人类环境会议宣言》，向各国政府和人民发出了维护和改善人类环境，造福全体人民，造福后代的呼吁。但它强调的是单纯的环境问题，没有将环境与经济和社会的发展很好地联系起来，没能从根本上找到解决问题的出路。同年，罗马俱乐部发表了它的第一个报告《增长的极限》，向人们发出人类面临困境的警告，给不顾生态环境代价而沉溺于经济增长的西方社会敲响了警钟。1974 年罗马俱乐部在西柏林召开的第六届年会上，又提出了第二个报告《人类处在转折点上》，认为有机增长是人类未来发展的核心，世界体系的有机增长，是制定正确的战略，解决世界面临的全球危机的唯一出路。按照有机增长论，要求在人类社会的经济、技术、生活、环境等各个方面实现协同增长，而不能仅强调某一个方面的增长。

1987年，“世界环境与发展委员会”公布的著名报告《我们共同的未来》，比较系统地阐明了可持续发展战略思想，在世界各地掀起了可持续发展的浪潮。该委员会主席布伦特夫人将可持续发展定义为：“既满足当代人的需要，又不对后代人满足其必要的能力构成危害的发展。”

1989年5月举行的第15届联合国环境署理事会通过了《关于可持续的发展的声明》。这表明在《我们共同的未来》这一报告中提出的可持续发展的概念已得到了广泛接受和认可。

1992年6月，联合国环境与发展大会在巴西里约热内卢召开，183个国家的代表团、联合国及其下属的70个国际组织的代表出席了会议。会议通过和签署了《里约热内卢环境与发展宣言》《21世纪议程》《关于森林问题原则的声明》《联合国气候变化框架公约》《生物多样性公约》等重要文件。以联合国环境与发展大会为标志，人类对环境与发展的重要性的认识提高到了新的阶段。从此，可持续发展被世界普遍接受，其实践活动也开始在全球范围内普遍开展起来。

## 二、国内对可持续发展的迫切要求

### （一）“两个根本性”转变的提出

经过十几年的改革开放，到20世纪90年代初，我国国民经济已经上了一个新台阶，人民生活水平大大改善，综合国力大大增强。但是，与此同时，经济发展过程中一些深层次的矛盾和问题也逐渐暴露出来，特别是经济结构不合理、经济增长建立在高投入、高能耗的粗放经营的基础上，已经成了进一步发展的巨大障碍。党中央、国务院在全面分析我国经济现状和发展趋势后，提出了必须实现两个根本转变。1995年9月25日《关于制定国民经济和社会发展“九五”计划和2010年远景目标建议的说明》指出："实现今后 15 年的奋斗目标，关键是实现两个具有全局意义的根本性转变：一是从传统的计划经济体制向社会主义市场经济体制转变；一是经济增长方式从粗放型向集约型转变。一个是生产关系的改革，一个是生产力如何发展，两者是相互联系又互相促进的。经济增长方式的转变要靠改革的深化，也有利于改革成果的巩固。"

江泽民在党的十四大报告中指出，经济发展一定要走出一条既有较高速度又有较好效益的国民经济发展路子，在经济增长中要努力提高科技进步所占含量，促进整个国民经济由粗放型经营向集约型经营转变。在党的十四届五中全会上，江泽民同志更加明确地强调了经济增长方式转变的要求。江泽民指出："必须更新发展思路，实现经济增长方式从粗放型向集约型的转变。这种转变的基本要求是，从主要依靠增加投入，铺新摊子，追求数量，转到主要依靠科技进步和提高劳动者的素质上来，转到以经济效益为中心的轨道上来。"

转变经济增长方式的主张，早在改革开放之初就已明确提出，并且取得了一定的进展。但从总体上来看，效果还不明显。其中最主要的原因是受到经济体制和运行机制的阻碍。因此，必须通过深化改革，建立有利于提高经济效益的社会主义市场经济体制及运行机制，企业经营机制要有利于资源利用、消耗降低、效益增加，经济运行机制要有利于科学技术创新，有利于资源优化配置和市场公平竞争。同时，从法制建设、政策实施、规划制定等方面采取综合配套措施，才能把提高效益作为经济工作的中心，才能实现经济增长方式从粗放型向集约型转变。江泽民同志在党的十五大报告中再次强调了实现"两个根本性转变"的意义。江泽民同志在党的十五大报告中指出：我们要积极推进经济体制和经济增长方式的根本转变，努力实现'九五'计划和 2010 年远景目标，为下世纪中叶基本实现现代化打下坚实基础。在这个时期，建立比较完善的社会主义经济体制，保持国民经济持续快速健康发展，是必须解决好的两大课题。

## (二)可持续发展战略的制定

在我国，可持续发展的概念出现较晚，但我们党对有关问题的重视是比较早的。在制约可持续发展的诸多因素中，我们对人口问题的重视最早。新中国成立以来，党和国家就一直强调这个问题，并在控制人口增长方面采取了一系列措施，力求使人口的增长与经济和社会发展相适应。1982年，党的十二大把计划生育确立为一项基本国策。此后，我们党在计划生育方面做了大量艰苦而细致的工作，并取得了巨大成就。中国对环境问题的关注与行动也几乎与世界同步。早在1972年，周恩来就毅然决定派代表团出席在瑞典的斯德哥尔摩召开的人类环境会议。这次会议无疑是一次意义深远的环境意识启蒙，使我们开始意识到自身的环境顽疾。在周恩来的关心下，1973年我国召开了第一次环境保护会议，从而将环境保护提上了国家的议事日程。1983年召开的第二次全国环境保护会议，把环境保护确立为我国的一项基本国策。

改革开放以后，以邓小平为代表的中国共产党人创立的邓小平理论，蕴涵着丰富的可持续发展的思想。这个理论强调：改革不只是看3年、5年，而是要看20年，要看21世纪的前50年，改革的意义在于奠定良好的持续发展的基础，没有改革就没有今后的持续发展；要打开产品的出口销路，要提高质量，质量不高，就没有竞争能力，经济长期、持续、稳定发展就不可能；评判改革是非得失的“三个有利于”标准关键就是看生产力能否得到持续发展。要为21世纪持续发展创造条件，那就要深化改革、加快开放。1989年6月，邓小平在同几位中央负责同志谈话时指出：“我建议组织一个班子，研究下一个世纪前五十年的发展战略和规划，主要是制定一个基础工业和交通运输的发展规划。要采取有力的步骤，使我们的发展能够持续、有后劲。”①这些思

① 邓小平文选(第3卷)[M]. 人民出版社，1993：312.

想，已超出单纯的人口、资源、环境问题，在更深的层次上思考可持续发展问题。“三步走”发展战略，集中体现着以邓小平为核心的党的第二代中央领导集体的可持续发展思想。

实践的探索、经验的总结、理论的发展，也使我们能够把制定可持续发展战略提上日程。1992 年联合国里约大会结束后，中国政府立即开始行动，很快提出了促进中国环境与发展的十大对策，并转发全国各地。1994 年 3 月经国务院常务会议讨论通过《中国 21 世纪议程—中国 21 世纪人口、环境与发展白皮书》，成为世界上第一个国别级的“21 世纪议程”。《中国 21 世纪议程》共 24 章，其文本既与联合国《21 世纪议程》相呼应，又从中国国情出发，广泛吸纳和收集了政府各部门正在和将要实施的各类计划，阐明了中国可持续发展的战略和对策，勾画了中国跨世纪的发展蓝图，具有综合性、指导性和可操作性。获得批准后的《中国 21 世纪议程》成为中国制订国民经济和社会发展中长期计划的指导性文件。1995 年 9 月召开的党的十四届五中全会，把可持续发展战略纳入制订“九五”计划和 2010 年远景目标的建议，明确提出必须把社会全面发展放在重要战略地位，实现经济与社会相互协调和可持续发展。这是在党的文件中第一次使用“可持续发展”的概念。江泽民在这次全会闭幕时再次强调了必须把实现可持续发展作为一个重大战略。江泽民指出：“在现代化建设中，必须把实现可持续发展作为一个重大战略。要把控制人口、节约资源、保护环境放到重要位置，使人口增长与社会生产力发展相适应，使经济建设与资源、环境相协调，实现良性循环。”① 1996 年 3 月，八届全国人大四次会议把可持续发展正式确定为中国今后经济和社会发展的基本战略。2000 年 10 月，党的十五届五中全会再次把可持续发展战略纳入制订“十五”计划的建议，强调实施这一战略是关系中华民族生存和发展的长远大计，对人口和资源管理、生态建设和环境保护提出了要求。走可持续发展之路，已成为我国经济社会发展的重要战略。

---

① 江泽民文选(第 1 卷)[M]. 人民出版社，2006：463.

## 第二节　新“三步走”和全面建设小康社会的战略目标

### 一、新“三步走”的战略目标

作为一个执政党，在推动这个国家经济和社会发展的历史进程中，制定并适时调整发展目标非常重要。“三步走”的战略构想是我国社会主义现代化建设的战略目标和步骤，是对我国社会主义建设实践的科学总结，是对马克思主义生产力思想的深化和发展，必须坚决地贯彻执行。按照邓小平设计的“三步走”发展战略，我国各族人民在中国共产党的领导下，通过改革开放和艰苦奋斗，提前实现了“三步走”战略的前二步战略目标，即：原定 1990 年要达到国民生产总值比 1980 年翻两番的目标，已于 1987 年提前完成；原定 2000 年要达到国民生产总值比 1980 年翻两番的目标，已于 1995 年提前完成。如何实施第三步战略目标是新世纪新阶段迫切需要明确的问题。结合 20 世纪 90 年代现代化建设的具体进程，江泽民同志提出一系列适应新形势、新情况的发展任务和具体目标，形成了一系列的新思想，丰富和发展了邓小平的经济理论。

振奋人心的目标产生了推动发展的巨大力量，国民生产总值翻两番的目标于 1995 年提前实现。这一年 9 月召开的党的十四届五中全会，通过了关于制订“九五”计划和 2010 年远景目标的建议，把“九五”时期的主要奋斗目标确定下来：全面完成现代化建设的第二步战略部署，

2000年在人口将比1980年增长3亿左右的情况下，实现人均国民生产总值比1980年翻两番；基本消除贫困现象，人民生活达到小康水平；加快现代企业制度建设，初步建立社会主义市场经济体制；加大改革力度，理顺经济关系，推动科技进步，调整产业结构，提高经济效益，增强发展后劲，为21世纪初开始实施第三步战略部署奠定更好的物质技术和经济体制基础。较之5年前的"八五"计划建议，这里有一个令人瞩目的变化：在国民生产总值翻两番的基础上，进一步实现人均国民生产总值翻两番。这个变化是科学的，既更全面、准确地体现了邓小平的小康思想，又更客观地反映了小康水平的实际要求。邓小平在1979年年底第一次提出小康目标时，说的是国民生产总值人均达到1000美元。当时，我们的人均国民生产总值是250美元左右，到20世纪末翻两番，就是1000美元。1982年9月，党的十二大第一次正式提出这样的奋斗目标：在不断提高经济效益的前提下，力争使全国工农业的年总产值翻两番，即由1980年的7100亿元增加到2000年的28000亿元左右。然而，按总值计算的翻两番，只有在人口增长率为零的前提下，即2000年的人口仍然保持在1980年的10亿左右，才能达到人均1000美元。20世纪末我国内地的人口将越过12亿。这样一来，国民生产总值翻两番时就不能实现人均翻两番。考虑到这个情况，邓小在一些讲话、谈话中将"人均1000美元"改为"人均800美元"。后来，鉴于20世纪末国民生产总值完全有可能超过1万亿美元的情况，邓小平采用了"人均800到1000美元"的说法。此后他更加强调，实现国民生产总值翻两番要考虑到人口增加的因素，人均翻两番与总值翻两番应统一起来，在由于人口增长而不能同步的情况下，按人均国民生产总值计算的小康标准不能降低。经济增长的强劲动力和良好前景，要求对小康目标作出提高的调整。党的十四届五中全会正是在这样一种背景下，坚持邓小平的小康标准主张，满怀信心而又积极稳妥地调整了第二步战略目标：2000年，在人口比1980年增长3亿左右的情况下，实现人均国民生产总值比1980年翻两番。

1995年以后的15年，是“三步走”发展战略的第二步和第三步衔接时期。“九五”计划和2010年远景目标制订得如何，关系到我国以什么样的姿态跨入21世纪。党的十四届五中全会通过的建议，重点是“九五”计划，同时也着眼于21世纪头10年。确定了到2010年，国民经济和社会发展的主要奋斗目标。到2010年，国民经济和社会发展的主要奋斗目标是：实现国民生产总值比2000年翻一番，使人民的小康生活更加宽裕，形成比较完善的社会主义市场经济体制；进一步推进经济管理体制和运行机制的规范化、法制化，更好地优化资源配置，显著提高国民经济的技术水平和整体素质，实现经济和社会可持续发展；经过15年的努力，我国社会生产力、综合国力、人民生活水平将再上一个大台阶，社会主义精神文明建设和民主法制建设取得明显进展，为21世纪中叶实现第三步战略目标、基本实现现代化，开创新的局面。这一规划，把第三步战略的近期目标明确化了。

1997年9月召开的党的十五大是一次跨世纪的大会。在党的十四届五中全会基础上，大会进一步规划了“三步走”战略的第三步。“新三步走”战略：第一个10年实现国民生产总值比2000年翻一番，使人民的小康生活更加宽裕，形成比较完善的社会主义市场经济体制；再经过10年的努力，到建党100年时，使国民经济更加发展，各项制度更加完善；到21世纪中叶中华人民共和国成立100年时，基本实现现代化，建成富强、民主、文明的社会主义国家。这是在第三步发展战略范围内的一个“新三步走”战略，使“达到中等发达国家水平”的蓝图明晰化了。2000年10月，党的十五届五中全会通过的关于制订“十五”计划的建议，把“新三步走”战略的第一步具体化了，指出：从新世纪开始，我国将进入全面建设小康社会、加快推进社会主义现代化的新的发展阶段；根据党的十五大提出的远景目标，“十五”期间经济和社会发展的主要目标是：国民经济保持较快发展速度，经济结构战略性调整取得明显成效，经济增长的质量和效益显著提高，为到2010年国内生产总值比2000年翻一番奠定坚实基础；国企业建立现代企业制度取得重大进展，社会保障制度比较健全，完善社会主义市场经济体制迈出实质性步伐，在更大范围内和更深程度参与国际经济合作与竞争；就业渠道拓宽，城乡居民收入持续增加，物质文化生活有较大改善，生态建设和环境保护得到加强；科技教育加快发展，国民素质进一步提高，精神文明建设和民主法制建设得明显进展。① 这个文件还提出了"十五"期间的发展思路：把发展作为主题，把结构调整作为主线，把改革开放和科技进步作为动力，提高人民生活水平作为根本出发点，把经济发展和社会发展结起来。

党的十六大作出一项重大战略决策，即在原定"第三步"即 21 世纪上半叶的 50 年中，划出其中的头 20 年(2001 年到 2020 年)，作为实现现代化第三步战略目标的承上启下的发展阶段。"综观全局，二十一世纪头二十年，对我国来说，是一个必须紧紧抓住并且可以大有作为的重要战略机遇期。根据十五大提出的到 2010 年、建党一百年和新中国成立一百年的发展目标，我们要在本世纪头二十年，集中力量，全面建设惠及十几亿人口的更高水平的小康社会，使经济更加发展、民主更加健全、科教更加进步、文化更加繁荣、社会更加和谐、人民生活更加殷实。这是实现现代化建设第三步战略目标必经的承上启下的发展阶段，也是完善社会主义市场经济体制和扩大对外开放的关键阶段。经过这个阶段的建设，再继续奋斗几十年，到本世纪中叶基本实现现代化，把我国建成富强民主文明的社会主义国家。"②在承上启下的本世纪头二十年的战略步骤里面，党的十六大指明主要任务是要集中力量全面建设惠及十几亿人口的更高水平的小康社会。

---

① 中共中央文献研究室编．十五大以来重要文献选编(上)[M]．人民出版社，2000：50.

② 江泽民文选(第 3 卷)[M]．人民出版社，2006：543.

## 二、从总体小康生活到建设全面小康社会

邓小平关于建设小康社会的思想提出后，一直是指导中国经济和社会发展的战略指导思想。关于小康问题的具体设计，在党的十二大、“六五”计划、“七五”计划和党的十三大都有所论及。1990 年，温饱问题在全国绝大多数地区都得到解决，以此为基础，奔小康的战略决策在中共十三届七中全会正式被提出，这样，奔小康就成为 20 世纪 90 年代中国经济和社会发展的主题曲，使中国经济和社会发展迅速向小康社会历史阶段推进。

在党的十五大报告中，江泽民表达了在 20 世纪末达到小康目标的信心。此后，党中央在一系列重要会议中都继续发展关于建设小康社会的思想。“三步走”战略的第二步提出的国民生产总值翻番和人民生活达到小康的目标在 2000 年得以顺利实现。在这一前提下，“全面建设小康社会”的历史任务被党中央正式提出。2000 年 10 月召开的党的十五届五中全会指出：“从新世纪开始，我国将进入全面建设小康社会，加快推进现代化的新的发展阶段。”“开始实施第三步战略部署。这是中华民族发展史上的一个新的里程碑。”①在庆祝中国共产党成立 80 周年大会的讲话中，江泽民再次指出：“我国已经进入了全面建设小康社会、加快推进社会主义现代化的新的发展阶段”，“要尽快地使全国人民都过上殷实的小康生活。”②并提出了建设小康社会、推进社会主义现代化在经济、政治、文化、人的发展、人与自然的关系等方面的要求和任务。这就使全面建设小康社会的思想进一步丰富和完善起来。

党的十六大明确提出了到 2020 年全面建设小康社会的目标。全面建设小康社会的目标是：在优化结构和提高效益的基础上，国内生产总

---

① 中共中央文献研究室编．十五大以来重要文献选编(中)[M]．人民出版社，2000：1369.

② 论党的建设[M]．中央文献出版社，2001：521、523.

值到2020年力争比2000年翻两番，综合国力和国际竞争力明显增强。基本实现工业化，建成完善的社会主义市场经济体制和更具活力、更加开放的经济体系。城镇人口的比重较大幅度提高，工农差别、城乡差别和地区差别扩大的趋势逐步扭转。社会保障体系比较健全……社会主义民主更加完善，社会主义法制更加完备……全民族的思想道德素质、科学文化素质和健康素质明显提高……促进人的全面发展可持续发展能力不断增强，生态环境得到改善，资源利用效率显著提高，促进人与自然的和谐，推动整个社会走上生产发展、生活富裕、生态良好的文明发展道路。①

第一，解决“三农”问题是全面建设小康社会的重中之重。中国人口中60%是农民，可以说，农民的生活达不到小康水平，就不可能实现全面的小康。实现全面小康最艰巨的是在农村农民生活实现小康。因此，全面建设小康社会的重点任务是发展农村经济，建设现代化农业，增加农民收入，统筹城乡经济社会发展。

第二，全面建设小康社会包括物质文明建设、政治文明建设、精神文明建设。全面建设小康社会的重要目标除了物质文明建设，其全面性还表现在建设社会主义政治文明，推进社会主义民主建设，同时建设社会主义精神文明，大力发展社会主义文化。但最根本的还是不断解放和发展生产力，坚持以经济建设为中心。

第三，全面建设小康社会必须处理好发展、改革与稳定之间的关系。发展是党执政兴国的第一要务，是全面建设小康社会的根本任务。紧紧抓住发展这个第一要务，才能提供实现强国富民的物质保障，才能有效解决社会主义初级阶段的主要矛盾，从根本上代表人民的愿望。为了发展，必须坚持和深化改革，改革是社会发展的强大动力。全面建设小康社会的进程也是继续扩大对外开放和完善社会主义市场经济体制的过程。长期和谐稳定的社会环境是发展和改革的保障。在加快发展、深

---

① 江泽民文选(第3卷)[M]. 人民出版社，2006：544.

化改革的过程中，必须学会运用经济、行政、法律等各手段妥善处理人民内部矛盾特别是利益矛盾，切实加强国家安全工作。发展是目的，改革是动力，稳定是前提。总之，发展、改革、稳定，是全面建设小康社会总体格局中重要的三个方面，必须把三者有机地结合起来才能顺利地实现全面建设小康社会奋斗目标。

第四，必须处理好经济建设与人口、资源、环境的关系。全面建设小康社会不仅需要建设可持续发展的物质文明，还需要有利于人们生存和发展的生态环境。全面推进小康社会的建设进程中，资源利用率将显著提高，生态环境将得到改善，可持续发展能力不断增强，推动整个社会走上生产发展、生活富裕、生态良好的文明发展道路。

## 第三节　深化发展的战略举措

实现中华民族伟大复兴的梦，是党的使命。中国共产党以实现中华民族伟大复兴为己任，党始终代表先进生产力的发展要求，代表先进文化的前进方向，代表广大人民群众的根本利益，把实现社会主义现代化和中华民族伟大复兴汇聚成同一个梦想，确立为建设中国特色社会主义总任务。从中国共产党执政的历史实践而言，追求国家富强、民族振兴、人民幸福始终构成了中国共产党人的“政党梦”。

### 一、深化改革为发展提供体制支持和制度保证

经济发展战略和经济体制是经济发展中两个最重要的问题。两者的关系很密切。一种经济发展战略必须有相应的经济体制来保证其实行。改革开放前实行的高度集权的排斥市场机制的经济体制正是同过去实行的经济发展战略相适应的。比如重点突出的发展战略往往需要通过高度集权的经济体制把有限的资金、物资和技术力量集中起来用于重点突出发展的部门。改革开放后，以满足人民的基本需要和建设小康社会为主要目标的发展战略就要求相应地改变我国的经济体制。在社会主义经济中引入市场机制，使得消费品的生产能够在市场价值规律的作用下更灵敏地对人民的需要做出反应；使企业成为相对独立的社会主义经济单位，在价值规律作用下增强竞争意识，促进技术的进步。灵活的市场经济体制也有助于在对外开放的进程中增强国际竞争力等等。所以，我国

经济体制改革必须考虑经济发展战略的转变并与之相适应，否则发展战略的目标就不易顺利实现。

### (一)建立社会主义市场经济体制

1987 年，党的十三大报告肯定了社会主义有计划商品经济的体制，应该是计划与市场内在统一的体制。提出要建立“国家调节市场，市场引导企业”的体制，这就比党的十二届三中全会的决定更深入了一步。但是 1989 年“治理整顿”期间，经济体制改革陷入停滞甚至局部倒退的困境，理论上对计划与市场的关系的认识存在着倒退的倾向。这种状况严重制约了中国经济体制改革的推进，也极大地制约了中国共产党开展经济工作的思想与步伐。因此，到 20 世纪 90 年代初期，中国呼唤着一次新的思想解放，呼唤着对社会主义市场经济的再认识。

1992 年，邓小平视察南方时做出了关于计划与市场的精辟论断。“计划多一点还是市场多一点，不是社会主义与资本主义的本质区别。计划经济不等于社会主义，资本主义也有计划；市场经济不等于资本主义，社会主义也有市场。计划和市场都是经济手段。”①邓小平的南方谈话，是对党的十一届三中全会以来党关于社会主义条件下计划与市场关系理论与实践探索经验的深刻总结，是对在计划与市场的关系上长期束缚人们思想的姓“社”姓“资”疑虑的科学回答，为党的十四大报告的起草奠定了思想理论基础。

1992 年 10 月召开的党的十四大，郑重提出我国经济体制改革的目标是建立社会主义市场经济体制，在实践上标志着我国的经济体制改革进入了建立社会主义市场经济体制的新时期。社会主义经济沿着市场化方向发展，整个社会呈现勃勃生机。

为了进一步明确社会主义市场经济的体制框架和实施方案，1993 年召开的十四届三中全会通过了《中共中央关于建立社会主义市场经济

---

① 邓小平文选(第 3 卷)[M]. 人民出版社，1993：373.

体制若干问题的决定》(以下简称《决定》)。《决定》在对社会主义市场经济体制的设计上，开创性地把市场经济的一般规律同社会主义制度和中国国情有机地结合起来，体现了公有制和市场经济的内在统一，市场经济一般规则和中国国情的内在统一，为有步骤地全面推进改革，促进社会生产力的发展提供了可靠保证。

### (二)创新和发展社会主义基本经济制度

党的十四大以后，经济发展与社会主义市场经济体制的建设取得了很大成就。但是，改革实践中仍然存在许多需要探索和解决的理论与现实问题，特别是在计划与市场上姓“社”姓“资”的问题解决后，在推进所有制的改革进程中遇到了姓“公”姓“私”的问题，即如何认识公有制的主体地位及其实现形式，如何认识股份制，如何认识非公有制经济特别是私营经济等问题。诸如此类的问题也引起人们新的困惑，制约改革的推进，需要中国共产党做出回答。1997 年 9 月，党的十五大明确宣布：公有制为主体、多种所有制经济共同发展，是我国社会主义初级阶段的一项基本经济制度。

作为一项基本经济制度，非公有制经济的地位由以前的“社会主义经济的必要的补充”上升为“社会主义市场经济的重要组成部分”，非公有制经济由“基本经济制度”外进入“基本经济制度”内，其实质在于使中国社会的生产力在整个社会主义初级阶段获得不断解放、持续发展的制度保证。这一基本经济制度的定性反映了我们党在认识上的飞跃，适应了社会主义市场经济体制的内在要求，也有利于人们解疑释惑、坚定思想，不断从生产力发展的要求出发推进所有制结构的完善。

党的十五大以后，非公有制经济发展加速。据国家统计局的统计，到 2001 年，全国个体工商户发展到 2423 万户，私营企业达到 202. 86 万户，从业人员超过 7474 万人，注册资金 21648 亿元，共创产值 19878

亿元，实现社会商品零售额 19675 亿元，个体私营经济对 GDP 的贡献率提高到 20%。① 非公有制经济的迅速发展，从一个方面充分显示了社会主义初级阶段基本经济制度对于生产力的解放和发展的作用。

## 二、抓住机遇，加快发展

抓住机遇、加快发展，是邓小平的重要战略思想，也是以江泽民为核心的党中央反复强调和努力实践的重要战略思想。党的十四大指出，要紧紧抓住有利时机加快发展；党的十五大强调，要牢牢抓住世纪之交的历史机遇迈出新的步伐；党的十六大再次强调，要善于抓住时机加快发展。江泽民指出："在整个九十年代，抓住国内和国际的有利时机，加快改革开放和现代化建设的步伐，这个指导思想要坚定不移，要深入贯彻到各方面工作中去。"②抓住机遇、加快发展，我们实现了由温饱到小康的历史性跨越，也必将实现全面建设小康社会的历史性跨越。

### (一)发展是党执政兴国的第一要务

2000 年 10 月，党的十五届五中全会召开。11 日，江泽民在全会上清晰阐明了发展的重要性。江泽民指出："发展是硬道理，这是我们必须始终坚持的一个战略思想。对这个问题，不仅要从经济上看，而且要从政治上看。二十多年来，我们党的路线方针政策得到全体人民的拥护，我们经得起国际国内各种风浪的考验，我国的国际威望和影响不断提高，都与我国社会生产力的迅速发展、综合国力的显著增强和人民生活的不断改善密切相关。继续解决我国经济社会生活中存在的矛盾，提

---

① 庞仁芝. 科学发展观—中国共产党人不懈探索的结晶[M]. 人民出版社，2007：365.

② 十四大以来重要文献选编(上)[M]. 人民出版社，1996：120.

高我们抵御各种风险的能力，实现第三步战略目标，要靠发展；解决台湾问题，完成祖国统一大业，要靠发展；反对霸权主义和强权政治，履行我们维护世界和平和促进各国共同发展的国际责任，不断增强我国在国际事务中的作用，也要靠发展。还是那句话，财大才能气粗。现在，世界经济、科技发展形势逼人，我们不加快发展，就会落后。抓住机遇，加快发展，在政治上、经济上对我们都很要紧。综合分析国际国内形势，我们完全有条件保持一个较快的发展速度。我们必须坚持扩大内需的方针，用发展的办法解决前进中的问题，及时采取有效的宏观调控，努力使我国经济保持实实在在、可持续的发展，使经济、社会、生态环境全面发展。”①

发展是我们国家参与世界竞争所依靠的唯一的道路，国与国的交往很大程度上是实力的交往，实力决定了一个国家在国际社会上的地位，离开发展，就会在国际社会处于被动、不利的地位。只有迅速发展，提高我国的综合国力和地位。一方面，只有自己发展了、强大了才能在激烈的国际竞争中取得一席之地。发达国家在经济、科技方面有着强大的实力，处于比较高的发展水平。另一方面，世界并不稳定，经济、政治甚至战争的危机依然存在，而且在一定条件下还有可能扩展，只有加快发展自己，才能掌握主动权，增强社会凝聚力，保持国家的长治久安。充分展现社会主义的优越性，确立我国在国际上的地位。因此，发展速度成为一个关键问题。我们跑，别人也在跑，我们必须跑得比他们快，跑出发展的加速度。这就要求我们不仅要牢牢把握经济建设这个中心，而且要制定和实施确保国民经济持续、快速、健康发展的战略。

江泽民同志提出的“发展是党执政兴国的第一要务”是对邓小平同志提出的“发展是硬道理”的思想的一脉相承，是在邓小平思想基础上对新问题新情况的进一步探索和进一步发展。

---

① 江泽民文选(第3卷)[M]. 人民出版社，2006：118.

"三个代表"重要思想，其中第一条就是要代表先进生产力的发展要求，把发展先进生产力放在重要位置，发展集中表现为先进生产力的发展。马克思主义认为，生产力是推动人类社会进步的最终决定力量。邓小平曾经提出了关于社会主义建设的"三个有利于"的标准，其中首要的就是看是否有利于发展社会主义生产力。江泽民同志同样把先进生产力放在首位，并把发展作为党和国家工作的首要位置，放到关系党的执政地位的高度。中国共产党始终是中国特色社会主义的建设事业的领导核心，党的地位决定了它能否解决好我国的发展问题，是直接关系到十几亿人的生活水平和它自身事业兴衰的关键。十一届三中全会后，我们党始终坚持了以经济建设为中心，牢牢抓住经济建设这个中心任务，坚持"发展是硬道理"，使我国的经济有了持续的快速发展，人民生活有了极大的提高，综合国力上了一个新的台阶。巩固了党的执政地位，得到了广大人民群众的热烈拥护和大力支持。反观东欧剧变和苏联解体，他们社会主义道路的失败，一个很大的原因就是没有把发展问题解决好，广大人民群众的生活长期没有得到改善，因而得不到人民的支持，最终失去了共产党的执政地位，背离了社会主义道路，这个教训是非常深刻的，同样对我们国家的社会主义建设也是一个宝贵的经验。总结社会主义建设的中外经验教训，不难发现，把发展作为党执政兴国的第一要务，就是要始终紧紧抓住经济建设，把社会主义制度的优越性和坚持党的先进性，落实到发展先进生产力，实现最广大人民的根本利益上来。

当然，发展不仅仅是经济的发展，还是整个社会经济、政治、文化、社会的综合前进，江泽民同志提出的"发展是党执政兴国的第一要务"也不仅仅是经济的发展，而是经济、政治、文化、社会的全方位的发展，是社会主义物质文明、政治文明、精神文明的综合发展。全面概括了社会发展的全部内涵。推进社会的全面进步，这样才能从根本上巩固党的执政地位、历史地位，推动社会主义建设事业的不断进步。

## (二)把握发展机遇

加快发展，必须有机遇意识。机遇是宝贵的，机不可失，时不再来。古人云："难得而易失者，时也；时至不旋踵者，机也。故圣人顺时而动，智者因机而发。"一个民族，如果错失发展的良机，往往导致难以扭转的被动落后局面；如果善抓机遇、用好机遇，就能加快自己的发展，甚至创造后来者居上的奇迹。古今中外的许多事例都说明了这一点。对于中国这样的发展中大国来说，发展的机遇并不是很多。我们的发展能否加快，在相当大程度上取决于能否抓住历史提供给我们的机遇。江泽民特别强调经济发展中抓住机遇的重要性。江泽民指出"抓住机遇，加快发展，集中力量把经济建设搞上去，是我们坚定不移的方针。没有适当的发展速度，就会丧失机遇，这如同逆水行舟，不进则退。"①20 世纪 90 年代初，中国面临加快发展的历史机遇。各国特别是发达国家呈现出一种迅猛发展的态势，亚洲"四小龙"的发展势头远远超过我们，这是一种压力，也是一种动力。但 1989 年"六四"政治风波结束后，面对加快发展的历史机遇，有的人不以为然，有的人想走回头路。一直思考着怎样才能把国民经济尽快搞上去的邓小平，于 1992 年春视察南方并发表了重要谈话。这篇作为《邓小平文选》第三卷封卷之作的南方谈话，运用马克思主义的立场、观点和方法，深刻地分析了国际、国内形势，科学地总结了十一届三中全会以后党的基本实践和基本经验，明确地回答了多年来经常困扰和束缚人们思想的许多重大认识问题，党的十五大称之为"解放思想、实事求是"的宣言书。它的核心内容是：坚定不移地全面贯彻执行"一个中心、两个基本点"的基本路线，解放思想；实事求是，放开手脚，大胆试验，排除各种干扰，抓住有利

---

① 江泽民论有中国特色社会主义(专题摘编)[M]. 中央文献出版社，2002：90.

时机加快改革开放步伐，集中精力把经济建设搞上去。南方谈话时邓小平专门指出抓住机遇加快发展的重要性和紧迫性。邓小平指出："抓住时机，发展自己，关键是发展经济"；"现在，周边一些国家和地区经济发展比我们快，如果我们不发展或发展得太慢，老百姓一比较就有问题了"；"低速度就等于停步，甚至等于后退"；"要抓住机会，现在就是好机会"；"我就担心丧失机会"。① 谈话的这些内容，为党的第三代中央领导集体作出抓住机遇、加快发展的决策发挥了重大作用。

1992 年 10 月，党的十四大召开。大会作出了三项具有深远意义的决策：一是抓住机遇，加快发展；二是明确我国经济体制改革的目标是建立社会主义市场经济体制；三是确立邓小平的建设有中国特色社会主义理论在全党的指导地位。大会吹响了加快改革开放和现代化建设步伐、夺取中国特色社会主义事业更大胜利的进军号角，成为我国发展进入新阶段的重要标志。大会报告指出：经济落后就会非常被动，就会受制于人，这是被当今世界的现实和我国近代的历史清楚证明的。我国经济的发展速度不仅是关乎经济成长和人民生活改善而且是关乎政治大局和国家前途命运的大事情。党的十四大建议着手研究制订"九五"计划，提出我们应该在优化结构、提高质量、增进效益的基础上努力保持较快的发展速度，到 20 世纪末使我国综合国力和国民经济整体素质迈上一个新的台阶。以党的十四大为标志，改革开放和现代化建设进入一个加快发展的新阶段。"八五"计划时原定我国国民生产总值在 20 世纪 90 年代的增长速度为年均 6%，在党中央的强调和重视下，实际平均增速达到 9%。

2000 年 10 月，党的十五届五中全会召开。8 日，江泽民在召集的会议上阐明了"必须坚持用发展的办法解决前进中的问题"。江泽民指出："必须坚持用发展的办法解决前进中的问题。现在世界经济发展加快，各国都在寻求新的发展。新世纪之初，我们能不能搞得快一点，国

---

① 邓小平文选(第 3 卷)[M]. 人民出版社，1993：375.

内外都很关注。我国是发展中国家，又处在体制转换和结构调整时期，实现现代化建设的目标，解决经济和社会生活中存在的矛盾与问题，都需要保持较快的经济增长速度。而且，从经济基础、市场潜力和体制环境等方面看，我们也完全有条件实现较快发展。一定要有主动精神和忧患意识，抓住机遇而不可丧失机遇，开拓进取而不可因循守旧，加快发展壮大自己。"① 2002 年 11 月，党的十六大召开。大会报告再次强调了全面建设小康社会，需要抓住机遇加快发展。党的十六大报告指出：人类社会跨入 21 世纪之际，我国进入全面建设小康社会、加快推进社会主义现代化的新的发展阶段；综观全局，21 世纪头 20 年，对我国来说，是一个必须紧紧抓住并且可以大有作为的重要战略机遇期。大会报告强调：形势逼人，不进则退，必须抓住机遇加快发展，善于抓住机遇加快发展。

从党的十四大到十六大，党中央关于抓住机遇、加快发展的思想与实践一以贯之。这一过程，是力排干扰的过程，也是加快发展的过程。1989—2001 年，我国国内生产总值之所以保持了 9. 3% 的年均增长速度，是与党中央的机遇意识和发展的紧迫感分不开的。

### 三、扩大开放，促进发展

"中国的发展离不开世界"。邓小平的这一论述所揭示的中国发展与外部世界的关系是双向的。一方面，需要通过"引进来"，弥补我们在资金、技术、经验等方面的不足；另一方面，需要通过"走出去"，在国际范围解决我们发展所需要的市场、资源等问题。"引进来"与"走出去"有机结合，才是完整意义的对外开放。中国的对外开放，在 20 世纪 80 年代做的主要是"引进来"的工作，初步建立了全方位、多层

---

① 江泽民论有中国特色社会主义（专题摘编）[M]. 中央文献出版社，2002：91-92.

次、宽领域的开放格局。随着综合国力的增强和开放经验的积累，随着经济全球化的深入发展，进入20世纪90年代后，以江泽民为核心的党中央适时提出和实施了“走出去”的战略，把我国的对外开放推向了一个新的水平。

### （一）以更加积极的姿态走向世界

20世纪80年代，中国的对外开放取得了非凡的成就，极大地促进了改革与发展。90年代以来，经济全球化加速发展，世界经济进入一个新的发展阶段。在这个基础上争取更大的成就，要求我们以更加积极的姿态走向世界。党的十五大报告强调了进一步推进开放进程的重要意义。党的十五大报告指出：“面对经济、科技全球化趋势，我们要以更加积极的姿态走向世界，完善全方位、多层次、宽领域的对外开放格局，发展开放型经济，增强国际竞争力，促进经济结构优化和国民经济提高。”①

适应经济全球化发展的趋势，从改革开放与长远发展的需要出发，中国政府早在1986年7月就向关贸总协定提出了恢复中国该组织创始缔约方地位的要求。直到2001年11月10日18时38分，从卡塔尔首都多哈传来喜讯，漫漫15年的“复关入世”谈判之路走到了终点，中国终于成为世贸组织的一员。曾被龙永图称为“黑头发都谈成了白头发”的“入世”谈判历程，充分展示了我们党深化改革、扩大开放的坚定信心和主动参与国际竞争与合作的积极姿态。加入世贸组织，为我们以更加积极的姿态走向世界，既提供了机遇也提出了要求。加入世贸组织，是党中央的一项战略决策，必将对21世纪我国经济发展和社会进步产生重大而深远的影响。

伴随“入世”对我国经济体制改革环境带来的重大变化，我国的对

---

① 江泽民文选(第2卷)[M]. 人民出版社，2006：26-27.

外开放也正在经历一系列的重要转折：由有限范围、有限领域的对外开放格局转向全方位、全领域的对外开放格局，由以试点、试验和特区政策为特征的对外开放走向法律框架下的可持续发展的对外开放，由单方面自主的对外开放转变为与世贸组织成员之间相互协调、相互磋商和相互谈判的对外开放，由基于计划及体制转型为特征的对外开放转向以市场经济为特征的对外开放，由劳动力、资源密集型行业为主的对外开放转向与资金、技术、服务业并重的对外开放，由按照自己的时间表进行的对外开放转向适应经济全球化、一体化发展步伐要求的对外开放，由过多强调中国国情、中国特殊性的对外开放走向遵循国际通行的规范和惯例的对外开放，由过去 20 多年通过改革推动开放转向通过开放促进改革的历史新时期。党的十六大指出，我国加入世界贸易组织，有利于促进国内经济体制改革，推动经济结构的战略性调整和技术进步，提高国民经济的整体素质和竞争力。加入世贸组织，要与国际通行做法接轨，进一步融入世界发展的主流，已经并且必将继续给 21 世纪的中国政治、经济、文化、社会生活带来深远影响。

### (二)进一步提高“引进来”的水平

以 1992 年邓小平南方谈话和党的十四大为标志，中国的对外开放进入了一个新阶段，由已经基本形成的全方位、多层次、宽领域的开放格局，向沿海、沿江、沿边和内地省会城市的大开放格局发展。

第一，对外开放的领域和范围进一步扩大，至 1998 年，全国已建立了 5 个经济特区、32 个经济技术开发区、52 个国家级高新技术开发区。全国对外开放的市、县超过 900 个。第二，采取更加灵活的方式，拓宽利用外资形式，更多地吸收外资。利用外资的领域，经过试点扩大到金融、贸易、商业、交通、旅游和其他第三产业，适应扩大开放的要求和经济全球化的趋势，我国在第三产业领域的大门逐步敞开。第三，继续办好经济特区、沿海开放城市和沿海经济开放区，在这些地区按照发展外向型经济的要求调整产业结构和产品结构，提高档次和水平。第四，继续加快重大法规政策的出台步伐。为适应世界贸易组织的游戏竞争规则，我国修改的法律法规，大大小小地加在一起，约有2000条，其中以涉外法律法规为主。在废、改法律法规的同时，新的立法工作也在加紧进行。

中国的对外开放在20世纪90年代又上了一个大台阶。以人民币计算的进出口总额，“八五”时期是71498.2亿元，“九五”时期是147129.2亿元。以美元计算的实际利用外资额，“八五”时期是1610.6亿元，“九五”时期是2897.8亿元。

### （三）加快实施“走出去”的战略

对外开放初期，我们的国情决定了只能以“引进来”为主。随着国力的增强，必然要求扩大开放，把“引进来”与“走出去”结合起来。

进入20世纪90年代中后期，我国国内市场的供求关系发生了根本性变化，短缺经济的时代结束，相对过剩的时代已然到来。1997年9月，党的十五大提出了“鼓励能够发挥我国比较优势的对外投资”的战略设想。江泽民1997年12月接见全国外资工作会议代表时就指出“走出去”的重要性。1997年12月，江泽民在接见全国外资工作会议代表时指出：“‘引进来’和‘走出去’，是我们对外开放基本国策两个紧密联系、相互促进的方面，缺一不可。这个指导思想一定要明确。”①2000年2月，江泽民在广东考察时又强调要加快实施“走出去”战略。2000年2月，江泽民在广东考察时说：改革开放20多年来，我们的对外开放以“引进来”为主，随着我国经济水平的提高和现代化建设的推进，我们必须加快实施“走出去”战略，这同西部大开发一样，也是关系我国经济和整个现代化建设发展全局的大战略。江泽民还把“引进来”和

---

① 江泽民文选(第2卷)[M]. 人民出版社，2006：92.

“走出去”比作对外开放的两个轮子，强调它们必须同时转动起来，才是全面的对外开放。这样，“走出去”的战略基本形成，进一步完善了我国的对外开放战略。

由“引进来”进而“走出去”，是对外开放进入新阶段的重要标志，对于形成我们自己的大型企业和跨国公司、增强我国经济发展的动力和后劲、提高我国的国际影响力，都有重大的意义。

## 第四节　实现可持续发展的战略重点

20 世纪 90 年代以来，党中央先后制定了科教兴国战略、西部大开发战略，新型工业化战略、“引进来”与“走出去”相结合的开放战略、可持续发展战略等等。正是这些具体的战略，保证了经济体制改革与经济发展宏观战略的实现。本人认为，科教兴国战略，新型工业化发展战略，西部开发、以及开放战略等均属于部门或区域战略，而可持续发展战略是属于统领发展全局的战略，是科学发展观重大战略思想的重要组成部分，是提出科学发展观的战略前奏。进入 21 世纪以来，党和国家继续把坚持和实施可持展战略放在了国家发展战略的核心位置。贯彻落实可持续发展观，不仅是对世界发展潮流的回应，也是对我国现实发展状况的理性思考。在党的十六大以来，以胡锦涛为总书记的党中央在贯彻落实科学发展观的过程中，高度重视我国经济社会的可持续发展问题，将可持续发展放到了社会全面、协调发展的中心环节。因此本章将在科学发展观视角下分析这一阶段党的经济发展战略思想，重点呈现可持续发展战略。

1992 年，联合国在巴西召开了主题为“环境与发展”的各国首脑会议，通过了《里约环境与发展宣言》和《21 世纪议程》等重要文件。包括中国在内的与会各国首脑，一致承诺把走可持续发展道路作为未来长期的共同发展道路。实现可持续发展，是人类在经历惨痛教训后的新觉醒。

1992 年联合国里约大会结束后，中国政府立即开始行动，1994

年3月经国务院常务会议讨论通过了《中国21世纪议程》。其文本，既与联合国《21世纪议程》相呼应，又从中国国情出发，广泛吸纳和集中了政府各部门正在和将要实施的各类计划，阐明中国可持续发展的战略和对策，勾画了中国跨世纪的发展蓝图，具有综合性、指导性和可操作性，成为中国制订国民经济和社会发展中长期计划的指导性文件。

可持续发展战略是党的第三代领导集体对经济发展战略的一大创新。它由我国的现代化建设实践升华而形成，着重强调了要从传统的单纯追求物质财富的增长转移到人口、经济、生态环境协调发展以最终保证人类社会的可持续发展。党的十五大报告明确指出："我国是人口众多、资源相对不足的国家，在现代化建设中必须实施可持续发展战略。"

实施可持续发展，核心问题是实现经济社会与人口、资源、环境的协调发展。2002年3月，江泽民指出："为了实现我国经济社会持续发展，为了中华民族的子孙后代始终拥有生存和发展的良好条件，我们一定要高度重视并切实解决经济增长方式转变的问题，按照可持续发展的要求，正确处理经济发展同人口、资源、环境的关系，促进人和自然的协调与和谐，努力开创生产发展、生活富裕、生态良好的文明发展道路。"①党高度重视切实解决经济增长方式的转变，促进人和自然的协调与和谐，赋予可持续发展以方向性的重大意义。

## 一、促进经济增长方式的转变

改革开放以前，我国的经济增长方式基本上是粗放型的。由于工业基础薄弱、人民生活条件较差，改革开放初期，通过大量投资、上新项目、铺新摊子、扩大规模，可以迅速发展生产和改善人民生活。因而，

① 江泽民文选(第3卷)[M]. 人民出版社，2006：462.

粗放型增长方式有它存在的合理性，也发挥了一定的作用。然而，随着经济规模扩大，投入多、产出少的粗放型增长方式必然受到资源等因素的制约而难以为继。对于我们这样一个人均资源十分有限的国家，转变经济增长方式更是势在必行。

## (一)力求实现速度和效益的统一

经济增长方式的核心问题，是速度和效益的关系。速度与效益，相互制约，相互依赖。没有适度的增长速度，经济效益难以显现；速度较高而无效益，高速度也就失去意义。经验表明，生产力欠发达的国家讲发展，难就难在把速度和效益有机统一起来。

我国是一个发展中国家，经济发展速度始终是一个重要的战略问题，没有一个积极的发展速度，经济建设就不可能有台阶式发展。我国是一个人均资源占有量较低的发展中国家，经济发展效益同样是一个重要的战略问题。党的态度非常明确，既强调发展速度的重要性，也强调经济效益的重要性，力求实现速度和效益的统一。

党的十四大提出抓住机遇、加快发展的方针后，一些地方出现了经济过热的现象。江泽民针对这种情况，不回避问题，深刻阐明了转变经济增长方式的紧迫性。“中央作出的抓住机遇、加快发展的战略决策，既要求积极扩大经济的数量和规模，更在于显著提高经济的质量和效益。注重质量、讲求效益的增长速度，才是扎实的、没有水分的速度，也才是过硬的和有后劲的速度。这两年，各方面表现出的加快发展的强烈意识和巨大热情是十分可贵的，应当充分加以肯定。问题是，现在相当普遍地存在着盲目铺新摊子、片面追求产值速度的倾向；违背社会化大生产规律的‘小而全’‘大而全’现象，依然非常严重；建设资金使用过于分散，在加工工业和基础设施建设中都有不必要的重复建设。许多企业产品质量差，物质消耗高，资金周转慢，相互拖欠严重，损失浪费惊人。在经济高速增长中经济的质量和效益没有得到相应提高。有些反映经济效益的重要指标，不仅远低于发达国家和一些发展中国家，而且还低于我国历史上曾经达到过的水平。不坚决改变这种状况，就难以显著提高综合国力和现代化水平，也难以实现国民经济持续、快速、健康发展。”①

在推进经济发展的进程中，通过对我国多年建设的正反两方面经验的总结，以江泽民为总书记的党中央明确地用“持续、快速、健康”来要求我国经济发展，这是保持经济顺利运行的唯一正确的路子和方向。“持续、快速、健康”这六个字是相辅相成的统一整体。“健康”是“持续、快速”的保证，如果不“健康”，一旦发生了诸如经济过热和通货膨胀这样严重的问题，“持续、快速”就会被迫打断。坚持这六个字，目的是为了避免和减少经济工作的曲折，尽快把经济搞上去，更好地建设中国特色社会主义。

中共中央《关于国民经济和社会发展“九五”计划和2010年远景目标纲要的报告》指明了促进经济增长方式转变的主要途径：实现经济增长方式从粗放型向集约型转变，要靠经济体制改革，形成有利于节约资源、降低消耗、增加效益的企业经营机制，有利于自主创新的技术进步机制，有利于市场公平竞争和资源优化配置的经济运行机制。向结构优化要效益，向规模经济要效益，向科技进步要效益，向科学管理要效益。

### (二)优化产业结构，推动产业结构不断升级

世界工业化、现代化的历史就是产业结构随着技术进步而不断优化和升级的过程。经济整体素质的提高，经济增长的质量和效益的提高，都依赖于产业结构的优化和升级。

---

① 江泽民论有中国特色社会主义(专题摘编)[M]. 中央文献出版社，2002：96.

大力加强第一产业建设。党的发展思路是，第一，稳定和完善党在农村的各项基本政策；第二，调整农产品结构；第三，发展农业产业化；第四，把调整农业结构和生态环境保护结合起来；第五，加强农业基础设施建设；第六，实施科教兴农战略。

调整提高第二产业的基本思路是加强基础工业，振兴支柱产业，调整加工工业。“九五”计划指出：一是培育支柱产业。支柱产业是指在国民经济发展中能够起到关键作用，具有较强的产业关联度和较大的消费弹性的产业。根据我国的实际情况，我国在未来一个时期内应把汽车、机械、电子、建筑、石油化工作为支柱产业加以扶持发展；二是加强能源、交通、通信等基础设施和基础工业建设，使之与国民经济发展相适应；三是调整、改造、提高加工工业。

积极发展第三产业是提高经济效益和效率，缓解资金、资源供求矛盾，促进市场发育，扩大劳动就业的重要途径。生产性第三产业包括交通运输、邮电通信，需要加大投资力度；生活性第三产业，包括社区服务、洗澡理发、饮食、修理等，需要因势利导；中介性第三产业即与高度发达的商品经济运行密切相关的产业，包括金融、保险、房地产业、商业流通等，需要进一步理顺体制，深化改革；发展性第三产业，包括文化、体育、医疗卫生、教育等要理顺体制，加大投入；特殊性第三产业主要是指旅游业，这是我国的一个新兴产业，随着居民生活水平的逐步提高，旅游业将成为我国的支柱产业，需要适当超前发展。

### (三)制定合理的区域经济政策，促进区域经济结构合理化

由于历史、地理以及自然条件的影响，我国东部资源相对贫乏，但经济科技水平较高，加工水平较高，而中西部地区资源相对丰富，但经济水平相对较低，加工能力较低。因此要根据各地的资源、交通、地理位置等特点，建立起各地的优势和主导产业，促进区域经济结构合理化和各地区经济发展。

### (四)促进科技、教育与经济紧密结合

转变经济增长方式关键是要提高企业的技术创新能力，不断提高产品的技术含量。而技术创新的主体是掌握先进科学技术的高科技人才，培养人才需要教育，因此，实施科教兴国基础在教育，关键在科技。

### (五)规范产权制度，深化企业改革

转变经济增长方式对于企业是极为有利的，然而在我国却成了政府行为，企业成了被动的执行者。如何使被动化为主动，被迫化为自觉，关键在于规范企业产权制度，这是企业增长方式转变的基础。

## 二、控制人口数量，提高人口质量

### (一)严格实行计划生育

人口是经济可持续发展的关键。在制约可持续发展的诸多因素中，我们对人口问题的重视最早。

我国是一个拥有13亿之多人口的大国，人口基数大，新增人口多。十几亿人要吃饭，要生活。给资源和环境带来了空前的压力，所以实现可持续发展的头等大事就是控制人口数量并相应地提高人口素质。由于人口的特殊性，它既会促进可持续发展，又能制约可持续发展，但在我国，庞大的人口是我国实现可持续发展的很大障碍，可持续发展不仅是人口的的可持续发展，是人口、资源、环境的相互之间有协调的可持续发展。人口过多，人口过快增长很大程度上会对资源和环境造

成非常大的压力，因此，控制人口数量是我国实现可持续发展的必然要求。

人口增长和经济发展是相互影响的，其中人口增长会对经济增长所消耗的资源带来严峻的压力，给环境与资源的保护带来严峻的压力。如果这样的趋势继续下去，有些发展中国家将经历范围更广泛的贫困、营养不良和生活动乱。这确实是由于人口过快增长，所带来的经济不可持续发展的情况。在我国，许多资源储量在世界居于前列，但是除以我国庞大的人口基数，就处于世界的后列。这种情况下，必须控制人口的增长。人口的过快增长如果不加以控制就根本不可能实现可持续发展。巨大的人口压力，将会对社会、经济、资源、环境带来严重的后果，在人口大量增加的情况下，人们不得不对有限的自然资源进行过度的开发和利用，从而加剧资源的消耗，生态的破坏以及环境的污染。1998 年发生长江特大洪水，近些年来，北方沙尘暴频繁发生，这在不同程度上都是由于人口过快增长，为了解决吃饭问题，砍伐森林扩大种植面积，失去了森林涵养水土的能力，因此在北方干旱大风的气候下形成了严重的沙尘暴和土地沙化现象，在南方多雨的地方则化为大洪涝，教训极为深刻。

人口众多对我国实现社会主义现代化建设有着不可忽视的影响。为了控制人口数量，在改革开放之初，我们国家就制定了计划生育的基本国策。1982 年，党的十二大把计划生育确立为一项基本国策。严格控制人口的快速增长是事关民族发展未来的重大问题。我国是一个比较落后的发展中国家，国土辽阔、人口众多。再大的成就除以 13 亿都会变得微不足道，再小的问题乘以 13 亿都会举步维艰。江泽民同志在当时也曾指出："人口问题是制约可持续发展的首要问题，是影响经济和社会发展的关键因素。"因此，从本质上讲人口问题就是发展问题。我们要实现经济社会的可持续发展，必须合理控制人口规模。在中国当前庞大的人口基数面前，必须贯彻落实好计划生育的基本国策，同时还要不断提高国民素质。控制人口数量，提高人口质量是关系到民族繁荣、国家富强、子孙后代幸福的根本大计。

### （二）提高人口素质

在进行计划生育，控制人口盲目过快增长时，还要看到人作为经济社会发展推动者的作用，要关注人力资源的开发和利用。现代国家社会要发展，一个很重要的因素就是劳动者的知识技术水平，在某种程度上，人就是整个社会发展的决定性因素。劳动者的素质是千差万别的，在我们这样的发展中国家从劳动力的数量来看有着绝对的优势，不仅如此，还存在着巨大的过剩劳动力。但是从劳动力的结构方面来看我们国家的人口优势并不存在，高素质人才还比较缺乏，劳动者的素质还比较低下，所以必须提高人力资本，人力资本对可持续发展具有重要的意义。首先，人力资本是一种能动性资本，在经济发展中居于主导地位。通过人力资本的开发利用，使得人力、资源和环境得到有机合理配置，在可持续发展中协调运行。那种只注重物质资本投入，后果往往是自然资源的过度开采和生态环境的巨大破坏。而且，自然资源是有限的，人的潜力在某种程度上是无限的，所以决定了人力是可持续发展过程中最重要，也是最具有提升空间的资源，因此发掘人口的潜质是可持续发展的重要途径。教育成为提升人力资源的最为根本的途径，所以我们国家制定了科教兴国战略，人才强国战略，努力提高人民的文化素质。

1989—2001 年，人口自然增长率由 15. 04%下降到 6. 95%，基实现人口再生产从“高出生、低死亡、高增长”到“低出生、低死亡、低增长”的历史性转变。人口素质也有较大提高，到 2001 年，全国实现“两基”目标(“两基”是基本实施九年义务教育和基本扫除青壮年文盲的简称)的县已达 2573 个，“两基”人口覆盖率超过 85%，初中段入学率达到 88. 6%，青壮年文盲率下降到 5%以下，成人识字率达到 85. 5%；如期实现了“两基”目标。加之其他形式教育的加强，民众的科学文化素质有了很大的提高。①

### 三、加强污染治理和生态建设

环境保护是经济可持续发展的条件。在环境建设方面，国家出台了一系列重大举措：从对经济发展和人民生活影响比较大的环境治理抓起，推出了“33211”工程，即“三河”(淮河、辽河、海河)、“三湖”(太湖、滇池、巢湖)、“两区”(酸雨控制区和二氧化硫控制区)、“一市”(北京)、“一海”(渤海)环境重点治理工程。结合经济结构调整和压缩过剩生产能力，取缔、关停15种共8.4万多家污染严重的小企业，要求到2000年底所有工业企业的12种主要污染物均要实现达标排放、47个重点城市的环境空气和地面水环境质量要分别达到国家规定的标准。

在生态建设方面，国家投资数十亿元，在西部100多个县开展退耕还林、还草示范工程，将西部重点环保项目列为总投资约为2000亿元的《绿色工程规划(二期)》的重点，并将长江流域、黄河流域列入“十五”时期水污染防治的重点，着力推进四川生态省建设，治理重庆市和三峡库区、黄河中游的水污染和水土流失，对江河源头等生态脆弱区实行抢救性保护。统计表明，“九五”期间，我国国内生产总值年均增长8%以上，而全国主要污染物排放总量比1995年下降近15%，二氧化硫、烟尘排放量比“八五”末期下降15%~20%。我国环境状况开始发生积极变化，部分城市和地区的环境质量有所改善。②

党和政府高度重视可持续发展战略，制定和完善了120多部关于人口与计划生育、环境保护、自然资源管理、防灾减灾等法律法规，建立了中央政府和地方政府多部门参与、多层次运作的组织管理体系；中国

---

① 郭德宏，王海光，韩纲．中华人民共和国专题史稿 V[M]．四川人民出版社，2004：201，202.

② 高挺先．与时俱进的中国——党的十三届四中全会以来的历程[M]．山东人民出版社，2003：232.

加入了一系列国际公约，并决定核准《京都议定书》，积极参与国际环境合作；通过实施可持续发展战略，促进了国民经济的持续、快速、健康发展，推进了产业结构调整，遏制了人口过快增长的势头，降低了单位 GDP 的资源消耗量和污染物排放量。

为迎接 2002 年联合国可持续发展世界首脑会议，中国政府于 2001 年成立了会议筹委会和《中华人民共和国可持续发展国家报告》起草机构。经过一年的准备，《报告》于 2002 年 8 月公布。《中华人民共和国可持续发展国家报告》指出：我国虽然取得了巨大成就，但仍然是发展中国家，经济发展还没有摆脱粗放型增长方式，人口、资源、环境的压力始终存在。我们要继续坚持以人为本，以人与自然和谐为主线，以发展经济为核心，以提高人民群众生活水平为根本出发点，以科技和体制创新为突破口，不断提高综合国力和竞争力，全面推进经济社会与人口、资源、环境的持续协调发展，为在 21 世纪中叶实现现代化奠定坚实的基础。《报告》是《中国 21 世纪议程》颁布以来中国实施可持续发展战略的阶段性总结，阐明了我国进一步实施可持续发展战略的部署和政策措施。2012 年 6 月 20 至 22 日，联合国可持续发展大会在巴西里约热内卢召开，为做好参会筹备工作，2012 年 6 月 1 日，再次由国家发展改革委对外正式发布《中华人民共和国可持续发展国家报告》，本报告重点是总结 2001 年以来中国实施可持续发展战略付出的努力和取得的进展，客观分析存在的差距和面临的挑战，明确提出今后的战略举措，并阐明对 2012 年联合国可持续发展大会的原则立场。

## 本章结语

1992—2001 年，是中国构建社会主义市场经济体制的关键时期，也是中国经济发展跨世纪的时期，这需要党中央在领导经济体制改革和经济发展的过程中更加注重战略问题。这一时期，中国共产党在领导经济工作的过程中，逐渐实现了党与政府之间的分工，可以更集中精力关注经济体制改革与经济发展中的战略问题。这一时期，党中央注重制定跨世纪的经济发展战略，并着力推进这些战略的实施。

### 一、这一阶段党制定经济发展战略的思想特征

第一，注重战略的全面性。这一时期中国共产党制定与实施的经济战略涉及经济体制改革与经济发展等方面。在经济体制改革方面，党的十四届三中全会通过的《中共中央关于建立社会主义市场经济体制若干问题的决定》构建了经济体制改革的战略推进方略。在经济发展方面，党的十四届五中全会审议并通过的《中共中央关于制定国民经济和社会发展"九五"计划和 2010 年远景目标的建议》，对未来 15 年中国的经济和社会发展提出了完整的战略构想。

第二，注重发展战略的延续性和跨世纪的创新性。发展的战略方针体现一个国家经济发展的基本理念，是经济发展战略的灵魂，在发展战略方针上，党的第三代领导集体继续强调坚持以经济建设为中心，坚持改革开放，坚持四项基本原则，妥善处理好改革、发展和稳定的关系。

因此基于对发展战略方针的延续，本章在战略方针上没有再继续详述。在发展战略的目标和步骤制定上，党的十五大根据邓小平小康社会思想及其提出的第三步战略目标，正式提出21世纪新“三步走”的发展战略，这是对建设小康社会战略的总体规划，是党的第三代领导集体对小康社会思想的丰富和发展。发展的战略地位上，继续强调中国所有问题的解决都离不开发展，发展是党执政兴国的第一要务。发展的战略要求上，强调抓住机遇，深化改革，扩大开放，促进发展；在发展战略的实现关键上，按照社会主义建设的客观规律和中国的基本国情，赋予了可持续发展以方向性的重大意义。

第三，注重战略的具体化和落实。为了实现战略目标，党中央注重制定和实施具体的经济战略，将战略步骤落到实处。20世纪90年代以来，党中央先后制定了科教兴国战略、西部开发战略、农业农村发展战略、新型工业化战略、可持续发展战略等，通过一系列战略措施推进战略目标的实现。为了推进可持续发展，1994年3月获得批准后的《中国21世纪议程》成为中国制订国民经济和社会发展中长期计划的指导性文件。“十五”计划还具体提出了可持续发展各领域的阶段性目标，并专门编制和组织实施了生态建设和环境保护重点专项规划，在社会和经济的其他领域也全面体现了可持续发展战略的要求。

## 二、“中国梦”视角下对这一阶段经济发展战略思想的评价

江泽民作为党的总书记主持中央工作13年，提出“三个代表”重要思想，在国内外形势十分复杂、世界社会主义出现曲折的严峻关头，成功地把中国特色社会主义导向21世纪。这一阶段，以江泽民为总书记的党中央细化了邓小平的“三步走”发展战略，明确提出“两个百年”的奋斗目标，这是对邓小平第三步发展战略的具体化。深化小康社会目标，将其分为总体小康和全面小康两个阶段。两次党代会都强调“两个百年”的奋斗目标，为后来“中国梦”的提出奠定了思想基础。

江泽民不仅对未来中国发展的路线图和奋斗目标作了进一步深化，而且明确了后来提出的“中国梦”的主题。江泽民在2001年庆祝建党80周年的讲话中指出，我们开创的中国特色社会主义事业，为实现中华民族的伟大复兴开创了正确道路，希望广大青年为实现中华民族的伟大复兴而努力创造无愧于时代和人民的业绩。2002年，他在十六大报告中强调：我们党必须坚定地站在时代潮流前头，在中国特色社会主义道路上实现中华民族的伟大复兴。“全面建设小康社会，开创中国特色社会主义事业新局面，就是要在中国共产党的坚强领导下，发展社会主义市场经济、社会主义民主政治和社会主义先进文化，不断促进社会主义物质文明、政治文明和精神文明的协调发展，推进中华民族的伟大复兴。”①此后，党代表大会文献一直使用这个概念，学界开始研究这个概念内涵，媒体开始高频率地宣传这个概念。

长期以来，一方面党在制定经济发展战略中明确提出健康发展的要求，另一方面在具体落实的经济工作中存在着片面理解经济发展内涵的误区，主要表现在忽视经济结构的升级，忽视经济与社会生态的协调可持续发展，忽视经济成果的公平分配，片面的将经济发展理解为单纯的经济增长。这种认识导致经济工作的诸多失误。在1992年至2001年间这种片面认识明显开始改变。作为“集中力量，全面建设惠及十几亿人口的更高水平的小康社会”的发展阶段，以及“实现现代化建设第三步战略目标必经的承上启下的发展阶段”，必须为今后的经济增长留出充分的余地，以避免用传统经济发展方式推进。

这一时期，党中央已经明确确立了全面协调发展的指导思想，把经济发展定性为是经济总量增长和经济结构效率优化的有机统一，将经济发展与社会发展以及生态环境保护紧密结合起来。江泽民在庆祝建党80周年大会上的讲话中，明确提出了人与自然，经济、文化全面协调可持续的新的发展观。讲话指出“我们进行的一切工作，既要着眼于人

---

① 十六大以来重要文献选编(上)[M]. 中央文献出版社，2005：43.

民现实的物质文化需要，同时又要着眼于促进人民素质的提高，也就是要努力促进人的全面发展。这是马克思主义关于建设社会主义新社会的本质要求。”“要推进人的全面发展，就必须促进人和自然的协调与和谐”，“推进人的全面发展，同推进经济、文化的发展和改善人民物质文化生活，是互为前提和基础的。我们要在发展社会主义社会物质文明和精神文明的基础上，不断推进人的全面发展”。可持续发展战略是科学发展观重大战略思想的前奏。

但是，从整体上看，这一阶段党制定的经济发展战略，为推进全面协调可持续的发展有了好的开局，但还有待于在全面建设小康社会的进程中进一步落到实处。在现实的具体工作中，地方上的党和政府部门为了追求近期政绩，依然存在着片面追求经济增长，追求产值，忽视生态环境保护，忽视全面的经济发展，忽视可持续发展能力的培养。因此，在新的历史时期，如何有效防范发展的行为短期化倾向，真正坚持和落实全面、协调、可持续发展，还是一个有待于党解决的艰巨任务。

# 第五章

# 筑梦：党以科学发展观为主题的经济发展战略思想的新开拓

进入新世纪以来，经济全球化发展趋势更加显著，经济全球化发展要求我们必须着眼于世界经济发展总的变动趋势，准确把握其发展动向，来选择和实施我国的经济发展战略。我国经过三十多年的改革开放发展，也取得了巨大的经济成就，在全球化的背景下，要更好地借鉴世界经济发展的良好势头，采取相应的发展方式，实现我国经济的持续发展。

同时，在国民经济社会发展过程中存在的老问题依然突出，我国经济发展很大程度上还是粗放式的，低消费、高积累的经济运行格局依然没有得到根本改变，整体经济运行效率还比较低。经济发展过程中还出现了一些新的突出的问题，比如收入差距过大，生态环境问题没有得到有效的缓解，在一些地方还有进一步恶化的趋势，这些问题不是暂时的或偶然的，是在发展过中长期存在的。以胡锦涛为总书记的党中央领导集体根据我国发展的实际，从中华民族的长远利益考虑，及时提出了以科学发展观为主题的经济发展战略思想，着眼于把握经济发展的客观规律、创新发展理念、转变经济发展方式，科学分析了当前我国经济发展的阶段性特征。科学发展观是与毛泽东思想、邓小平理论、“三个代表”重要思想一脉相承又与时俱进的科学理论。回答了什么是科学发展，怎样实现科学发展这一重大的历史课题，成为指导我国社会主义发展建设的又一个重大战略思想。

中国梦筑就了当下中国人的社会理想信仰，科学发展观的提出与落实就是为了实现民族伟大复兴的“中国梦”。中国梦信仰赋予科学发展观话语体系目标性内涵，为科学发展增添了强大动力之源、科学发展观回答了为什么要科学发展，中国梦则要进一步回答科学发展的目标问题。科学发展观作为我们党的指导思想，为中国梦的实现提供了理论指导和路径选择，助力筑梦历程。

## 第一节　科学发展观战略思想提出的时代背景

2002 年召开的中国共产党第十六次全国代表大会，又一次实现了党中央领导集体的顺利交接。以江泽民为总书记的党中央把中国的社会主义现代化建设送入全面建设小康社会的新阶段。

### 一、科学发展观提出的国内背景

进入新世纪以来，我国社会经济随着工业化、市场化、国际化、信息化不断的推进，社会主义建设事业呈现出一系列新的阶段性特征，发展过程中出现了在一些领域和一些方面发展不够平衡的问题。

#### (一)社会结构发生巨大变化，贫富差距有拉大的趋势

随着几十年的发展变化，原来单一的以农业为主的社会经济结构发生了巨大的改变，各种性质经济的迅速发展伴随着各式各样的矛盾。旧的社会结构打破，新的社会秩序逐渐形成，各种利益关系交错复杂。社会收入分配体系的重大变化，也导致了贫富分化现象趋于严重，如果任由这种现象蔓延下去，将会导致严重的社会问题。

#### (二)经济发展受到资源环境的制约严重

在我国的长期发展过程中一直是高投入、高排放的粗放的生产方

式，经济的发展对资源的要求越来越大，改变这种现象不可能在很短的时间内得到实现。但是资源短缺的难题却已到来。《2011 中国国土资源公报》显示，目前我国大宗矿产品对外依存度居于高位。其中，石油、铁矿石对外依存度均达 56%以上。公报说，2011 年我国主要矿产品产量总体保持增长态势，供应能力得到提升，但大宗矿产品的供需缺口依然较大。2011 年，全国矿产品对外贸易进出口总额 9571 亿美元，同比增长 34. 3%。其中，进口额同比增长 34. 5%；出口额同比增长 33. 9%。原油、煤炭、铁矿石、铝土矿、锰矿、铬铁矿、镍矿等矿产品进口量较上年均有不同幅度增长。特别是煤炭，继 2009 年净进口之后，2011 年进口量达 22228 万吨，较上年增长 20. 3%。其中，石油对外依存度 56. 7%，铁矿石对外依存度 56. 4%。公报指出，2011 年，地质找矿工作上升为国家战略，地质矿产勘查投入持续增长，全年投资总额 1092. 3 亿元，同比增长 6. 7%；随着资源对外依存度的攀升，资源安全问题开始凸显。此外资源的短缺，环境生态的局部恶化，将会严重制约我国经济社会的发展。

### （三）各种社会矛盾和社会不稳定因素凸显

新兴市场国家突破人均 GDP1000 美元的“贫困陷阱”后，很快会奔向 1000 美元至 3000 美元的“起飞阶段”。但到人均 GDP3000 美元附近，快速发展中积聚的矛盾集中爆发，自身体制与机制的更新进入临界，很多发展中国家在这一阶段由于经济发展自身矛盾难以克服，发展战略失误或受外部冲击，经济增长回落或长期停滞，陷入所谓中等收入陷阱阶段。进入这个时期，经济快速发展积累的矛盾集中爆发，原有的增长机制和发展模式无法有效应对由此形成的系统性风险，经济增长容易出现大幅波动或陷入停滞。我国也面临着这种风险，必须警惕未来的经济发展面临的巨大挑战。

党的十七大报告客观指出，进入新世纪新阶段，我国发展呈现一系列新的阶段性特征。主要体现为：社会经济实力显著增强，但是生产力水平总体上还不够高，自主创新能力还不强，结构性矛盾和粗放的经济增长方式还未得到根本的改变；社会主义市场经济体制初步建立，同时影响经济社会发展的体制机制障碍依然存在，改革攻坚面临深层次矛盾和问题。人民生活总体上达到小康水平，同时收入分配差距拉大趋势还未根本扭转，城乡贫困人口和低收入人口还有相当数量，统筹兼顾各方面利益难度加大；协调发展取得显著成绩，同时农业基础薄弱、农村发展滞后的局面尚未改变，缩小城乡、区域发展差距和促进经济社会协调发展任务艰巨。社会活力显著增强，同时社会结构、社会组织形式、社会利益格局发生深刻变化，社会建设和管理面临诸多新课题；对外开放日益扩大，同时面临的国际竞争日趋激烈，发达国家在经济科技上占优势的压力长期存在，可以预见和难以预见的风险增多，统筹国内发展和对外开放要求更高。①

这些阶段性特征表明，我国社会经济发展还存在着一系列的问题，我国的基本国情没有改变，我国社会主义初级阶段的基本矛盾没有变，制约我国经济社会发展的种种不利因素迫切需要改变。

我国社会主义建设要经历漫长的时间，在不同发展时期会有不同的发展特征。只有准确把握好我国经济社会发展的阶段性特征，才能从实际出发，制定正确的方针政策，促进经济社会的又好又快发展。我国已经进入了发展的关键时期、改革的攻坚时期和社会矛盾频发时期。我国的发展既有无比巨大的生机和活力，也有人口增多、资源短缺、环境承受能力差等多方面的巨大压力；因此我国的发展既面临着前所未有的机遇，也有各种严峻挑战。

经济社会的发展建设不可能是一帆风顺的，发展中面临的困难也是千变万化的，新世纪新阶段我们的发展道路上还面临着各种各样的困

① 十七大报告辅导读本[M]. 人民出版社，2007：13.

难。如果这些难题得不到根本的解决，社会主义建设就不能取得良好的社会效果，经济社会发展就会走向歧途，发展成果也不能为广大人民所享有。

对此，科学发展观提出了全方面的根本性的解决方案，科学发展观着眼于实现经济社会又好又快发展，提出了统筹城乡发展、区域发展、经济社会发展、人与自然和谐发展、国内发展和对外开放，促进协调发展的新的战略方案，同时指明了我国实现经济社会全方位发展的正确方向，成为我国经济社会发展的重要指导思想。科学发展观是在正确把握我国基本国情和发展所面临的新困难新问题下提出的。

## 二、科学发展观提出的国际背景

马克思主义从来不拒绝人类文明发展的优秀成果，它之所以能够成为代表时代文明发展的最高成就，就是因为大胆地吸收了有史以来人类文明发展的全部成果，特别是近代资本主义发展所贡献的文明思想成果。

科学发展观的提出是在我国进行改革开放二十多年深入融入国际大环境、大背景的情况下，为了更好地发展我国社会主义经济，提高我国的综合国力，参与国际竞争合作的基础上提出来的，是建立在综合国内外发展的经验教训的基础之上的。从国际来看，科学发展观的提出吸取了国外经济发展建设的经验教训，并在一定程度上借鉴了国外社会发展的相关理论成果。

当代国外发展理论经历了不断演进、深化的过程，在不同的历史阶段呈现不同的特点，大体可以区分为四个发展阶段。

### (一)单纯经济增长的发展观

第二次世界大战结束以后，当人们从战争的噩梦中清醒过来，追求和平与发展就成为各国人民普遍的价值目标和实践方向。这一时期发展观的主要内涵，就是将发展等同于经济增长，又将经济增长归结为物质财富的增长。例如，罗斯托的《经济成长论》的主要观点就是将发展、现代性的本质等同于经济增长，而将发展经济学所指认的经济增长理论等同于发展理论和现代化理论。在他们看来，经济增长是一切发展的核心，只要将经济这块“蛋糕”做大，其他一切问题都会迎刃而解。但实际的结果表明，仅仅是经济增长并不能解决社会的主要问题。在这种单纯经济增长的发展观指导下，为了维持高速度的经济增长，物质资源被过量消耗，浪费惊人，环境污染日益加剧。许多发展中国家，经济确实是增长了，但社会的贫富问题并没有得到根本解决，结果是富者愈富、穷者愈穷。

### (二)社会综合发展的发展观

从20世纪60年代末到70年代末，一种新的发展观产生出来，即社会综合发展理论。这种理论扬弃了传统的技术决定论与工业化模式，引入了文化价值参照系，使发展的内涵不再囿于经济增长和技术进步，而是把它理解为社会、经济、政治、文化各子系统的相互促进，人们生活方式、心理层面与价值系统的重建。单纯经济增长的发展观之所以能够转化为社会综合发展论，不仅因为如果没有教育、文化、政治、社会诸方面与经济协调发展，社会将陷入无序和危机；还在于如果没有教育、文化、政治、社会诸方面的发展做坚实基础，根本不会有真正的经济增长和经济发展。发展应该包括五大特征：增长、公平、民主、稳定、自主。正是在对经济增长与社会发展的不一致和负相关现象的反思中，“发展是一个全面范畴”被提出来了。社会综合发展的发展观的出现，表明了人们对于发展问题认识上的重大进展。

### (三)以人为中心的发展观

20 世纪 80 年代，国外学者对社会的综合性发展问题又有了新的认识，找到了新的理论生长点："人的发展"作为发展本质，必将逐步取代"经济发展"和"社会发展"，进入一个更高、更新的研究层面。这一发展观强调人是发展的主体，也是发展的目的。经济的增长本身不是目的，目的在于使人自身得到完善和发展，推动人类文明程度的不断提高。发展不但要满足人们的物质需求，还要不断满足人们精神方面的需求；发展也不是少数人的发展，而是每个人都应当拥有平等的发展权利；发展不但是要逐步减少每个国家中的贫富差别和两极分化，它还包括要逐步消除发达国家与发展中国家之间的贫富差别和两极分化。1995 年，在哥本哈根举行了世界社会发展首脑会议。哥本哈根会议通过的《社会发展问题世界首脑会议宣言和行动纲领》指出："我们面临的挑战是建立一个以人为中心的社会发展框架"；"人是发展中心，我们的经济要更有效地为人的需要服务"，"社会发展的最终目标是改善和提高全体人民的生活质量"。自 1995 年哥本哈根世界峰会以来，越来越多的联合国发展机构都强调以人权为目标的发展，承认一切人在发展进程中所应享有的各项权利。

### (四)可持续发展观

可持续发展观是继以人的发展为中心的发展观提出以后又一种新的发展观。20 世纪六七十年代，人口、资源、环境问题日益突出，人类面临着生存环境的严重危机。在探索回答和解决这些全球性问题过程中，可持续发展观产生出来。20 世纪 80 年代后期至 90 年代初期，可持续发展理论正式诞生。可持续发展是人类探索社会发展道路和发展模式的一种全新思路，也是人类立足今天、放眼未来而努力追求的目标。

作为人类发展史上一场前所未有的思想变革，可持续发展为我们提供了一种全新的发展理念，不仅涉及人类未来的前途和命运，而且对人们的思维方式、生产方式和生活方式都将产生重大的影响。

但是，在现实发展中，不同国家由于国情的不同，各自采取的发展方式也有较大的差异。有些国家，片面追求经济的增长，忽视社会发展和社会公平。有的国家忽视对生态、资源、环境的保护，在经济取得一定发展之后，不得不回过头来重新解决因严重破坏资源环境造成的生态失衡等巨大难题。还有一些国家，片面发展经济，忽视社会发展中出现的其他问题，导致了经济结构失衡、贫富分化严重、失业现象严重、社会腐败、政局动荡的严重问题。这些现象在我们改革开放后的探索发展历程中也有不同程度的反映，中国共产党并没有粉饰太平，而是直面困难，提出了实现什么样的发展、怎样发展的时代发展新命题。

进入二十一世纪后，经济全球化趋势越来越得到加强，使得我国的社会主义现代化建设必须与全球化时代的大背景、大环境结合起来。我国的现代化，不仅仅是实现工业化，而是要以知识为主导的现代化。全球化浪潮的发展之下，世界经济贸易持续增长，外国资本与跨国公司在全球不断扩张，经济区域化发展迅速，新世纪我国发展面临着前所未有的机遇，也面临前所未有的挑战。结合国内外其他国家经济建设发展的经验和教训，当代世界的发展实践表明，实现发展并不仅仅是实现经济的快速增长，而是应该包括经济、政治、文化、社会的全方位的相互协调有序的发展，应该是实现人与自然和谐共处的可持续的协调的发展。我国是世界上最大的发展中国家，面临着要实现社会主义工业化和现代化的艰巨任务，同时面临着实现经济快速增长和保护资源环境的重要任务，这就决定了我们决不能走其他发达资本主义国家实现工业化过程中走过的弯路，而是要创造一条适合我国国情的发展道路。科学发展观是深刻总结世界各国在实现其发展的道路上的经验教训的基础上提出来的，它顺应了当今世界发展潮流，高度地反映了当今国内外有关发展的最新理念。

以胡锦涛为总书记的党中央领导集体，根据国内国际经济发展局势提出了科学发展观的理论，把我国改革开放和社会主义现代化建设的新的实践和理论推向了一个新的高度。对我国经济发展，实现社会主义现代化有着深远的指导意义。

## 第二节　科学发展观是全面建设小康社会的根本战略指南

胡锦涛指出："要抓住发展机遇、破解发展难题，把全面建设小康社会和社会主义现代化事业推向前进，关键是要坚持以科学发展观统领经济社会发展全局。"①科学发展观是全面建设小康社会的根本战略指南，对于推动经济社会科学发展、加快社会主义现代化建设具有长远的指导意义。

### 一、全面建成小康社会的奋斗目标

2000 年 10 月召开的中共十五届五中全会宣布，我国已经实现了现代化建设前两步战略目标，人民生活总体上达到了小康水平。从 21 世纪开始，我国已进入全面建设小康社会，加快推进社会主义现代化的新的发展阶段，也就是开始实施第三步战略部署的新阶段。

党的十六大作出一项重大战略决策，即在原定"第三步"即 21 世纪上半叶的 50 年中，划出其中的头 20 年(2001 年到 2020 年)，作为实现现代化第三步战略目标的承上启下的发展阶段。党的十六大明确提出了到 2020 年全面建设小康社会的目标。

党的十七大根据五年来小康社会建设新的进展以及党的指导思想的

---

① 十六大以来重要文献选编(中)[M]. 中央文献出版社，2006：1090.

发展，在中共十六大提出的目标基础上，提出了2010年全面小康社会建设新的更高要求：增强发展协调性，努力实现经济又好又快发展。转变发展方式取得重大进展，在优化结构、提高效益、降低消耗、保护环境的基础上，实现人均国内生产总值到2020年比2000年翻两番。社会主义市场经济体制更加完善。自主创新能力显著提高，科技进步对经济增长的贡献率大幅上升，进入创新型国家行列。居民消费率稳步提高，形成消费、投资、出口协调拉动的增长格局。城乡、区域协调互动发展机制和主体功能区布局基本形成。社会主义新农村建设取得重大进展。城镇人口比重明显增加。扩大社会主义民主，更好保障人民权益和社会公平正义……加强文化建设，明显提高全民族文明素质……加快发展社会事业，全面改善人民生活……建设生态文明，基本形成节约能源资源和保护生态环境的产业结构、增长方式、消费模式。循环经济形成较大规模，可再生能源比重显著上升。主要污染物排放得到有效控制，生态环境质量明显改善。生态文明观念在全社会牢固树立。①

在党的十六大确定目标的基础上，党的十七大在小康水平、发展方式、民生体系、文化社会发展，生态文明等方面提出了更新更高要求。

我们党在不同历史时期，总是根据人民意愿和事业发展需要，提出富有感召力的奋斗目标并团结带领人民为之奋斗。

全面建设小康社会是党的十六大提出的战略任务，从经济、政治、文化和可持续发展四个方面提出了全面建设小康社会的奋斗目标；十七大根据形势发展又从“五个方面”在十六大确定的目标基础上提出了更高要求，明确指出“确保到2020年实现全面建成小康社会的奋斗目标”。十八大从“五个方面”进一步充实完善了十六大、十七大确定的奋斗目标，再次发出了确保到2020年实现全面建成小康社会宏伟目标的动员令。

---

① 十七大报告辅导读本[M]. 人民出版社，2007：19、20.

十八大提出的全面建成小康社会的新要求包括：一是经济持续健康发展，实现国内生产总值和城乡居民人均收入比 2010 年翻一番；二是人民民主不断扩大，依法治国基本方略全面落实；三是文化软实力显著增强，社会主义文化强国建设基础更加坚实；四是人民生活水平全面提高，基本公共服务均等化总体实现；五是资源节约型、环境友好型社会建设取得重大进展。

党的十八大报告提出的全面建成小康社会目标的新要求具有五个鲜明特点：第一，保持发展战略目标的连续性。发展目标是长期性与阶段性的统一。党的十八大坚持在十六大、十七大确立的全面建设小康社会的总体目标基础上，根据新的情况新的条件变化对一些目标和指标进行调整和深化，提出发展改革继续深化的新要求。第二，发展战略的重点更具有针对性。当前和今后一个时期，我国经济社会发展中存在的突出矛盾和问题，是不平衡、不协调、不可持续问题，因此在发展攻坚克难的导向上，要把解决“三不”问题作为全面建成小康社会的主要着力点。第三，进一步明确深化改革开放的战略方针，突出改革开放在全面建成小康社会中的重要战略地位。以改革的办法解决发展前进中的问题，同时使社主义市场经济体制更加完善、各方面制度更加成熟更加定型，为全面建成小康社会提供强有力的动力和制度保障。第四，发展战略布局更全面。生态文明建设与经济建设、政治建社、文化建设、社会建设一道，在奋斗目标上完整体现了中国特色社会主义事业五位一体总体布局的要求。第五，两个“翻一番”的具体新要求，既关注民生又切实可行。十八大报告提出到 2020 年实现国内生产总值比 2010 年再翻一番，今后 9 年年均增长 7%就可实现，比较符合实际，这个增速也与“十二五”规划纲要一致。党的十八大报告提出城乡居民人均收入到 2020 年比 2010 年翻一番的新要求，这个目标体现了民生优先、惠民富民的政策取向，也顺应了广大人民群众过上更好生活的新期盼。今后 9 年城镇居民人均可支配收入比上年实际增长 7%，农村居民人均纯收入实际增长 6.7%，就可以实现这个目标。2011 年，城镇居民人均可支配收入扣除价格因素比上年实际增长 8.4%，农村居民人均纯收入实际增长 11.4%。① 因此，从近几年发展实际看，实现这个目标也是有把握的。

这些新要求，符合中国特色社会主义全面发展的内在需要，更加针对发展难题，更好顺应人民意愿，更具明确政策导向，既鼓舞人心又切实可行，必将极大鼓励全党全国各族人民为实现全面建成小康社会目标而努力奋斗。

## 二、科学发展观重大战略思想的指导意义

科学发展观，坚持以人为本的发展，坚持全面、协调、可持续的发展，坚持经济社会和人的全面发展，坚持统筹城乡发展、统筹区域发展、统筹经济和社会发展、统筹人与自然和谐发展、统筹对内发展和对外开放，深刻反映了我们党对发展问题的新认识，反映了当今世界和当代中国发展变化对党和国家的新要求。

### (一)科学发展观赋予马克思主义发展理论以新的时代内涵

科学发展观集中体现了指导发展的马克思主义世界观和方法论。发展观，既是人们对发展问题的总的看法，又是解决发展问题的总的方法，是关于发展问题的世界观和方法论的具体体现，对于发展实践具有全局性、长期性的重大影响。用马克思主义的立场观点方法认识发展问题、把握发展规律，体现为世界观；用马克思主义的立场观点方法解决发展问题、不断推进发展，体现为方法论。辩证唯物主义和历史唯物主义，全面分析了自然、社会和人之间的关系，科学揭示了自然、社会和思维发展的一般规律，深刻阐明了人民群众的历史主体地位、人的全面

① 张平. 全面建成小康社会奋斗目标的新要求[N]. 人民日报，2012-11-27.

发展是社会发展趋势等一系列根本问题，提出了客观地、联系地、发展地和全面地看待事物发展变化的辩证思维方法，为人们认识发展问题提供了科学的世界观和方法论。当代中国，实现经济社会又好又快发展，必须坚持以马克思主义的世界观和方法论为指导，搞清楚为谁发展、靠谁发展、怎样发展、发展什么等一系列重大问题。科学发展观坚持辩证唯物主义和历史唯物主义，创造性地回答了这些问题。

科学发展观正确把握了中国社会主义初级阶段条件下发展的各个要素及其体系，把发展作为第一要义，把以人为本作为核心，把全面、协调、可持续作为基本要求，把统筹兼顾作为根本方法，把速度质量效益相协调、消费投资出口相协调、人口资源环境相协调作为重要原则，追求经济建设、政治建设、文化建设、社会建设、生态建设的协调发展和全面进步。所有这些，都体现了马克思主义的世界观和方法论。特别是它坚持和发挥了唯物史观关于人民群众历史主体地位的原理，强调坚持以人为本的发展理念。以人为本，实质是以人民群众为根本。具体地说，就是为了人民推动发展，把实现好、维护好、发展好人民群众的利益作为发展的根本出发点和落脚点，这是发展的根本目的；就是依靠人民推动发展，充分发挥人民群众的积极性和创造力，这是发展的根本动力；就是把人民群众的满意程度作为衡量发展的最高尺度，这是发展的根本标准；就是把促进人的全面发展作为发展的前进方向，这是发展的根本目标。总之，科学发展观是我们党以马克思主义世界观和方法论为指导，创造性地思考和解决中国发展问题的最新思想成果，赋予马克思主义的发展理论以新的时代内涵。在新的历史条件下，运用马克思主义世界观和方法论指导中国的发展，必然要求树立和落实科学发展观。

### (二)科学发展观是指导当代中国科学发展的大思路

科学发展观是为回答当代中国发展一系列重大问题而形成的思想体系，是内涵深刻而丰富的指导当代中国科学发展的战略思路。

第一，坚持以经济建设为中心。之所以必须坚持以经济建设为中心，主要是由两方面原因决定的。一方面，经济建设是社会发展的基础。社会发展包括很多方面和领域。在众多方面和领域中，经济建设是前提，它提供社会发展的物质基础。缺乏必要的物质基础，社会发展的任何方面都无从谈起。因而，社会发展的历史首先是经济发展的历史，是物质生产方式发展的历史。这是唯物史观的一个重要原理。另一方面，当代中国的这个基础又恰恰比较薄弱。到2006年底，中国内地的人口为13.15亿，约占世界总人口的20%，而GDP仅占世界总量的5.5%左右，人均GDP只有世界平均水平的1/5。生产力不发达的基本国情，决定了我国社会的主要矛盾，即人民群众不断增长的物质文化需要和社会生产相对落后之间的矛盾。这个矛盾决定了党和国家必须长期坚持以经济建设为中心，把大力发展生产力作为根本任务。2007年6月，胡锦涛在中共中央党校省部级干部进修班上再次强调：发展对于全面建设小康社会、加快推进社会主义现代化具有决定性意义，解放和发展社会生产力始终是社会主义的根，要牢牢扭住经济建设这个中心，为发展中国特色社会主义打下坚实的物质基础。

第二，坚持经济社会协调发展。经济发展和社会发展，内在关系十分密切。经济发展是社会发展的前提和基础，也是社会发展的根本保证；社会发展是经济发展的目的，也为经济发展提供各方面条件。人民群众随着物质生活水平的提高，对精神文化、健康安全等方面的需求必然日益增长，更加要求社会与经济协调发展。如果社会事业发展滞后，经济也难以持续较快发展。改革开放以来，我国在经济快速发展的同时，各项社会事业建设也取得了重要成就。但总体上来看，社会发展仍然滞后于经济发展，存在着“一条腿长、一条腿短”的问题。经济的发展一般会带动社会的发展，同时也可能带来一些社会问题。若不加以统筹，社会问题积累到一定程度，势必拖经济发展的后腿。党的十六大就强调，全面建设小康社会、开创中国特色社会主义事业新局面，就是在中国共产党的坚强领导下，发展社会主义市场经济、社会主义民主政治和社会主义先进文化，不断促进社会主义物质文明、政治文明和精神文明的协调发展，推进中华民族的伟大复兴。坚持经济社会协调发展，实质在于在坚持经济建设这个中心的同时加快推动社会全面进步。

第三，坚持城乡协调发展。农业是国民经济的基础。没有8亿农民的小康，就不可能实现全面的小康；没有农村的现代化，就不可能实现全面的现代化。全面建设小康社会，重点在农村，难点也在农村。我们党历来重视“三农”问题，但由于种种原因，城乡差距、工农差距仍呈不断扩大的趋势。整体上看，无论是在东部、中部和西部之间，还是在东部、中部和西部内部，中国农民的生活水准、生存环境、发展机会，较之城市居民都存在着巨大的差距。农业基础薄弱、农村发展滞后、农民收入增长缓慢，已成为我国经济社会发展中亟待解决的突出问题，城乡差别和工农差别已成为全面建成小康社会的最大制约因素。坚持城乡协调发展，实质是解决好“三农”问题，促进城乡二元经济结构的转变。胡锦涛指出：“农业、农村、农民问题，始终是一个关系党和国家工作全局的根本性问题。特别是在我国进入新的发展阶段的情况下，切实解决好‘三农’问题具有更加重要的意义。”①

第四，坚持区域协调发展。地区经济发展不平衡是大国经济发展的普遍规律。由于各种特殊的原因，解决好我国区域发展平衡问题更是不易。改革开放以来，纵向比较，各个地区都有很大发展；横向比较，地区发展差距明显拉大。联合国开发计划署2005年的《人类发展报告》对中国的地区不均衡发展作了这样的描述：如果把贵州比作一个国家，它的人类发展指数刚刚超过非洲的纳米比亚；如果把上海比作一个国家，它的人类发展指数则与发达国家葡萄牙相当。地区发展不均衡，除了自然地理条件、原有经济基础、历史文化传统和市场潜力等方面的客观原因，也有经济体制、政策选择和发展战略等方面的主观原因。逐步扭转地区差距扩大的趋势、促进地区协调发展，不仅是重大的经济问题，关

---

①　十六大以来重要文献选编(中)[M]．中央文献出版社，2006：62.

系到现代化建设的全局，也是重大的政治问题，关系到民族团结，关系到边疆稳定，关系到国家的长治久安。统筹区域发展实质是发挥好各个地区的优势和积极性，在共同发展中加快欠发达地区的发展，逐步扭转地区差距扩大的趋势。

第五，坚持可持续发展。实现可持续发展，核心问题是实现经济社会与人口、资源、环境的协调发展。坚持可持续发展的必要性和可行性，是由人类社会与自然界的辩证关系决定的。马克思和恩格斯都十分关注发展中人与自然界的辩证统一关系。长期以来，我国在生态环境保护和建设方面作出了很大努力，取得了很大成就，但生态破坏和环境污染问题依然十分突出，生态环境总体恶化的趋势尚未被根本扭转，不仅严重制约着经济社会发展，而且严重危害了群众健康，也严重危害了公共安全，环境治理和生态保护的任务依然艰巨繁重。以经济发展方式为例，我国的经济增长长期以来过多地依靠扩大投资规模和增加物质投入，2004 年，日本用 20 亿吨自然资源创造了近 5 万亿美元国内生产总值，而我国用 50 亿吨自然资源只创造了约 1. 6 万亿美元的国内生产总值。① 这种以高投入、高消耗、高排放和低效率为特征的粗放型经济增长方式，必然使发展与资源、与环境的矛盾日趋尖锐。发达国家上百年工业化过程中分阶段出现的环境问题，在我国已集中出现。基本国情要求我们深化改革、转换机制、加强环境保护、转变济增长方式，从而要求我们坚持以人为本、全面协调可持续的科学发展观和改革观。良好的生态环境，是提高人们生存质量的重要基础，是经济社会可持续发展的重要依托，也是中华民族生存和发展的根本基础。胡锦涛指出："可持续发展战略事关中华民族的长远发展，事关子孙后代的福祉，具有全局性、根本性、长期性。实施可持续发展战略，促进人与自然的和谐，实现经济发展和人口、资源、环境相协调，坚持走生产发展、生活富裕、

① 徐崇温．把科学发展观贯穿到改革开放和现代化建设的全过程．光明网，2006-01-17.

生态良好的文明发展道路，是全面建设小康社会的必然要求，也是贯彻落实科学发展观的重要实践。各地区在推进发展的过程中，必须充分考虑资源和环境的承受力，统筹考虑当前发展和未来发展的需要，既重视经济增长指标、又重视资源环境指标，既积极实现当前发展的目标、又为未来发展创造有利条件。”①

第六，坚持以人为本的发展。坚持以人为本，是科学发展观的核心。如果说全面、协调、可持续发展是我们党关于发展的方法论的集中体现，那么以人为本则是我们党关于发展的世界观、历史观和价值观的集中体现。发展本身并不是目的，多属于途径和手段。社会主义社会发展的目的是实现人的全面发展，发展的价值要体现在人的发展上。因此，社会主义社会的发展必须坚持以人为本。坚持以人为本，既是实际工作中必须坚持的重要原则，又是经济社会发展的长远指导方针。从全社会范围来看，需要有相应的物质基础和社会条件比较充分地满足人们多方面需求和促进人的全面发展，这只能是一个不断进步和发展的过程。从人的全面发展来看，经济增长是首要条件但不是唯一条件，必须提高以人的生活质量为核心的人类发展水平，这也是一个不断发展进步的过程。现在我国还处于社会主义初级阶段，无论是上层建筑和生产关系的完善，还是物质财富积累和生产力的发展，尚难以实现人的全面发展和充分满足人们的多方面需求，需要处理好具体利益和人民群众根本利益、眼前利益和长远利益的关系。同时也要看到，我们党的执政要求和理念是以人为本，应当将之贯穿到经济社会发展的各个方面，从现在的具体事情做起，落实于我们的各项工作中。把发展的目的定位于造福全体人民，这就使我们党的发展观坚持了社会主义本质要求，具有与西方发展理论截然不同的价值取向。胡锦涛指出：“实现好、维护好、发展好最广大人民的根本利益，是我们推进改革开放和现代化建设的出发点和落脚点，也是贯彻‘三个代表’重要思想的必然要求。我们坚持立

① 十六大以来重要文献选编(中)[M]. 中央文献出版社，2006：69、70.

党为公、执政为民，坚持权为民所用、情为民所系、利为民所谋，必须体现在不断满足人民群众的经济、政治、文化利益上，体现在做好关心群众生产生活的各项工作上，体现在为人民群众办实事、办好事上。”①

不难看出，科学发展观是在总结经验基础上对发展规律的阐述，正确回答了发展道路和发展模式问题，为中国梦的实现树立了科学的指针。第一，强调发展为了人民、发展依靠人民、发展成果由人民共享，通过发展实现共同富裕，使经济社会发展与增加人民福祉结合起来，使国家现代化道路和中国人民幸福安康的道路合为一体。这样，中国梦真正成为全体中国人民的梦，每个中国人成为“梦之队”的一员，13 亿人民的创造性劳动热情激发出来，国家经济社会发展就会得到不竭的动力。第二，13 亿人口的大国逐步摒弃工业化时代“攫取、生产、废弃”的线性生产方式，转而采取保护环境、节约能源的循环生产，不仅能够建设“美丽中国”，也将开启生态文明的新时代，人真正成为与自然和谐相处的“天人合一”的“人”，而不再是单纯的“消费者”。② 这对世界的可持续发展是贡献，也会树立值得效仿的榜样。第三，先进文化建设培育的“中国精神”，对内凝聚人心、鼓舞人民团结奋斗，对外强调和平友好互助共赢，既坚持自信自强，又主张谦虚合作，它是中国的，又是世界的，能够为世界人民所理解和接受，有助于世界的共同繁荣，因而将极大地增强中国文化的吸引力。具备这三条，21 世纪的“中国梦”就会真正梦想成真！

---

① 十六大以来重要文献选编(中)[M]. 中央文献出版社，2006：68.

② 与彼得·圣吉对话学习型政党. 理论网，2010-10-27.

## 第三节　实现科学发展新局面的战略思维

### 一、坚持以科学发展为主题

党的十七大报告明确阐明了科学发展观的指导意义。党的十七大报告指出：科学发展观是对党的三代中央领导集体关于发展的重要思想的继承和发展，是马克思主义关于发展的世界观和方法论的集中体现，是同马克思列宁主义、毛泽东思想、邓小平理论和“三个代表”重要思想既一脉相承又与时俱进的科学理论，是我国经济社会发展的重要指导方针，是发展中国特色社会主义必须坚持和贯彻的重大战略思想。2010年10月召开的十七届五中全会进一步指出：以科学发展为主题，既是“十一五”建设的根本经验，也是“十二五”发展的必然要求。十八大报告更是把科学发展观确立为党必须长期坚持的指导思想，必须把科学发展观贯彻到我国现代化建设全过程，体现到党的建设各个方面。这符合党心民心，符合时代潮流，关系改革开放和现代化建设全局，对于实现“十二五”经济社会又好又快发展，全面建成小康社会具有十分重要的指导作用和现实意义。

#### （一）把握科学发展观的内涵

科学发展观作为马克思主义中国化最新成果，内容丰富，思想深刻。党的十七大报告指出："科学发展观，第一要义是发展，核心是以人为本，基本要求是全面协调可持续，根本方法是统筹兼顾。"这一精辟论断是对科学发展观思想内涵的鲜明、深刻、全面的概括，充分反映了我们党在发展问题上的新认识，准确把握了我国经济社会发展进入新世纪新阶段的新要求，提纲挈领，切中实质。

第一，要紧紧抓住发展这个第一要义。

马克思主义认为，人类社会发展的最终决定力量是生产力的发展。发展是当代中国的主题，也是党执政兴国的第一要务。社会主义现代化必须建立在发达的生产力基础上。在国际综合国力竞争日益激烈的形势下，我国处于并将长期处于社会主义初级阶段的基本国情没有变。只有坚持以经济建设为中心，才能保证综合国力不断增强，才能为全面、协调发展打下坚实的物质基础，才能使前进道路上的问题和矛盾更好地解决，才能使社会主义现代化的宏伟目标和全面建成小康社会得以胜利实现。因此，坚持以经济建设为中心，把重要战略机遇期紧紧抓住和切实用好，大力促进社会生产力的解放和发展，对加快我国实现现代化具有重大战略意义。党中央再三强调，紧紧扭住经济建设这个中心不放松，全党、全国都要增强促进发展的紧迫感，努力促进国民经济又好又快发展。

第二，要深刻领会以人为本这个核心。

树立科学发展观的统领地位，要求在发展的各项工作中努力践行以人为本的发展理念。2005 年 4 月，胡锦涛在主持中共中央政治局第 21 次集体学习时就强调，要坚持以人为本，以实现人的全面发展为目标，不断满足人民群众日益增长的物质文化需要，让发展的成果惠及全体人民。我国是社会主义国家，我们的发展不能以牺牲精神文明为代价，不能以牺牲生态环境为代价，更不能以牺牲人的生命为代价。以科学发展观指导改革，党中央强调要把改革的力度、发展的速度和社会可承受的程度统一起来，把改革决策的科学性、改革措施的协调性、改革利益的普惠性统一起来，充分尊重和发挥人民群众的创造性作用，努力使改革的成果惠及亿万百姓。把经济、政治、社会发展归宿于民，这是中国共产党作为执政党追求的价值坐标。

第三，要充分体现全面协调可持续这个基本要求。

全面发展强调科学处理经济发展与社会整体发展的关系。改革开放30多年来，我们在发展问题上也有着许多经验教训，我们所得到的基本启示就是：社会主义社会的发展并不是单纯地追求经济指标的增长，而是要在经济发展的基础上促进社会的全面发展、全面进步，是要推动整个社会走上生活富裕、生产发展、生态良好的文明发展道路，是要推进和实现全面建设小康社会的目标，是要保证经济发展与环境、资源、人口之间的和谐统一，最终目的则是要实现人的全面发展。社会生力的发展是人类社会进步最基本的动力，经济发展是人类社会发展的基础。因此，以经济建设为中心、重视经济发展，是我们解决中国社会一切矛盾的基本前提。但经济发展从来不是孤立进行的，经济的发展也并不是社会发展的根本目的。经济的发展从来离不开文化、科技、教育、政治等事业的发展，没有文化、科技、教育的发展，没有社会条件的改善，经济的发展就缺乏动力，也难以持久。同此，必须在经济改革过程中，抓住适当的时机，有计划、有步骤地展开其他领域的配套改革，使各个领域的改革相互配合、相互协调，保持大体同步发展。

协调发展强调科学处理重点发展与平衡发展的关系。由于“单打一”、片面性的思维方式作怪，实践中过分强调经济发展，忽视其他领域发展，违背协调发展的想法与做法在各级领导干部中根深蒂固、比比皆是，造成了近年来社会发展失调问题越来越突出。比如，区域发展不协调、城乡发展不协调、对外开放发展与国内发展不协调，以及人与自然发展不协调等严重的问题。这些发展中的不协调问题，严重制约着我国经济社会的持续、健康发展。协调发展，是对长期以来我国社会发展经验教训的深刻总结。科学发展观将协调发展作为重要的发展理念，正是针对解决当前发展中出现的这些不协调问题而提出的。

可持续发展强调科学处理当前发展与长远发展的关系。可持续发展观的提出，实质是解决社会怎样发展的问题，解决社会现实发展和未来发展的关系问题。用可持续发展的观念来调整我们的发展思路，把人口、资源、环境问题摆到发展的突出位置上，逐步摸索出一条适合于我国国情的可持续发展道路，这是当前我国经济发展中十分紧迫而重要的课题。实施可持续发展，处理好社会发展与自然资源有效利用和生态环境保护的协调关系，关键是要建立实现和保证社会可持续发展的有效机制，比如，加强生态环境保护和建设，建设环境友好型社会；加快转变经济增长方式，大力发展循环经济；向可持续的消费方式转变，建设资源节约型社会。

第四，要始终坚持统筹兼顾这个有利于经济社会又好又快发展的根本方法。

统筹兼顾作为我们党的一种重要的思想方法、工作方法，它不仅是指协调好社会发展中的各个环节，还包含着协调各方面利益关系。统筹兼顾是贯彻落实全面、协调、可持续发展观的必然要求。十七届五中全会也进一步强调，坚持科学发展，要更加注重统筹兼顾。做好统筹兼顾工作，从经济社会发展领域来说，主要是区域、城乡、人与自然、经济与社会之间的关系：统筹城乡发展，实现城乡经济社会一体化；统筹区域发展，实施区域发展总体战略，形成优势互补、共同发展的新格局；统筹经济社会发展，实现经济发展与社会进步的有机统一；统筹人与自然和谐发展，走文明发展道路。从国家和政府管理领域来说，主要是中央和地方之间的关系：统筹中央和地方关系，既维护中央的统一领导，又要更好地发挥地方积极性。从分配领域来说，主要是集体利益和个人利益、长远利益和当前利益、整体利益和局部利益之间的关系：就是要着力解决好人民最关心、最现实、最直接的利益问题，切实维护好最广大人民的根本利益。从国际交往领域来说，主要是国内与国际之间的关系：统筹国内国际两个大局，要善于应对风险挑战，营造良好的国际环境。

### （二）领会科学发展观的实质

从科学发展观的内涵，我们对于科学发展观的实质可以作以下几点把握：

第一，科学发展观是一个求实的发展观。进入新世纪新阶段，随着改革开放的不断深入，发展环境、条件发生变化，发展的质量要求更高。科学发展观要求我们既坚持以经济建设为中心，又坚持以人为本，既关注社会全面发展，还关注社会可持续发展。科学发展观之所以科学，就在于它来自于实践，密切结合新的发展实践，进一步全面回答了实现什么样的发展、怎样发展等重大问题，是对客观规律的认识和总结。

第二，科学发展观是一个积极的发展观。科学发展观要求实现经济社会又好又快的发展。它强调和重视发展，而不是否定和减缓发展，只不过更加强调发展要“好”字当头，做到又好又快的发展。为此，必须更好地实施可持续发展战略、科教兴国战略、人才强国战略，着力转变发展方式、把握发展规律、破解发展难题、创新发展理念、提高发展效益和质量，实现又好又快发展，为中国特色社会主义事业的和谐发展、和平发展、科学发展打下坚实基础。

第三，科学发展观是一个辩证的发展观。科学发展观不但强调发展要全面协调可持续，而且强调要用系统辩证和统筹兼顾的思想方法来正确认识和处理发展中的各种关系。为此，我们在新的历史起点所追求的发展，是联系的而不是孤立的，是全面的而不是片面的，是可持续而不应是竭泽而渔、不计代价、不能持续的发展，是以人为本的科学发展，是在科学发展道路上不断前进的发展，是社会成员团结和睦、各方面事业有机统一的和谐发展，是通过自身发展达到维护世界和平目的的和平发展。在实际工作中，坚持科学的思想方法和思想路线，科学分析我国发展进程中面临的各种新问题新情况，促进现代化建设各个方面、各个环节相协调，促进生产力生产关系、经济基础与上层建筑相协调，做到妥善处理各种利益关系，总揽全局、协调各方，使经济社会发展的突出问题得以顺利解决。

第四，科学发展观是一个历史唯物主义的发展观。以人为本是马克思主义历史唯物论的基本原理。我们党强调发展必须"以人为本"。归根结底，促进"人"的全面发展才是发展的目的，通过发展，人民群众的经济、政治、文化权益得以保障，人民群众日益增长的物质文化需要得以满足，发展的成果惠及全体人民。这是我们党的"立党为公、执政为民"的根本宗旨和必然要求，是社会主义本质在发展观上的具体体现。落实科学发展观，首先就要抓住"以人为本"这个核心理念。

第五，科学发展观重大战略思想的精神实质是解放思想、实事求是、与时俱进、求真务实。

科学发展观不是口号，是指导发展的科学理念；科学发展观也不是对过去的发展理论的全盘否定，是与时俱进的理论，是马克思主义中国化的最新成果。我们过去"以经济建设为中心"，"坚持发展就是硬道理"，导致了片面追求经济总量增长和发展的高速度，在实践中造成了较大危害，如物质文明、政治文明、精神文明不能同步发展；城乡差别不断扩大；贫富差距进一步扩大；生态环境没有得到有效保护。因此，针对这些现象，科学发展观不是对过去的发展理论的否定，而是进一步创造性地回答了为谁发展、靠谁发展、怎样发展、发展什么的重大问题。科学发展观是我们党十六大以来马克思主义中国化的理论创新成果，它解决的是新世纪新阶段中国特色社会主义事业如何进一步发展的问题，是中国特色社会主义理论体系的最新成果。科学发展观不只是赋予马克思主义发展理论以新的实践要求和时代内涵，还创新了发展的方法论和世界观，它用一系列新观点、新思想、新论断丰富和发展了中国特色社会主义理论体系，把中国特色社会主义事业推向了一个新的发展阶段。我们应把科学发展观放在整个中国特色社会主义理论体系中，认识其解放思想、实事求是、与时俱进、求真务实的精神实质。从整个中国特色社会主义事业的发展来理解“科学发展观重大战略思想”的历史地位和指导意义。

### （三）开创科学发展新局面

根据党的十七大和十八大的部署，科学发展新局面包括下述十个方面的内涵：一是经济增长新动力，即不断扩大内需及其拉动力，着力激发各类市场主体发展新活力，保持经济持续健康发展；二是“三农”工作新格局，即以建设农业强国和农民美好家园为目标推进“三农”工作；三是产业体系新重点，即围绕发展战略性新兴产业和建设制造强国为核心构建具有竞争力的现代产业体系，着力构建现代产业发展新体系；四是区域协调新格局，即构建协调发展的区域发展体系和城市体系；五是生态文明新指向，即以提高生态文明水平为目标推进美丽中国建设，资源节约型环境友好型社会建设取得重大进展；六是创新驱动新动力，即将科教兴国和人才强国两大战略推进整合起来，充分发挥战略合力，着力增强创新驱动新动力；七是社会建设新重点，即以构建围绕民生的基本公共服务体系为核心全面推进社会建设和社会事业发展，人民生活水平全面提高；八是文化发展新要求，即以提高国家文化软实力为基点推进文化事业、文化产业发展，推进文化体制改革，文化软实力显著增强；九是体制改革新重点，即将改革重点从经济体制领域逐步推向政府自身改革；十是对外开放新战略，即在引进来的基础上，加快走出去的步伐，着力培育开放型经济优势。

## 二、坚持以加快转变经济发展方式为主线

以加快转变经济发展方式为主线，是推动科学发展的必由之路，符合我国基本国情和发展阶段性新特征。加快转变经济发展方式是我国经济社会领域的一场深刻变革，必须贯穿经济社会发展全过程和各领域，

着力提高发展的全面性、协调性、可持续性，坚持在发展中促转变，在转变中谋发展，实现经济社会又好又快发展。

### （一）传统的发展方式已难以为继

新中国成立60多年特别是改革开放30年来形成的传统发展方式已经形成“八高八低”的特征，即高投资低消费、高制造低服务、高增长低就业、高消耗低效率、高污染低涵养、高外需依赖低内需拉动、高经济增长低社会发展、高福利流失低国民实惠。当前，这种发展方式已经遇到八个刚性边界约束，即资源边界约束、生态边界约束、成本边界约束、人口红利边界约束、市场边界约束、安全边界约束、社会边界约束、地缘政治边界约束等，已经难以支撑中国未来的发展。①

经济发展方式转变指明了这样一个事实，即经济的发展不是以拼资源、拼能源、恶化环境和破坏生态为代价，而是要处处考虑可持续发展。尽管科学发展观为中国经济的发展指明了方向，但是关于如何落实科学发展观，切实做到经济的和谐持续发展却是困扰中国共产党多年的难题。在对中国经济发展的经验和教训的总结中，中国共产党提出了经济发展方式转变的总要求。经济发展方式的转变不仅是中国共产党全面贯彻和落实科学发展观的重要手段，更是科学发展观在中国经济社会发展的实践中的具体化和深入化。

### （二）加快经济发展方式根本性转变的战略重点

一是加快经济体制改革步伐，为加快经济发展方式转变注入改革创新的强大动力。

经过10年的努力，社会主义市场经济体制已初步建立，为深化改

---

① 参见赵凌云．中国发展过大关[M]．湖北人民出版社，2008：第三章．

革提供了一个新的历史起点。2003 年 10 月，党的十六届三中全会通过了《中共中央关于完善社会主义市场经济体制若干问题的决定》。“完善”，更多的意义是攻坚。社会主义市场经济体制的初步建立，意味着改革已经取得重大进展，剩下的需要完善的都是一些更为复杂的深层次问题，触及的面比较宽，涉及的利益比较深，如国企改革、垄断行业改革以及政府改革，都成为深化改革的攻坚难题。城乡改革之间、经济不同领域改革之间、社会改革与经济改革之间、政治体制改革与经济体制改革之间协调推进，是下一阶段改革的新特点；推进国有垄断行业的市场化进程、加快国有金融机构改革、转变政府职能、打破城乡分割格局，是向计划经济体制核心部分发起“攻坚战”的四个方向。未来改革的实施策略，既需要统筹规划、协调推进，也需要审时度势、不失时机地实现改革的重点突破。循序渐进和重点突破相辅相成，既可减少社会震荡，又可避免重大改革久拖不决。“十二五”规划纲要，对包括这些方面改革在内的整个经济体制改革进行了全面部署。总之，贯彻落实科学发展观，实现经济发展方式根本性转变，要求我们必须做好完善社会主义市场经济体制这篇大文章。

二是全面提高开放型经济水平，为加快经济发展方式转变提供改革创新的有利环境。

随着我国加入世贸组织，我国呈现了全方位开放的局面，国内市场和国际市场的联系更趋紧密，国内经济和国际经济的互动进一步增强。对我国的改革、发展来说，既带来了难得机遇，也提出了严峻挑战。怎样以更加积极的姿态走向世界，充分利用国际国内两个市场、两种资源，在激烈的国际竞中掌握主动权，推动我国经济又好又快地发展，是新一届中央领导集体思考的又一个重大问题。其一，着力转变对外贸易增长方式。我国是贸易大国，但出口主要依靠低成本、数量扩张的方式没有得到根本改观，负担了过多的人力和资源成本，盈利空间却微乎其微。因此对外贸易中，在充分发挥我国比较优势的同时，扩大附加值高的高新技术产品出口，提高对外贸易的质量和效益，优化对外贸易结构，提高出口竞争力，进一步实施以质取胜的战略。其二，着力提高利用外资的质量和水平。不断优化引进外资的结构，提高利用外资的水平，从我国发展的需要出发，加快相关的法律法规和政策措施进一步完善的步伐。以提高自主创新能力为出发点，把引进外资着重用于提升国内产业结构和企业技术水平，做好引进技术的消化吸收和创新提高。其三，着力实施“走出去”战略。进一步完善对外投资的法律法规和服务体系，赋予企业更大的境外经营管理自主权，健全风险防范机制，促进形成“引进来”和“走出去”有机结合的双向对外开放格局。比如，为了建立多元、稳定、可靠的能源资源供给保障，重点支持能源资源企业走出去。其四，着力深化涉外经济体制改革。要加强对外开放的制度保障，创造良好法治环境，完善公平贸易政策，规范市场运行秩序，健全市场信用体系，改进市场监管体系，形成稳定、透明的涉外经济管理体制。

### (三)加快经济发展方式根本性转变的战略方向

一是要推进外源发展到内外结合、内外兼修的发展的转型，构建现代化的内生基础。后发国家现代化一般都是外源起步，内生推进。现代化到一定时候，需要内生动力。当前，中国要逐步改变片面依赖外部技术、外部市场、外部资本的外源性发展模式，培育国内市场，扩大国内需求，推进自主创新，加快全民创业，实现内外兼修的发展。

二是推进产业技术从低端到高端的升级。加快传统产业的技术改造，抢占一批新技术和战略性新兴产业的制高点，力争在新一轮国际产业分工体系中占据有利位置，在国际产业链条中提高档次，在国际经济体系中提升竞争力。

三是从片面依赖投资转向依靠投资消费双轮驱动，形成中国发展强劲的拉力结构。当前，消费不足已经成为经济发展拉力系统的薄弱环节。2003 年至 2007 年，投资增长率一直高于消费增长率一倍以上。因此，要努力构建可持续消费扩张体系，确保经济社会发展的内生拉力。

中国经济的部分指标已于2011年出现拐点：消费占GDP比重停止连续11年的下降；经常项目顺差与GDP之比从近12%的历史高点降至约2.7%，同期贸易顺差与GDP之比从7.5%落至2.1%，该数值已经低于国际货币基金组织测算的衡量一国经济内外部失衡的标准线。①

四是加快民富进程，实现财富重心从国家到民众的转变。现代化国家经验表明，民富的财富效应大于国富，因为在市场经济条件下民间财富能有效成为创造财富的财富。因此，要努力提高国民收入分配中居民收入的比重，提高初次分配中劳动报酬的比重，确保居民收入增长与经济发展同步，劳动报酬增长与劳动生产率同步。2012年前三季度，中国城乡居民人均收入增速自上世纪90年代以来首次双双高于经济增速。②

五是要实现城乡分割发展到城乡一体化发展的转变。当前，中国的城市化率只有47%左右，严重滞后于工业化，城乡收入差距突破3∶1的程度。然而，城市化率45%往往也是城市化加快推进的契机。要利用这一契机，加快推进城镇化，特别是加快推进城乡公共服务均等化和整体城乡一体化进程，加快实现工业化、城镇化与农业现代化"三化同步"进程。③

传统发展方式深深植根于原有的政治体制、经济体制、政府体制，具有根深蒂固的基础，同时和改革开放以来形成的利益格局密切关联，转变受到现有利益格局的制约。因此，传统发展方式的转变是一个包括制度框架、体制机制、观念体系在内的逻辑整体，其转变是牵一发而动全身的系统工程。加快转变发展方式是一场深刻的变革，加快经济发展方式转变任重而道远。

---

① 中共首次明确提出居民收入倍增目标．新华网，2012-11-08.

② 中共首次明确提出居民收入倍增目标．新华网，2012-11-08.

③ 赵凝云．中国共产党经济工作史[M]．中国财政经济出版社，2011：610.

## 三、坚持中国特色社会主义道路，实现经济发展与民生发展的协同推进

现代国家成长的历史经验表明，现代化具有三块重要基石，即法治、民主和社会保障或民生发展。① 一个国家在迈向现代化的进程中，首先要大力推进经济发展、政治发展、文化发展、社会民生发展。只有实现了这些发展，一个国家才可能最终成为成熟的现代化国家。例如，英国先是经历了以资产阶级革命为中心的政治发展，建立议会民主制度，然后经历18—19世纪的工业革命，实现经济发展。1788年英国爆发了资本主义历史上第一次经济危机，为了解决这次危机，英国采取了一系列解决的办法，在社会和民生领域，建立教育、就业、医疗、社会保险、儿童补助等方面的福利制度。1948年，工党政府宣布英国已经构建普遍制度化的社会保障，已经成为福利国家。② 因此，后发国家在迈向现代化的进程中，总体上要经历经济建设和经济发展、政治建设与政治发展、社会建设和民生发展等若干具有内在逻辑联系的阶段。中国也不例外。整体推进民生发展，需要将党的经济工作拓展到民生领域。具体来说，要将民生发展作为经济、政治、社会、文化、生态等领域发展的目标、价值和标准，全面提升经济民生、社会民生、文化民生、生态民生，全面推进民生福利的均等化和全民范围内的公平化。

### （一）顺应民生发展的体制需求，明确推进政治、文化、社会全方位的改革

只有坚持中国特色社会主义道路，塑造一个良好的政治环境，才能

① 陈晓律．世界现代化历程（西欧卷）[M]．凤凰出版传媒集团、江苏人民出版社，2010：61.

② 陈晓律．世界现代化历程（西欧卷）[M]．凤凰出版传媒集团、江苏人民出版社，2010：64.

保证我国经济建设发展战略的顺利实施，保证改革发展的成果归全体劳动人民享有。保证人民当家做主，增强党和国家的活力、调动广大人民的积极性。保证和支持人民通过人民代表大会行使国家权力，完善代表联系群众制度，健全国家权力机关制度。完善基层民主，扩大公民有序参与以保障人民的利益。实现依法治国，保障社会主义市场经济的有序进行。

小康社会不仅仅是物质经济方面的繁荣，而且是文化方面的大繁荣、大发展，发展社会主义先进文化，是鼓舞全国人民建设小康社会，实现科学发展的巨大的精神动力和智力支持。要繁荣社会主义文化市场，体现文化发展的规模化专业化，体现文化发展的先进性。

加强社会建设，提高初次分配中劳动报酬的比重，提高人民物质文化生活水平。在初次分配领域，分配要素如劳动、资本、技术、管理等按贡献参与初次分配的机制要完善，多渠道增加居民财产性收入。再分配领域要加快再分配调节机制，如健全税收、社会保障、社会转移支付机制等。初次分配要兼顾效率和公平，再分配也要兼顾效率和公平，而且再分配更加注重公平。

统筹推进城乡社会保障体系建设。社会保障是保障人民生活、调节社会分配的一项基本制度。在落实科学发展观，推进全面建成小康社会的进程中，城乡居民基本医疗保险制度和基本养老保险需要整合，机关事业单位和企业的社会保险制度需要改革和完善。同时社会保险基金投资运营制度的建设要加强，确保基金安全和保值增值。社会保障基金筹资渠道要进一步扩大。

加强对房地产市场的调控力度，控制房价的过快增长，发挥房地产市场的基础性配置作用，并建立相应的政府保障制度，加快廉租房、保障房的建设，逐步满足人民的居住要求。提高社会管理水平，改进政府的公共管理方式，实现社会的有序发展。

## (二) 建设社会主义国家生态文明

党的十八大报告首次单篇论述生态文明，首次把“美丽中国”作为未来生态文明建设的宏伟目标，把生态文明建设摆在“五位一体”总体布局的高度来论述，表明我们党对中国特色社会主义总体战略布局认识的深化，也彰显出中华民族对子孙、对世界负责的精神。“我们一定要更加自觉地珍爱自然，更加积极地保护生态，努力走向社会主义生态文明新时代。”中共十八大报告中这一充满激情和期待的号召，引起人民大会堂内代表们雷鸣般的掌声。

党的十七大上，胡锦涛总书记首次将生态文明纳入与经济、政治、文化、社会相并列的同等重要的范畴，我们党深刻认识到生态环境是关系中华民族未来生存发展的重大问题，生态环境问题是我们发展过程中面临的十分迫切的问题。当前我国经济发展面临着资源约束、环境污染严重、生态恶化的不良状况。我们必须采取更为严格的措施来保护自然建设生态文明。

改造自然、战胜自然曾经是家喻户晓的口号，然而发展中日益显现的问题使我们明白了，人定胜天只是一句豪迈口号，要生存，必须保护自然。我们强调，不仅要保护自然，还要尊重自然，我们更急切地希望修复遭到破坏的自然。过去，我们对自然占用太多，破坏得太重，而现在，我们需要给自然以修复、疗伤的机会。党的十八大报告提出，必须树立尊重自然、顺应自然、保护自然的生态文明理念，而且要坚持节约优先、保护优先、自然恢复为主的方针。

我国在 2000 年前就制定了节约资源和保护环境的基本国策，科学发展观又提出坚持把建设资源节约型，环境友好型社会作为转变经济发展方式的重要着力点。只有把保护资源环境放在关乎人类生存发展的重要地位，经济的发展成果才能真正为人类所享有，良好的生态环境是实现经济持续发展的根本条件。对我国生态环境破坏严重的地区，要严格实行退耕还林还草。对水土流失严重，土地荒漠化现象进行综合治理，促使生态的正常恢复。节约利用各种自然资源，提高资源的综合利用率。在这方面，世界先进资本主义国家的资源利用率大大高于我国，我们必须向资本主义先进技术学习，努力提高我国的资源利用率，国家要通过综合运用财政、金融、税收等手段加快促进高效能、高节能技术的发展推广。进一步减少并淘汰落后的、浪费能源资源严重的产业，实现工农业生产中的减量化、节约化，以实现经济效益和环境效益的综合提高。

要改变我国长期以来只注重 GDP 发展，而忽视经济、资源、环境综合发展的观念，必须要建立强有力的制度。根据社会、资源、环境发展中出现的新形势、新问题，完善和健全相关的法律法规，依法严格管理污染环境、破坏生态平衡的行为，增进全国人民的环保意识，塑造全社会保护资源环境的良好风气，实现经济发展和环境、生态相协调。

2012 年 11 月，党的十八大报告再次确认党的十七大架构的科学发展观的地位性范畴体系，要求全党必须更加自觉地把推动经济社会发展作为深入贯彻落实科学发展观的第一要义，更加自觉地把以人为本作为深入贯彻落实科学发展观的核心立场，更加自觉地把全面协调可持续作为深入贯彻落实科学发展观的基本要求，更加自觉地把统筹兼顾作为深入贯彻落实科学发展观的根本方法。① 十八大报告将“核心是以人为本”的“核心”明确为“核心立场”，就从立场、观点、方法的统一上建构起了拓展式形态的科学发展观地位性话语体系，对实现科学发展作出了全面回答。

---

① 胡锦涛．坚定不移沿着中国特色社会主义道路前进为全面建成小康社会而奋斗——在中国共产党第十八次全国代表大会上的报告[N]．人民日报，2012-11-18.

## 本章结语

全面建设小康社会的目标是在党的十六大上确立的。统筹城乡经济社会发展、实现可持续发展，是以胡锦涛为总书记的党中央领导集体组成时就提出的推进中国发展的重要思路。党的十六届三中全会第一次对科学发展观做出完整表述，将"坚持以人为本，树立全面、协调、可持续的发展观"明确确定为深化经济体制改革、统领经济和社会发展的指导思想和原则。科学发展观的提出，是党对发展问题的新认识，体现了全面建设小康社会的迫切要求。党的十七大召开，为全面建设小康社会做了新的发展部署，对我国发展提出了更高的要求，将科学发展观写入了党章，指明了我们进一步推动中国经济改革与发展的战略思路。经过实践的检验，十八大报告进一步明确了"科学发展观"的定位。科学发展观是我们党从新世纪新阶段党和国家事业发展全局出发提出的重大战略思想，是我们推动经济社会发展、加快推进社会主义现代化必须坚持的指导思想，是全党全社会必须长期坚持的重要指导思想。

### 一、这一阶段党制定经济发展战略的思想特征

第一，科学发展观是党在这一时期制定发展战略的核心指导思想。新的历史起点上，以胡锦涛为总书记的党中央坚持以中国化马克思主义的发展理论为指导，在准确把握世界发展趋势、认真总结我国发展经验、深入分析我国发展新阶段特征的基础上，提出了一系列重大战略思

想和举措：坚持以人为本、实现科学发展、构建社会主义和谐社会、建设社会主义新农村、建设创新型国家、树立社会主义荣辱观、推动建设和谐世界、加强党的先进性建设等。这些重大战略思想和举措，相互贯通，彼此联系，形成一个有机整体。其中，居于核心地位、发挥统领作用的是科学发展观；其他方面紧紧围绕科学发展这个主题，丰富和充实了科学发展观。

第二，这一阶段以科学发展为主题的经济发展战略思想是一脉相承，与时俱进的。从发展战略目标来看，社会主义现代化建设是毛泽东思想的重要内容，把我国建设成为社会主义现代化强国是以毛泽东为代表的中国共产党人不懈追求的目标。今天，建设社会主义现代化强国依然是我们的奋斗目标，但已处在一个新的发展阶段，即全面建成小康社会的阶段。从发展战略方针来看，文革之后，都是紧紧围绕发展，邓小平理论强调发展是硬道理，必须坚持以经济建设为中心。今天，发展作为硬道理依然是我们党的共识，但发展的外延已被注入新的要素，不仅要集中精力发展生产力，而且要坚持经济建设、政治建设、文化建设、社会建设和生态建设多位一体的发展。“三个代表”重要思想强调，发展是党执政兴国的第一要务，用发展的办法解决前进中的问题。今天，发展作为党执政兴国的第一要务依然是一面高扬的旗帜，但发展的内涵已被赋予新的要义。不仅要发展，而且要科学发展、和谐发展、和平发展、又好又快地发展。从发展战略的重点来看，不同的发展时期，对发展的重点认识也在不断深化。改革开放初期带动发展的三大重点是解决发展的“瓶颈”，定位于农业、基础工业、科技和教育，随着发展从粗放走向集约的要求，需要着重推进可持续发展，在新世纪在新的国际国内环境下，基于对实现什么样的发展的再认识，发展的重点是在科学发展观的要求下加快经济发展方式的转变。当然新的战略重点的提出不是对之前工作重点的否定，这些不同时期的发展战略重点在具体指导发展的过程中，都表现出了极强的延续性和渗透性，同时随着新的发展实际要求制定的战略重点不是画蛇添足，而是锦上添花。

## 二、“中国梦”视角下对这一阶段经济发展战略思想的评价

这一阶段，以胡锦涛为总书记的党中央领导集体，继往开来，以科学发展观为指导制定经济发展战略，紧紧抓住发展这个党执政兴国的第一要务，着力加快改革开放，着力推进经济结构调整和经济发展方式转变，使全面建设小康社会迈出新的步伐，中国特色社会主义事业取得新的进展。因此，对这一阶段经济发展战略思想的评价，重点突显以科学发展观为指导，经济发展所取得的成绩及今后发展面临的考验。

经济社会发展水平迈上新的台阶。人均国内生产总值跨入 4000 美元。工业化程度显著提高。国内生产总值中第一产业比重由 2000 年的 15. 1%，下降到 2010 年的 10. 2%，同期第三产业比重则从 39. 0%提高到 43. 0%。人民生活明显改善。2000—2010 年，按可比价格计算，城镇居民家庭人均可支配收入增长了 151. 6%，农村居民家庭人均纯收入增长了 97. 4%，是改革开放以来居民收入增长最快的时期之一。人民生活类型从小康型向富裕型转变。城镇居民家庭恩格尔系数和农村居民家庭恩格尔系数继续下降，分别从 2000 年的 39. 4%和 49. 1%下降到 2010 年的 36. 5%和 41. 0%。可持续发展水平明显提高。2007 年化学需氧量和二氧化硫排放量出现历史性拐点，分别比 2006 年下降 3. 2%和 4. 7%，首次实现双下降。此后到 2010 年，这两种污染物排放量呈逐年下降趋势。自主创新能力显著增强。2010 年我国通过《专利合作条约》(PCT) 申请的专利国际申请量超过 1. 2 万件，排名已上升至世界第四位。①

全面小康社会建设取得重大进展。在全面建设小康社会的六大方面(即经济发展、社会和谐、生活质量、民主法制、文化教育、资源环

① 根据国家统计局：《中国统计年鉴 2010》和《中华人民共和国 2010 年国民经济和社会发展统计公报》相关数据计算，国家统计局网站。

境)中，“经济发展”和“生活质量”建设速度最快，分别提高了22.3个和25.3个百分点，为全面建设小康社会打下了坚实的物质基础；“民主法制”建设实现程度已达到93.1%，为六大方面实现程度之首，已非常接近全面建设小康社会对民主法制建设的要求①，为顺利实现2020年全面建成小康社会的目标奠定了稳固基础。

科学发展应该是节约发展、清洁发展、安全发展，这既是资源相对短缺、环境容量有限这一基本国情决定的，又是走新型工业化道路的客观要求。发展生态文明，还要促进低碳发展、循环发展和绿色发展，建设美丽中国。科学发展观是我们党的指导思想，科学发展观话语体系为中国梦信仰的实现提供了理论指导和路径选择；中国梦信仰为科学发展增添了正能量和动力之源，中国梦信仰也必须通过科学发展才能梦想成真。坚定中国梦信仰和科学发展的道路自信、理论自信、制度自信，必须全面把握中国梦信仰和科学发展观话语体系的精神实质，真正把中国梦信仰和科学发展观转化为推动科学发展的强大力量，通过制度转型与建设增强科学发展的后劲，为全面建成小康社会和实现中华民族伟大复兴的中国梦而努力奋斗。

---

① “全面建设小康社会统计监测”课题组．中国全面建设小康社会进程监测报告(2010)[J]．调研世界，2010，12.

# 第六章

# 圆梦：党以“四个全面”为重点的经济发展战略思想的新布局

党的十八大把科学发展观确立为党的指导思想之后，以习近平为总书记的党中央提出了中国梦，使科学发展观的意义从解决发展中存在问题的角度进一步提升到为了全面建成小康社会和实现民族伟大复兴的中国梦的高度。党的十八大不仅强调到中国共产党成立 100 年时全面建成小康社会，而且强调到新中国成立 100 年时建成富强民主文明和谐的社会主义现代化国家。正是根据两个 100 年目标，习近平总书记提出了中国梦。他坚信，到中国共产党成立 100 年时全面建成小康社会的目标一定能实现，到新中国成立 100 年时建成富强民主文明和谐的社会主义现代化国家的目标一定能实现，中华民族伟大复兴的中国梦一定能实现。

中国梦作为中国人的信仰，在贯彻落实科学发展观过程中提出，赋予科学发展观话语体系目标性内涵；随着全面建成小康社会和实现中国梦的推进，科学发展观也必将发挥重要理论指导作用，并不断得到丰富和发展。

## 第一节　“四个全面”战略布局提出的时代意义

### 一、“中等收入陷阱”对中国的挑战和考验

美国《华盛顿邮报》网站2014年3月19日刊登题为《中国的下一个挑战》的文章称，中国已陷入“中等收入陷阱”——一件充满国内和国际意义的重大事件。其经济增长显然已放缓，低于预期的工业产出和出口是最新证据，全球股市对此紧张应对。但在某种程度上，增长放缓并非中国的过失，而是完全可以预见的，其解释就是中等收入陷阱。①

什么是中等收入陷阱？中国会掉入中等收入陷阱吗？在全面建成小康社会的关键时期，中国跨越中等收入陷阱的底气何在？

#### (一)“中等收入陷阱”的国际经验及教训

顾名思义，中等收入陷阱是说一个国家达到中等收入水平后经济增长很容易停滞下来，难以逾越中等收入而进入发达国家行列。这个概念是世界银行两个经济学家 Indermit Gill 和 Homi Kharas 在2007年一份报告里提出来的，他们认为中等收入国家处在低收入国家与高收入国家的

---

① 华盛顿邮报：中国已陷入“中等收入陷阱”[N]. 参考消息，2014-03-21.

夹缝中，经济增长既慢于穷国也慢于富国，它们在劳动力成本上失去了优势，不能靠传统的劳动密集型制造业与低收入国家竞争，同时又缺乏足够的创新能力与发达国家竞争。

人均GDP1万美元是越过中等收入陷阱的门槛，日本在1972年接近3000美元，到1984年突破1万美元；韩国1987年超过3000美元，1995年达到了11469美元。从中等收入国家跨入高收入国家，日本花了大约12年时间，韩国则用了8年。仅从发展阶段上分析，纵观世界各国的发展历程和发展阶段，中国恰巧进入到人均GDP3000美元以上和1万美元以下的中等收入国家陷阱发展阶段。在这个阶段一些国家成功避开中等收入陷阱，欧美自不必说，亚洲的日本、韩国、新加坡等都是成功走出中等收入陷阱国家的例子。但是，也有许多国家落入中等收入陷阱至今不能自拔，亚洲和南美国家居多。亚洲的菲律宾、泰国，南美洲的巴西、阿根廷以及墨西哥等至今仍在"陷阱"里苦苦挣扎。

拉美及东南亚国家落入"陷阱"的主要教训有：(1)发展模式未能及时转型，创新乏力、劳动生产率提高缓慢。阿根廷等拉美国家在工业化初期实施进口替代战略后，错失转换发展模式时机。由于研发能力和人力资本不足，拉美和东南亚各国自主发展能力不强，未能形成本国独立的工业体系。(2)金融体系脆弱，实体经济受到拖累。亚洲金融危机爆发后，泰国、印尼、马来西亚、菲律宾四国经济增长速度从危机前几年的8%左右下降到1997年的3.9%和1998年的7.5%。(3)收入分配不公，社会两极分化。20世纪70年代，拉美国家基尼系数居高不下，收入差距迅速扩大，居民消费能力严重不足。(4)政府效率低下，腐败问题蔓延。政府效率低下，难以发挥调控宏观经济的主导作用。同时，拉美和东南亚一些国家腐败丑闻不断，官僚经济侵蚀市场活力、破坏经济持续增长内生动力。

相反，日本、韩国、新加坡则成功跨越了"中等收入陷阱"，其成功经验主要有：(1)及时调整经济结构、转变发展方式。日本从20世纪50年代初到80年代，实现了轻工业——重工业——第三产业的适时转换升级，完成了由“贸易立国”到“技术立国”的转变。此外，日韩均把刺激消费、拉动内需作为经济持续增长的突破口，投资率不断下降，消费率不断上升，形成了消费主导型增长模式。(2)实施“科技立国”战略，提升产业竞争能力。日本“技术立国”战略、韩国“科技立国”战略及具体计划的实施使日本和韩国产业竞争力持续提升，实现了从“技术模仿”到自主创新的转换。(3)重视合理分配收入，构建社会保障体系。日、韩在向高收入国家迈进的过程中，均吸取了欧美福利制度的经验，建立了适合本国国情的社会福利制度。

按照世界银行的标准，2012年中国内地人均GDP达到6100美元，已经进入中等收入偏上国家的行列。十八大报告中提出，到2020年力争实现国内生产总值和城乡居民人均收入比2010年翻一番，也就是说，中国能否成功越过中等收入陷阱关键在以后七年时间里。

与低收入阶段相比，中等收入阶段更有利于克服贫困、改善民生和实现均衡发展。从实践上看，许多国家和地区的发展经验表明，中等收入阶段只是转向高收入阶段的一个必经过程，并不必然产生陷阱效应。“中等收入陷阱”更多的是对中等收入国家的一个警示，而不是一个普遍的发展规律。

### (二)中国成功跨越“中等收入陷阱”的充足条件

认为我国会落入“中等收入陷阱”的观点大多出自一种推论，即我国已经保持快速增长30多年，继续保持更长时间快速增长世界上还没有先例。但综合考虑各种因素，我国作为一个发展很不平衡的大国，作为一个快速转型的新兴市场经济体，有充足的条件延续中国奇迹、跨越“中等收入陷阱”。

首先，经济增长动力依然强劲。国际金融危机爆发以来，世界经济增速只有3%左右，发达经济体则平均不到1%。我国经济7%~8%的增速，即使在金砖国家和新兴经济体中也是亮点。在没有强刺激的条件下，中国2014年度7.4%的经济增长率仍是世界主要经济体中最高的。此外，同年中国创造了超过1300万个新的工作岗位，这已达到历史最高纪录。国际货币基金组织的预测是，到2019年中国经济可以保持7%上下的平均增速。

其次，技术创新具有独特优势。我国仅用30多年就达到较高工业化水平，这与坚持不懈推动技术创新密切相关。我国高速铁路、卫星通信、超导材料、激光、电力等行业的技术水平位居世界前列。随着我国全面深化改革的推进，技术创新会呈现加速发展态势，将有力支撑经济社会持续健康发展。

第三，拥有大量投资机会。我国是一个发展中大国，区域、行业之间的发展不平衡与投资不平衡现象比较突出。一些地方和行业的投资比较充分，而另一些地方和行业仍有大量投资机会，如中西部地区以及高新技术产业、公共服务、民生、环保等领域。更为关键的是，全面深化改革的推进必将激发新的发展活力，创造更大的发展和投资空间。

总之，一个庞大的国内市场、众多的人口、高达50%的储蓄率、勤奋又充满创新能力的9亿劳动力，还有积极的政府，这意味着中国有能力维持中高速增长和创建一个新的中高水平经济结构，这些也会帮助中国摆脱所谓的中等收入陷阱。2015年1月21日，中国总理李克强在瑞士达沃斯举办的世界经济论坛年会上发表特别致辞。他提出更自由的市场和改革后的政府将成为中国未来经济发展的两大引擎，“双引擎”的有效运作将帮助中国摆脱20世纪末某些拉丁美洲经济体所经历的中等收入陷阱。

## 二、“四个全面”战略布局的科学内涵

从党的十八大强调“全面建成小康社会”，到党的十八届三中全会

部署“全面深化改革”，再到党的十八届四中全会要求“全面依法治国”、党的群众路线教育实践活动总结大会宣示“全面从严治党”，“四个全面”战略布局清晰展现。“四个全面”战略布局，有一个贯穿始终的红线，这就是坚持和发展中国特色社会主义、实现中华民族伟大复兴中国梦。

### （一）“四个全面”是推进中国特色社会主义伟大事业的行动指南

当前，我国经济社会发展进入新阶段，改革发展面临许多新的矛盾和问题。在发展方面，我国正处于经济增速换挡期、结构调整阵痛期、前期刺激政策消化期“三期叠加”阶段，经济发展方式粗放、质量和效益不高，收入差距较大、公正程度与人民群众期待有距离，资源环境压力较大、创新能力不足，等等。在改革方面，我国正处于改革攻坚期和深水区，陈旧的思想观念、深层次的体制机制障碍、固化的利益藩篱需要破除。在法治方面，无法可依、有法不依、执法不严、违法不究现象比较严重，执法体制不合理、执法行为不规范、司法不公等问题比较突出。在党的建设方面，我们党面临着长期执政考验、改革开放考验、市场经济考验、外部环境考验等“四大考验”，精神懈怠危险、能力不足危险、脱离群众危险、消极腐败危险等“四大危险”尖锐地摆在党的面前。这些问题和挑战如不能很好解决，将阻碍我国社会主义现代化进程和中国特色社会主义事业发展。“四个全面”为解决这些问题、应对这些挑战作出战略部署，成为新形势下推进我国社会主义现代化建设和中国特色社会主义伟大事业的行动指南。

“四个全面”战略布局是一个整体，它既包括战略目标，又包括战略举措。其中，全面建成小康社会是战略目标，全面深化改革、全面依法治国、全面从严治党是战略举措。“四个全面”相辅相成、相互促进、相得益彰。到2020年全面建成小康社会，是实现中华民族伟大复兴的中国梦的“关键一步”；只有全面深化改革，破除利益藩篱，实现全面小康才有动力，全面深化改革是全面建成小康社会的动力源泉，是实现中国梦的“关键一招”；只有全面依法治国，建立规则秩序、推进公平正义，实现全面小康才有保障，全面依法治国是全面深化改革的法治保障和全面建成小康社会的重要基石；全面深化改革、全面依法治国如鸟之两翼、车之双轮，推动着全面建成小康社会目标的实现；只有全面从严治党，锻造领导核心、提供政治支撑，实现全面小康才有保证，全面从严治党则是全面建成小康社会、全面深化改革、全面依法治国的必然要求和根本保证。

“四个全面”助力我们跨过“中等收入陷阱”，主动适应新常态的战略布局。从人类社会发展的一般规律来看，一个国家的发展必须注重生产力与生产关系、经济基础与上层建筑的协调统一。全面深化改革、全面依法治国、全面从严治党三大战略举措涉及对我国生产力与生产关系、经济基础与上层建筑关系中不适应因素的全方位调整，这些调整都是面向未来的，其重要价值不仅在于为全面建成小康社会提供保证，而且也为本世纪中叶实现现代化和实现民族复兴伟大中国梦提供重要支撑。适应我国发展新要求和人民新期待，进一步解放和发展生产力，就必须全面深化改革，以此为实现中国梦增添新动力。从世界范围来看，一个国家的法治建设程度是衡量其文明程度的重要标志，也是其社会正常运行的重要保障。进一步提高我国社会的文明程度，规范我国经济社会生活的良好秩序，就必须全面依法治国，建设社会主义法治国家，以此为实现中国梦的新征程保驾护航。一个政党要长期执政，就必须加强自身建设，这也是执政党建设的一般规律。作为执政党，中国共产党是实现中国梦的领导核心，只有全面从严治党，才能够契合全面建成小康社会、全面深化改革、全面依法治国对加强和改进党的领导和建设的迫切要求，才能够为实现中国梦提供坚强有力的领导核心。以全面深化改革破解民族复兴进程中的深层次矛盾问题，以全面依法治国确保现代化建设有序进行，以全面从严治党巩固党的执政基础和群众基础，绘就全面小康的宏图。

### （二）全面建成小康社会是“四个全面”战略布局中处于引领地位的战略目标

“中国梦”既然是中华民族近代以来最伟大的梦想，怎样实现这个梦想呢？“中国已经进入全面建成小康社会的决定性阶段。实现这个目标是实现中华民族伟大复兴中国梦的关键一步。”习近平总书记第一次把全面小康放在中国梦的大格局中，把全面小康目标升华成民族复兴的重要里程碑。全面建成小康社会是我们实现社会主义现代化的阶段性目标，也是实现中华民族伟大复兴中国梦的关键一步。只有在全面建成小康社会这个基础上，才能建成富强民主文明和谐的社会主义现代化国家，才能为实现中国梦夯实坚实的基础。

“四个全面”是实现“两个一百年”奋斗目标和中华民族伟大复兴中国梦的必由之路。“四个全面”战略布局中，全面建成小康社会是处于引领地位的战略目标。只有全面深化改革，破除利益藩篱，实现全面小康才有动力；只有全面依法治国，建立规则秩序、推进公平正义，实现全面小康才有保障；只有全面从严治党，锻造领导核心、提供政治支撑，实现全面小康才有保证。以全面深化改革破解民族复兴进程中的深层次矛盾问题，以全面依法治国确保现代化建设有序进行，以全面从严治党巩固党的执政基础和群众基础，才能绘就全面小康的宏图。

## 第二节　经济发展战略的总依据、总布局和总任务

今天的神州大地上，全面小康与中国梦相互激荡成人民生活的幸福图景，凝聚为全社会的“最大公约数”，在中国梦的交响曲中增添了更优美的旋律，成为中国共产党带领全国各族人民共同奋斗的时代主题。然而，要把一个人口比欧盟、美国、日本加起来还多的大国带入全面小康，这是人类历史上从未有过的伟大壮举，不可能一蹴而就。全面小康怎样建成？难点如何破解？这不仅关系全面小康的实现，更关系中国梦的奠基，是推进当代中国发展进步必须回答的重大课题。党的十八大报告明确提出：建设中国特色社会主义，总依据是社会主义初级阶段，总布局是五位一体，总任务是实现社会主义现代化和中华民族伟大复兴。这“三个总”，是对中国特色社会主义来自哪里、怎么坚持、朝向何方的最新说明和最高概括。如果把“三个总”的重要论述融于当前经济建设的实践，就是要搞清楚当前经济建设新的出发点，新的侧重点以及要实现的新目标。制定经济发展战略的总依据就是要求准确把握经济发展新常态，制定经济发展战略的总布局就是要秉承“五大”发展理念，坚持经济在新起点上转型升级，制定经济发展战略的总任务就是确保为全面建成小康社会提供物质保障。

## 一、准确把握经济发展新常态

### （一）中国经济发展新常态的重要判断

在2014年12月召开的中央经济工作会议上，习近平明确地把“科学认识当前形势，准确研判未来走势，必须历史、辩证地认识我国经济发展的阶段性特征”问题提了出来。他从我国经济中消费需求、投资需求、出口和国际收支、生产能力和产业组织方式、生产要素相对优势、市场竞争特点、投资方式等方面变化的分析中提出：“这些趋势性变化说明，我国经济正在向形态更高级、分工更复杂、结构更合理的阶段演化，经济发展进入新常态，正从高速增长转向中高速增长，经济发展方式正从规模速度型粗放增长转向质量效率型集约增长，经济结构正从增量扩能为主转向调整存量、做优增量并存的深度调整，经济发展动力正从传统增长点转向新的增长点。”①据此，习近平做出了认识新常态，适应新常态，引领新常态，是当前和今后一个时期我国“经济发展的大逻辑”的判断。

对中国经济发展新态势的探索，是党的十八大以来习近平一直高度关注的重大问题。对于中国经济新态势的认识，要正确处理好勇于改革、勇于创新和稳妥审慎、稳中求进的辩证关系。在中国经济的改革和发展中，既有过去“积存多年的顽瘴痼疾”，也有现在和未来面对的“硬骨头”和“险滩”，需要一种既坚守已有成就和经验的经济发展的“常态”，又不断开拓进取的“新”态势。

中国经济运行轨道，正进入增长速度换挡期、结构调整阵痛期、前期刺激政策消化期“三期”叠加，各种矛盾和问题相互交织的关键时段。

① 中央经济工作会议在北京举行[N]. 人民日报，2014-12-12.

这就要求破除“唯GDP神话”、摆脱高速增长的“纠结”，要保持合理的增长速度，让经济运行处于合理区间；要坚守转方式、调结构的总体目标，以提高创新驱动发展能力、提高产业竞争力、提高经济增长质量和效益为根本手段，缜密谋划高效率、低成本、可持续经济发展的新态势。这些成为习近平谋划经济发展新常态的基本事实和重要基础。

新常态将给中国带来新的发展机遇。“对于经济发展新常态的特点，习近平作了深入阐释。在新常态经济发展中，一是经济增速虽然放缓，实际增量依然可观，即使是7%左右的增长，无论是速度还是体量，在全球也是名列前茅的；二是经济增长更趋平稳，增长动力更为多元，经济的强韧性是防范风险的最有力支撑，经济将更多地依赖国内消费需求拉动，避免依赖出口的外部风险；三是经济结构优化升级，发展前景更加稳定，经济增长朝着质量更好、结构更优方向发展；四是政府大力简政放权，市场活力进一步释放，要放开市场这只“看不见的手”，用好政府这只“看得见的手”。面对经济发展这一新态势，习近平清醒地意识到：新常态也伴随着新矛盾新问题，一些潜在风险渐渐浮出水面。能不能适应新常态，关键在于全面深化改革的力度。

### （二）积极引领经济发展新常态

对经济发展的趋势性变化和阶段性特征问题的认识和判断，是习近平经济思想的基本出发点和重要着力点。在2014年的中央经济工作会议上，习近平对经济发展新常态进一步作出新的阐释。他强调，经济发展进入新常态，没有改变我国发展仍处于可以大有作为的重要战略机遇的判断，改变的是重要战略机遇期的内涵和条件；没有改变我国经济发展总体向好的基本面，改变的是经济发展方式和经济结构。面对我国经济发展新常态，要认识新常态，适应新常态，引领新常态。对经济发展新常态的这些系统阐释，是党的十八大以来习近平经济思想的集中体现和深刻凝练。

在党的十八大以后召开的三次中央工作会议上，习近平根据经济改革和发展的新情况，对经济转型的格局作出新的阐释，综合其要点，可以概括为以下十个方面：一是加强和改善宏观调控，加快调整经济结构、转变经济发展方式，使经济持续健康发展建立在扩大内需的基础上；二是要坚持稳中求进，促进提质增效升级，积极发现培育新增长点，保持经济增速在合理区间平稳运行；三是深化产业结构战略性调整，提高产业整体素质；四是优化经济发展空间格局，完善区域政策，促进各地区协调发展、协同发展、共同发展；五是保持物价稳定，为推进改革和调整结构创造良好环境；六是毫不放松抓好“三农”工作，加快农业发展方式转变，夯实农业基础，保障产品供给；七是推动城乡一体化发展，积极稳妥推进城镇化，着力提高城镇化质量；八是坚持实施科教兴国战略，实施新驱动发展战略，增强经济社会发展核心支撑能力；九是坚持把人民利益放在第一位，突出民生优先，促进社会公正，进一步做好保障和改善民生工作，使发展成果更多、更公平惠及全体人民；十是实施更加积极主动的开放战略，创建新的竞争优势，全面提升开放型经济水平等。对转型发展中完善和调适经济运行各方面问题的论述，凸显了习近平经济思想的实践性和指导性。

经济发展新常态是一个有着确定目标而又随着实践发展不断变化的过程。供给侧结构性改革，就是引领新常态的改革新思路。2015 年 11 月，习近平总书记在多次谈到供给侧结构性改革问题时，强调在适度扩大总需求的同时，着力加强供给侧结构性改革，着力提高供给体系质量和效率，增强经济持续增长动力；提出必须下决心推进经济结构性改革，使供给体系更适应需求结构的变化。供给侧结构性改革作为当前推动我国社会生产力水平整体改善的重要举措，就在于扩大有效供给，满足有效需求，加快推动经济新常态体制机制和发展方式的改革。

2015 年 12 月召开的中央经济工作会议提出，在 2016 年及今后一个时期，要在适度扩大总需求的同时，着力加强供侧结构性改革。供给侧结构性改革与经济新常态连为一体，既强调供给的结构性改革又关注需求的结构性的变化，既凸显发挥市场在资源配置中的决定性作用，又强调更好的政府作用，既突出发展社会生产力又注重完善社会生产关系，归根结底是要“推动我国社会生产力水平整体改善”，是要“坚持解放和发展社会生产力”的重大原则，是对经济新常态作出的与时俱进的新阐释。

## 二、秉承“五大”发展理念，坚持经济在新起点上转型升级

### （一）“五大”发展理念的提出及深化

2015 年 10 月 29 日党的十八届五中全会在北京胜利闭幕，会议审议通过了《中共中央关于制定国民经济和社会发展第十三个五年规划的建议》。全会提出了创新、协调、绿色、开放、共享的发展理念，并强调这是关系我国发展全局的一场深刻变革。

“实现什么样的发展、怎样发展”的问题，是贯穿于中国特色社会主义道路探索全过程的重大课题。改革开放一开始，邓小平就把发展看作能否体现社会主义本质、能否解决中国社会主义初级阶段所有问题、能否充分发挥社会主义制度优越性的重大问题。“发展才是硬道理”，这一朴实的话语和坚定的信心，从思想理念和政治意识上阐明了中国为什么需要发展、怎样持续稳定发展的深刻内涵。“三个代表”重要思想强调“发展是党执政兴国的第一要务”，把“实现什么样的发展、怎样发展”的问题，看成社会主义现代化建设的根本所在，把发展问题同党的性质、党的执政基础紧密地联系起来。科学发展观立足于社会主义初级阶段基本国情，审视我国经济社会趋向的新变化，借鉴国外经验，以发展为核心立场，对“实现什么样的发展、怎样发展”问题作出了进一步

的阐释。党的十八大以来，以习近平为总书记的党中央，以全面建成小康社会为奋斗目标，以实现中华民族伟大复兴的中国梦为历史使命，对中国特色社会主义的发展问题作出了多方面的新的阐释，赋予发展问题以更为深厚的中国马克思主义的新内涵。

党的十八届五中全会提出的创新、协调、绿色、开放、共享的新发展理念，直面中国经济社会发展的实践，以强烈的问题意识，致力于破解发展难题、增强发展动力、厚植发展优势，是制定国民经济和社会发展“十三五”规划的指导思想和中心线索。同时，由创新、协调、绿色、开放、共享这五个方面构成的新发展理念，是对我们在推动经济发展中获得的感性升华，是对中国特色社会主义经济学的新的理论概括。创新、协调、绿色、开放、共享新发展理念，是以中国经济发展的社会性质和历史性质变化为根据，对当代中国经济发展问题作出的新的探索。在新发展理念中，创新发展理念，强调培育发展新动力，形成促进创新的体制框架，塑造更多依靠创新驱动、更多发挥先发优势的引领型发展等观点，从根本上突破了西方经济学中风行的熊彼特创新理论的狭隘限界，展示了中国特色社会主义关于创新理论的境界；协调发展理念，强调区域协同、城乡一体、物质文明和精神文明并重、在协调中拓展发展空间等观点，是对马克思《资本论》中关于社会化大生产中部类和部门之间平衡发展理论的新运用，是对毛泽东在《论十大关系》中提出的统筹协调经济会发展思想的新的阐释，提升了中国特色社会主义关于协发展理论的视界；绿色发展理念，强调绿色富国、绿色惠民，推动形成绿色发展方式和生活方式等观点，是对世纪之中国生态文明建设实践经验的总结和理论探索的凝练，奠定了中国特色社会主义生态经济建设理论和实践的坚实基础；开放发展理念，强调开创对外开放新格局，丰富对外开放内涵，提高对外开放水平，形成深度融合的互利合作的开放新格局等观点，是对马克思关于世界历史和世界市场理论的重要发展，是对中国改革开放理论的新的概括，是中国特色社会主义关于国际经济关系和经济全球化理论的升华；共享发展理念，强调共建共享相统一，注重机会公平，保障基本民生，实现全体人民共同迈入全面小康社会等观点，是对马克思主义经典作家关于社会主义生产目的和基本经济规律理论、人的自由而全面发展思想的继承，是对社会主义本质理论的重要发展，是对中国特色社会主义开放理论视野的重要拓展。

习近平指出：“要坚持新的发展理念，创新、协调、绿色、开放、共享的发展理念是对我们在推动经济发展中获得的感性认识的升华，是对我们推动经济发展实践的理论总结，要坚持用新的发展理念来引领和推动我国经济发展，不断破解经济发展难题，开创经济发展新局面。”① 创新、协调、绿色、开放、共享的新发展理念，构成全面建成小康社会的决战纲领和决胜攻略的核心内容。创新是引领发展的第一动力，协调是持续健康发展的内在要求，绿色是永续发展的必要条件，开放是国家繁荣发展的必由之路，共享是中国特色社会主义的本质要求。

### (二)改变和优化经济发展方式

中国经济未来发展有巨大潜力和空间，具备诸多有利条件，同时也面临来自国际和国内前所未有的挑战。国际方面，世界政治经济格局正在经历着大调整，未来全球经济的缓慢增长将可能延续较长时期，发达国家贸易保护主义抬头，中国外需超常增长的“风光”不会再现。金融危机之后，结构调整迅速被发达国家当作应对经济衰退的重要举措，纷纷提出“再工业化”战略，试图重拾实体经济，围绕新一轮工业革命的技术竞争越来越激烈。国内方面，中国正逐步迎来人口年龄结构的重大转变，资本高投入、劳动力充足供应且低成本实现增长的模式难以维持。随着发展进入新阶段和居民收入水平的提高，人民群众对生态环境的要求越来越高，对环境污染的容忍程度也越来越低。过去依靠低成本

---

① 习近平在中共中央政治局第二十八次集体学习时强调 立足我国国情和我国发展实践 发展当代中国马克思主义政治经济学[N]. 人民日报，2015-11-25.

优势纳入全球分工体系，通过扩大出口拉动国内经济发展的传统机遇，必须转变为应对新挑战、利用新机遇倒逼我国经济加快转型升级的新的强大动力。经济转型升级是中国经济比较优势变化的迫切要求，是中国经济发展约束条件变化的迫切要求，是全面建成小康社会和人民大众的迫切要求。

大幅度提高经济增长质量和效益，是中国经济转型升级最重要的标志。推动中国经济转型升级，不是说速度不重要，党的十八大提出的10年两个翻一番就是对速度的要求，而且提出实现这个速度是“在发展平衡性、协调性、可持续性明显增强的基础上”。经济转型升级不仅是经济总量提升，更重要的是经济发展方式转型、经济结构升级。产业结构优化是经济转型升级的核心任务。要牢牢把握新一轮技术革命的战略机遇，加快构建与绿色发展、新能源、信息化高度融合的现代产业体系，提升我国在全球产业链中的位置，培育新的竞争优势。要努力营造更加有利于实体经济发展的政策环境，加强产业政策与财税、金融、土地等领域政策的协调性，引导更多生产要素投向实体经济和创新领域。科技创新是推动经济转型升级的原动力。在我国人口红利减弱、耕地红线逼近、资源环境形势严峻的情况下，由于对自主创新重视不足，我国产业发展仍缺乏核心技术，长期依赖外来技术，我国的创新系统还未能成为支撑增长的新动力。要坚持技术创新的市场导向，促进科技与经济社会发展深度融合，营造公平竞争和包容宽松的创新环境。健全体制机制既是转型升级的内容，也是转型升级的保障。其关键是创造条件，让市场在资源配置中发挥决定性作用，让政府更好地发挥作用。

### (三)构建开放型经济新体制

回顾改革开放的历程可以发现，“中国奇迹”就是一个不断解放思想、不断在开放中坚定前行的奋斗历程。没有对外开放，中国就不可能把握经济全球化的机遇，实现现代经济起飞和持续高速增长；没有对外开放，中国也不可能踏上国际舞台，创造“中国模式”，展现“中国价值”，提升中国地位；没有对外开放，就没有今天中国的崛起和赶超。中国的实践表明，对外开放是一个国家和民族保持生命活力的源泉，是我们党和国家在全球竞争中不断胜出的要诀，是“中国奇迹”和“中国模式”的核心元素，是我们在任何历史时期都不可动摇的基本国策。因此，在新的历史征程中，面对国内外新形势下的严峻挑战，我们必须坚定不移地加快对外开放的步伐，形成新的开放理念，制定新的开放战略，拓展新的开放空间，构建新的开放格局，牢牢把握战略机遇期，切实保障中国的和平崛起。

曾经有人认为，后危机时代世界各国经济复苏乏力，唯有中国经济独好。现在看来，这种看法有失偏颇。中国经济是世界经济的一部分，中国经济不可能脱离世界经济持续“弱增长”、国际分工体系和增长方式重构、贸易保护主义升温、金融化生存竞争等世界经济新常态的现实环境而独善其身，中国经济新常态是世界经济由旧常态转向新常态的必然结果和重要组成部分。

为适应经济全球化新形势，我国采取了更加积极主动的开放战略。其一，形成了举世瞩目的被誉为“金砖五国”的新兴发展中国家合作模式。其二，中国顺应世界区域经济一体化迅猛发展的新形势，以周边国家为基础，加快实施自由贸易区战略。其三，我国致力于提升服务业开放水平，提高对外投资效率，贸易和投资是世界经济发展的两股重要推动力量。

从积极“引进来”到主动“走出去”。“中国的发展离不开世界”，邓小平的这一论述所揭示的中国发展与外部世界的关系是双向的。一方面，需要通过“引进来”，弥补我们在资金、技术、经验等方面的不足；另一方面，需要通过“走出去”，在国际范围解决我们发展所需要的市场、资源等问题。“引进来”与“走出去”有机结合，才是完整意义的对外开放。“引进来”是改革开放前期我们采取的发展战略和基本政策，是经济建设的必然要求；而“走出去”则是中国共产党在新时期、新阶段提出的更高一级的经济发展战略，是我国企业走向国际舞台的客观历史必然。

金融危机后，由于危机使得全球经济持续低迷，发达国家和发展中国家都希望借助外来投资提振本国经济，特别是爆发主权债务危机的欧洲国家和希望尽快融入全球化的非洲国家愿望更为迫切，客观上为中国企业兼并收购国外优质资产、扩大海外投资提供了机遇。但另一方面，许多问题和矛盾也开始凸显，比如部分企业自身管理能力不足，外界批评中国“新殖民主义”之类的声音日益增多等。此外，许多发达国家还以国家安全等为借口给中国海外企业设置了很多非经济性的障碍。因此，中国“走出去”要比一般国家更困难。现在既是我国企业“走出去”的快速发展期，也是问题多发期。回顾曾经的风雨征程，其中既有过海尔登陆美国、联想收购 IBM 个人电脑业务、吉利并购沃尔沃这样的惊人之作，也有过中海油收购优尼科、上汽并购双龙汽车、中铝注资力拓这样的败走麦城。直面这些内外挑战不是为了削弱我们“走出去”的信心，而是因为有过这些丰富的经历，政府帮企业“走出去”更应“理直气壮”，中国企业“走出去”的准备工作应该做得更扎实，步伐走得愈发坚定、理性和稳健。

我国具有发展中国家、新兴大国和社会主义国家多重属性，在国际格局中地位独特、身份多元、利益多样，中国经济高速发展，多数国家视为发展机遇，愿加强与我国交流合作，但也有部分国家认为中国崛起削弱了其国际主导地位，不断抹黑中国，制造各种形式的“中国责任论”。“中国责任论”既体现了国际社会对我国发挥更大作用的期待，这有助于我国在更高水平上参与国际规则制定，但也附加了更多的超出我国发展水平的道义责任和压力。在这个全球规则变局中，中国面临严峻挑战：未来是做一个全球负责任大国还是做一个被边缘化大国；是否敢于应对高标准规则、高标准投资和服务贸易自由化的新挑战；是否有能力赢得全球大宗商品的定价权、重大规则的参与制定权、责任担当和逆周期调节能力的开放大国地位。如何“亮剑”？对此十八届三中全会决定提出，构建开放型经济新体制；加快自由贸易区建设，以周边为基础加快实施自由贸易区战略，形成面向全球的高标准自由贸易区网络；加快同周边国家和区域基础设施互联互通建设，推进丝绸之路经济带、海上丝绸之路建设，形成全方位开放新格局。

新一轮开放向深度拓展，与实施最高标准开放通则的国际社会高度接轨；新一轮开放贯穿于经济社会发展各个领域各个层面，全面构筑大开放格局；新一轮开放着力推进体制机制的创新，倒逼行政体制、法律制度、社会制度、经济制度以及文化教育、环境保护等各个领域的更深层次的改革。

## 三、为全面建成小康社会提供物质保障

### （一）全面建成小康社会的衡量标准

“小康”是个温馨和煦的词。如今，这个令华夏儿女憧憬了两千多年的美好愿景离我们越来越近。2014 年 12 月 13 日至 14 日，习近平总书记在江苏调研时提出要“协调推进全面建成小康社会、全面深化改革、全面推进依法治国、全面从严治党，推动改革开放和社会主义现代化建设迈上新台阶”，“全面建成小康社会”位居首位。

如果说“四个全面”完整地展现出了以习近平同志为总书记的党中央治国理政的总体框架的话，“全面建成小康社会”则无疑是这个伟大框架的总目标。何谓“小康”，各个时代各个人都有不同的解释，但把着眼点放在黎民百姓的日常生活状态，则是一以贯之的共识。习近平同志指出：“我们的人民热爱生活，期盼有更好的教育、更稳定的工作、更满意的收入、更可靠的社会保障、更高水平的医疗卫生服务、更舒适的居住条件、更优美的环境，期盼孩子们能成长得更好、工作得更好、生活得更好。人民对美好生活的向往，就是我们的奋斗目标。”习总书

记对“美好生活”的描述，就是“小康”的最具象的诠释。①

2013 年，无疑是“改革”与“梦想”起航的一年。年初，从全国两会的政府工作报告中，能看到“改革是最大的红利”的关键词；年末，十八届三中全会再一次释放出改革红利，《决定》共分 16 项 60 条，作为中国全面深化改革的纲领性文件，从经济体制、政治体制、文化体制、社会体制、生态文明体制和党的建设制度改革等方面全面绘就未来改革蓝图，全面深化改革贯穿始终。在这样的背景下，《小康》杂志联合清华大学媒介调查实验室，并会同有关专家及机构，在全国范围内开展了“2013 中国综合小康指数”调查，经过对调查结果进行加权处理，并参照国家有关部门的监测统计数据和大量社会信息，得出 2013 年度“中国综合小康指数”为 76. 7，比上年提高 2. 2。②

国务院发展研究中心根据全面建设小康社会的目标原则，确定了全面建设小康社会的指标体系的 16 项指标，其中包括经济方面 4 项指标，社会方面 7 项指标，环境方面 3 项指标，制度方面 2 项指标。全面建成小康社会即实现以下指标：人均 GDP 达到 25000 元，非农产业就业比重达 60%以上，城市居民消费的恩格尔系数降到 30%以下，农村居民的恩格尔系数降到 40%以下，全部人口中最低收入 1/5 人口消费的恩格尔系数至少应降到 50%，城乡居民收入之比由 2000 年的 2. 8 : 1 下降到 2. 5 : 1 左右，基尼系数降到 0. 4 以下，社会基本保险覆盖率达到 100%，6 岁以上人口平均受教育年限达到 10 年，预期寿命达到 75 岁，文教体卫增加值占国内生产总值的比重达 10%，平均万人中公安机关立案的刑事案件降至 15 起以下，日均消费支出小于 5 元的人口比重降到 0，千克煤当量的产出可达到 20 元，城乡居民的安全卫生水普及率达到 100%，万名国家机关、政党机关和社会团体就业人员中检察机关立案的件数应降至 10 起，非正常死亡率降至 5‰。③

---

① 吹响全面建成小康社会的号角[N]. 光明日报，2014-12-30.

② 小康指数之 2012~2013 中国综合小康指数. 中国小康网，2014-06-06.

③ 若英. 什么叫全面建成小康社会? [J]. 红旗文稿，2013(1).

### （二）全面建成小康社会的科学内涵

“小康社会”战略构想在实施过程中，分别经历了“温饱型小康”、“总体性小康”和“全面小康”，在全面建成小康社会的关键时期，中国面临“中等收入陷阱”的考验，但综合考虑各种因素，我国作为一个发展很不平衡的大国，作为一个快速转型的新兴市场经济体，有充足的条件延续中国奇迹、跨越“中等收入陷阱”。当前经济建设的实践，要求我们必须准确把握经济发展新常态，在新起点上转型升级，为全面建成小康社会提供物质保障。“中国梦”的思想既继承和发展了小康社会理论，也为中国社会在新的战略机遇期构建了更为长远的发展蓝图。

虽然具体衡量指标各有侧重，但衡量能否实现全面建成小康社会的最根本指标就是，到 2020 年实现国内生产总值和城乡居民人均收入比 2010 年翻一番。相比来讲，十六大报告提出国内生产总值到 2020 年力争比 2000 年翻两番；十七大报告提出实现人均国内生产总值到 2020 年比 2000 年翻两番。显然，十八大根据我国经济发展实际，在十六大、十七大基础上提出了更高的要求。

党的十八大提出的全面建成小康社会宏伟目标，不仅仅是一个数量指标，它是集科学性、战略性、全面性、协调性为一体，涵盖经济、政治、文化、社会、生态五位一体的发展目标。根据我国经济社会发展实际，要在原来确定的全面建设小康社会目标的基础上，努力在五大建设上达到新的要求。深化改革开放是实现全面建成小康社会目标的强大动力。

一是全面深化经济体制改革，加快完善社会主义市场经济体制，进一步完善社会主义基本经济制度和分配制度，完善社会主义市场体系和宏观调控体系，完善开放型经济体系，推动经济更有效率、更加公平、更可持续发展。二是继续推进政治体制改革，加快推进社会主义民主政治制度化、规范化、程序化，实现国家各项工作法治化，使我国社会主义民主政治展现出更加旺盛的生命力。三是着力深化文化体制改革，完善文化管理体制和文化生产经营机制，进一步解放和发展文化生产力，让一切文化创造源泉充分涌流，进一步丰富人民精神文化生活。四是全面推进社会体制改革，加快形成科学有效的社会管理体制，完善社会保障体系和社会管理网络，建立确保社会既充满活力又和谐有序的体制机制。五是加快建立生态文明制度，树立尊重自然、顺应自然、保护自然的生态文明理念，健全国土空间开发、资源节约、生态环境保护的体制机制，促进人与自然和谐发展，给子孙后代留下天蓝、地绿、水净的美好家园。

“十三五”时期是全面建成小康社会决胜阶段，但发展环境发生变化，各种风险和挑战将不断增多。为此，党的十八届五中全会提出了全面建成小康社会新的目标要求：经济方面，保持中高速增长，在提高发展平衡性、包容性、可持续性的基础上实现“两个翻一番”，产业迈向中高端水平，消费对经济增长贡献明显加大；民生方面，人民生活水平和质量普遍提高，我国现行标准下农村贫困人口实现脱贫，贫困县全部摘帽，解决区域性整体贫困；体制机制方面，各方面制度更加成熟更加定型，国家治理体系和治理能力现代化取得重大进展。全会强调，如期实现目标必须遵循“六个坚持”，即坚持人民主体地位，坚持科学发展，坚持深化改革，坚持依法治国，坚持统筹国内国际两个大局，坚持党的领导。

从中长期看，中国经济具备持续、健康发展的多种有利条件。比如，随着十八届三中全会的召开，改革红利必将更大程度释放，人口数量红利向质量红利转变，复杂程度较高、人力资本密集的行业孕育着新优势；城市化与信息化、绿色、低碳等新趋势相结合，能释放出产业升级的新动力；住、行主导的居民消费升级将持续推进，服务消费发展潜力巨大；全球化深入发展，一批人口众多的国家正在积极推进工业化，将为中国发展提供新的机遇等等。据国务院发展研究中心课题组预测，在2020年前，中国GDP年均增长仍可保持7%左右。按照这一发展速度，十八大提出的“到2020年实现GDP和城乡居民人均收入比2010年‘双翻番’”的目标可以如期实现，全面建成小康社会将有更加雄厚的物质基础。

## 第三节　筑圆中国梦的经济发展战略对策

### 一、筑圆中国梦的现实物质基础

经过 30 多年的经济高速增长，中国的社会财富仿佛被法术般地从地底下被释放出来，国人的衣食住行丰裕程度是任何前世代都无法想象的。随着经济实力的增强，中国的经济发展理念也在不断调适。从解决温饱，到全面小康，乃至提出以人为本、全面协调可持续发展，构建和谐社会，一步一个脚印，但每一步都很扎实。当代中国是过去漫长历史的延续，从黎民不饥不寒，到以人为本、全面协调可持续发展，是伟大的提升和跨越。中华民族终于站到了实现伟大复兴梦想的门槛旁，我们终于有了梦想的充分理由。

#### (一)“十八”大之前的坚实基础

新中国成立以后到改革开放以前的数十年间，用计划经济手段强力推进国家工业化和现代化，实现对先行发达工业国家的赶超和跨越，一直是中国经济生活的主旋律。这种努力的成果虽然因为“文化大革命”及频繁政治运动的消极影响而大打折扣，但终究建立起了独立、完整的国民经济体系和工业体系，帮助中国赢得了作为大国应有的国际地位，更为改革开放以后的经济发展奠定了良好的基础。改革开放以来，我国采取渐进市场化改革路径，建立和完善了社会主义市场经济，逐步走出了一条中国特色的社会主义经济发展道路，实现了 30 多年的经济高速成长，创造了人类经济发展史的奇迹。到 2011 年，中国的 GDP 已经超过日本，名列世界第二，人均 GDP 也超过了 5000 美元。中国的外汇储备已经超过三万亿美元，位居世界第一。中国的主要农产品、钢铁、水泥、汽车及很多制造业的产品都是世界第一。按照英国法律总和投资管理公司(Legal & General Investment Management)的一项研究，2000 年实现 GDP 还是 1.3 万亿美元，大致与法国相当。但到 2011 年，中国的经济总量已经接近 7 万亿美元，相当于德、法两国经济总量之和。中国目前的 GDP 相当于 2000 年英国、法国、德国、意大利、西班牙、比利时、荷兰七国 GDP 之和。① 2012 年，中国的经济总量世界第二，货物贸易出口总额世界第一，外汇储备世界第一，集装箱吞吐量世界第一，主要通信基础设施拥有量、沿海港日货物吞吐量、高速公路通车里程、高速铁路运营里程、从事研究开发活动的科学家和工程师的数量等许多指标均居世界第一。全世界有 500 多种工业品，其中我国的 220 种产品产量居世界第一位。观察中国经济跨越水平的另一个重要标志是在世界 500 强中资企业数量的变化。20 世纪 90 年代，争取进入世界 500 强是中国企业的宏愿，但只有 1 家金融国企榜上有名，反映一国综合实力的制造业企业一家也没有。到了 2012 年，中资世界 500 强企业已经达到 79 家，中国大陆就有 70 家之多。意味深长的是，这 20 多年来中国增加的世界 500 强企业数与日本减少的世界 500 强企业数相仿。中国的经济实力已经没有任何国家可以小觑。按照这种发展势头，2020 年经济总量超过美国可能性很大。

### (二)"十八"大以来的辉煌成果

这是砥砺奋进的五年，这是真抓实干的五年，这也是取得历史性巨

---

① 韦森. 大转型——中国社会的现状、问题与选择[J]. 读书，2012(4).

大成就的五年。2013 年到 2016 年，中国国内生产总值平均增长达到 7.2%，这是环顾全球无可企及的成绩单。最近五年，平均每年 7400 多亿元的投入，这是中国铁路建设史上投产新线最多的时期。高速公路里程 13.1 万公里，世界第一；2020 年将达 15 万公里，高铁里程 2.2 万公里，世界第一；城市轨道交通 4153 公里，世界第一；世界前 10 斜拉桥中国占 7 座；世界前 10 悬索桥中国占 6 座；港口吞吐量世界前 10 中国占 7 席。打通经济社会发展的信息大动脉，中国提出了网络强国战略，信息基础设施中国网的建设正全速推进。2015 年第二届世界互联网大会，习近平总书记指出："可以说世界因互联网而更多彩，生活因互联网而更丰富。我们的目标就是要让互联网发展成果惠及 13 多亿中国人民，更好地造福各国人民。"五年来，全国信息通信基础设施投入超过 2 万亿元，中国的互联网用户已经有 7.51 亿人，比 2012 年增长超过了 30%，居全球第一。通上了移动通信和宽带网的乡村，在中国已经有 54 万个，覆盖率超过了 96%。中国已经建成全球规模最大的 4G 网络，竖起 299 万个基站，拥有 8.9 亿用户。这片土地上，光缆线路总长已达 3041 万公里，全球第一，其中有 60%都是这五年铺设的。中国已经将 5G 商用时间锁定在 2020 年，全球领先。让中国奔跑起来，中国车，正在给经济换装新引擎。习近平总书记指出："高铁，中国产的动车，这个是中国的一张亮丽的名片。"作为重要的战略支点和枢纽，港口是衡量一个国家综合国力的重要标志。中国港机装备全球份额已经从五年前的 70%，增长到 82%。纵览全球每一段海岸线，中国制造在搬运着整个世界，作为世界第一大贸易国，这个星球上有近四分之一的贸易额在中国产生。中国正加速融入全球产业链，参与全球分工。近五年，中国货物进出口总额占世界的比重，始终位居前两位。2020 年，粤港澳大湾区将形成以珠江至西江经济带为腹地，带动中南、西南发展，并辐射东南亚、南亚的经济大格局，这是中国经济战略布局的一次伟大创举。中国桥、中国路、中国网、中国车、中国港，一个个圆梦工程铺展宏图。

中国人今天的生活，已经越来越有科技含量。2016年中国移动支付金额208万亿元，世界第一；2016年中国工业机器人销量约9万台，世界第一；全国人才资源总量1.75亿人，较五年前增长43.8%，世界第一；发明专利申请受理数年均超100万件，世界第一；2016年研发经费1.57万亿元，比2012年增长52%，世界第二；科技进步对经济增长贡献率自2012年52.2%提到2016年56.2%，2017年全球创新指数中国第22位(从2013年第35位)，位居中等收入经济体第一。其背后，是“中国制造2025”的国家蓝图。在新一轮工业转型革命的跑道上，德国提出“工业4.0”，美国提出“工业互联网”。中国的态度很明确，实体经济是国家的本钱，要发展制造业，尤其是科技支撑的先进制造业。2016年中国工业机器人销量接近9万台，位居世界第一。2017年一季度，中国工业机器人的产量又同比猛增55.1%。综合国力竞争，说到底是创新能力的竞争。增强国家实力，必须要有一批体现国家战略意图的重大科技项目。2017年5月5日，注定被历史铭记的日子，萦绕中华民族百年的大飞机梦，终于取得了历史突破，C919首飞成功，中国收获了又一个大国重器。2020年中国将迈进创新型国家行列。

中国，在经历了几十年快速发展之后，西方经济学中那道所谓绕不过去的“中等收入陷阱”横亘眼前。如何缩小发展中的贫富差距、城乡差距、区域差距，让千百年来共同富裕的梦想照进现实，让中国的发展更加平衡协调、持续健康，下好“十三五”时期发展的全国一盘棋，协调发展是制胜要诀，这是中国制度特有的优势，这是中国智慧创造的独特方案。统筹协调，补齐短板，携手共进，行稳致远。消除贫困，是全世界面对的共同难题。2015年中国发出了扶贫攻坚的号令，党中央庄严承诺，绝不丢下一个贫困群众，2020年实现全面小康。中国有12.8万个贫困村，每一个脱贫，都是一场攻坚战。中国的精准扶贫战略最大的特点，就在于因村施策、因户施策、甚至因人施策。2020年中国要彻底消除贫困，意味着平均每分钟要脱贫约20人，这确实是一场分秒必争的决战。为了这个目标，全国有77.5万名驻村干部在奔忙。扶贫攻坚，全社会的智慧和力量都被调动起来。财政扶贫，国家设立了财政专项扶贫资金，仅 2017 年就超过 860 亿。交通扶贫，中国农村公路通车总里程已达 396 万公里，99. 9%的乡镇都已通车。水利扶贫，贫困地区 1 亿多人口饮水安全问题得到解决，农村自来水普及率提高到 70%。旅游扶贫，金融扶贫，教育扶贫，电商扶贫，上千万贫困户走上了创富路。这场艰苦的攻坚战，还有全国 17. 68 万个党政机关、企事业单位，34300 多家民营企业参与，他们结对帮扶的对象，覆盖了全国所有贫困村。“中国最贫困人口的脱贫规模举世瞩目，速度之快绝无仅有。”这是来自联合国开发计划署前署长海伦·克拉克的盛赞。这五年，中国每年减贫 1391 万人。消除贫困、共同富裕，中国正在践行着国家制度的本质要求，这宏大誓愿，是人类历史上温暖的一页。中国每年减贫 1391 万，世界万亿 GDP 城市中国已占 12 席，东西帮扶西藏、重庆、贵州 GDP 增速排名全国前 3 位，2016 年长江经济带生产总值 33. 3 万亿元，是 2012 年的 1. 4 倍，2016 年京津冀生产总值 7. 46 万亿元，是 2012 年的 1. 3 倍，中国城镇化率达 57. 35%创历史新高。中国经济版图上，已经有 12 座城市跻身全球“GDP 万亿俱乐部”之列，而中国传统的省域经济，也开始向中心城市群经济转变。这些城市群，都已经是中国新的区域增长极。西部开发、东北振兴、中部崛起、东部率先，四大板块协调发展、协同发展、共同发展的战略进一步推进。独有的制度优势正在打破经济发展的“魔咒”，大手笔的顶层设计正在规划出中国发展的崭新空间。中国正在克服一个个困难，创造一个个奇迹。这是中国制度带来的自信，这是中国特色书写的传奇！

恩格斯曾说过：“我们不要过分陶醉于我们人类对自然界的胜利。对于每一次这样的胜利，自然界都对我们进行报复。”西方的工业化进程中，中国的快速发展中，都经历了这样的报复。面对经济增长和保护环境的矛盾不断加剧，取舍之间，考验的是决心、勇气和担当。习近平总书记指出：不以牺牲生态环境为代价换取经济的一时发展。我们提出来，既要金山银山，又要绿水青山。宁可要绿水青山，不要金山银山，因为绿水青山就是金山银山。2016 年全国新增水土流失治理面积比 2012 年增长 24.5%。2013 年到 2016 年，长三角 PM2.5 浓度下降了 31.3%，珠三角下降了 31.9%，全国空气质量达标的城市从 3 个增加到了 84 个，2016 年全国优良天数比例达到了 78.8%。2016 年，中国单位国内生产总值用水量比 2012 年下降了 23.9%，万元 GDP 能耗从 2012 年的 0.83 吨标准煤下降到 2016 年的 0.68 吨标准煤，可再生能源装机容量 5.7 亿千瓦，世界第一。作为海洋大国，保护、建设 300 万平方公里的蓝色国土，中国的海洋强国战略已经启动。最近五年中国修复海洋生态总投入超过 1100 亿元。全国近岸海域水质优良比例，五年来从 62.8%回升到 73.4%，劣五类水从 10.9%下降到 8.6%。中国人工林面积 10.4 亿亩，世界第一，中国沙化土地年均缩减 1980 平方公里，世界贡献第一，提前实现了联合国 2030 年沙化土地零增长的奋斗目标，联合国环境规划署盛赞中国是全球沙漠治理的典范。这五年，绿色发展的理念日益深入人心，建设美丽中国的行动不断升级提速。迈进生态文明的新时代，我们世代繁衍生息的家园正在成为一个天蓝、地绿、水净的大美中国！

牢牢把握人民群众对美好生活的向往，决胜全面建成小康社会。这五年，一大批民生工程正在惠及全体人民。中国，正在让 13 多亿人民拥有看得见、摸得着的获得感、幸福感。13 多亿人每天要吃掉 150 多万吨粮食，如何用不到世界 1/10 的耕地养育好占世界近 1/5 的人口，这几年国家下足了功夫。每年 3 万亿元的投入，正全面装备中国现代农业。“超级稻”，让中国粮食产量连续四年超过 12000 亿斤，这是世界罕见的奇迹。粮食产量突破 6 亿吨，世界第一。教育兴则国兴，教育强则国强，教育被摆在了优先发展的国家战略位置上。2016 年全面二孩政策落地，未来每年都会有 1700 万到 2000 万宝宝出生，把幼儿园学前教育纳入公共教育体系，国家又投入了 1300 多亿元。中国的教育经费总投入，已经连续五年占 GDP 的 4%以上。2016 年首次超过 3 万亿，比五年前增长了 1.3 万亿元。九年义务教育巩固率 93.4%，超过高收入国家平均水准，在全球九个发展中人口大国中，率先实现了全民教育目标。为了让家庭经济困难的孩子都能上学，国家投入了上千亿元。每人补助4块钱，免费午餐的国家工程，已经惠及全国3600万农村学生。文运与国运相牵，文脉与国脉相连。2016年中国文化产业年增加值突破3万亿元，比2012年增长了67.4%，占GDP比重首次超过4%。广播电视村村通向户户通、优质通、长期通升级，人口综合覆盖率超过98%。电视剧年产量近15000集，世界第一。中国的电影票房火爆，近45000块银幕，超过了整个北美地区的银幕数量总和，世界第一。农村数字电影放映工程，让最基层的百姓也能便捷地看上电影。覆盖城乡的公共图书馆、文化馆建设和农家书屋等文化惠民工程，正在打造书香中国。让2.2亿老人健康幸福地安度晚年，这是世界上绝无仅有的大工程。居家养老，这是中国正在努力发展的养老模式。五年来，国家累计投入50亿元，10万个农村幸福院、11万个社区居家养老服务中心，就这样建立起来。2017年年底，全国的社保卡就能通用，基本实现异地结算，102项福利一张卡就能办妥。实施城乡居民大病保险，覆盖人群超过十亿。基本医疗保险参保超13亿人，基本养老保险参保8.88亿人，中国人均寿命达76岁，超世界平均水平5岁。作为世界上城镇化速度最快的国家，中国每年要新增2000万城镇人口，比欧洲一个中等规模国家人口还要多，这是人类历史上规模最大的城镇化进程。这五年，中国城镇新增就业每年都超过1300万人，中国就业人数达7.7亿，在全球失业率居高难下的今天，这是了不起的成就。五年来，全国居民人均收入增长了44.3%。让每个人共享国家发展的红利，让每个人同享梦想成真的机会。同祖国，和时代一起，迈进全面小康社会。①

近年来，中国经济顶住下行压力，总体保持在合理区间，经济增长质量稳步提高；居民收入较快增长，就业快速增长，民生事业快速发展；贫困地区人畜饮用水问题大面积解决，新型农村合作医疗实现全覆

① 《辉煌中国》解说词．中国共产党新闻网，2017-09-22.

盖……中国梦正在化为百姓身边一个个实实在在的"就业梦""上学梦""住房梦""宜居梦""医保梦""小康梦"。

翻开圆梦的"时间表"，距离全面建成小康社会只有3年，距离建成社会主义现代化国家也只有30多年。

"实现我们确定的到2020年国内生产总值和城乡居民人均收入比2010年翻一番的目标，只要7%的增速就够了"；"对中国而言，'中等收入陷阱'过是肯定要过去的"；"我们有信心在改革发展稳定之间，以及稳增长、调结构、惠民生、促改革之间找到平衡点，使中国经济行稳致远"……中国领导人的言谈间充满自信。

与此同时，他们也清醒地认识到，中国仍然是世界上最大的发展中国家，创造13亿人的幸福美好生活绝非易事。中国在发展道路上仍然面临不少困难和挑战。实现中华民族伟大复兴的中国梦，还需要付出长期艰苦的努力。①

## 二、筑圆中国梦的经济发展挑战

中国经济，经过新中国成立60多年，特别是改革开放30多年来的高速增长和不断发展，已经成为全球经济的引擎，引来无数世人惊羡的目光。但是，冷静地观察和思考，会发现经济生活中还存在一系列待解决的问题，并集中在微观、中观、宏观、国际经济协调、政府治理等层面呈现出来，是实现中国梦必须破解的经济难题。

### (一)中国经济在微观层面必须直面的矛盾及挑战

首先，企业自主创新能力较差，缺乏核心技术和自主品牌，出口虽

① 中国梦成为凝聚人心的"最大公约数"——写在中国梦提出两周年之际．新华网，2014-11-28.

多，但附加价值较低。多年来，我们通过引进资金、技术，发挥低成本优势，逐渐成长为世界制造业大国，但出口产品大部分处在价值链低端，处在“微笑曲线”的加工组装部分，缺乏自己的研发、设计、自主创新和专有技术，“大而不强”一直是外贸出口的软肋。

其次，中国企业在缺少名优品牌、核心技术的同时，企业信仰缺失问题也不可小觑，少数企业唯利是图，突破道德底线，进行产品仿冒、掺假、造假现象大量存在，造成人身损害的案例时有发生。虽然只是少数企业所为，但损害了中国企业整体的产品形象和信誉，严重影响了消费者信心。

再次，中国经济增长的微观基础具有“高投入、高消耗、高排放、高污染”粗放特质，并给全社会带来日益严重的负外部影响，代价巨大。我国单位 GDP 的废弃物排放量远高于发达国家，二氧化硫、二氧化碳的排放总量位居世界首位。同时，高污染引发的生态退化问题突出，自然灾害增多，沉淀下来的社会财富减少，不仅造成巨大的经济损失，也降低了人民的生活质量，影响社会稳定与环境安全。

### (二)中国经济在中观层面必须直面的矛盾及挑战

中观层面的问题主要表现在产业结构和产业组织两个方面。

首先，产业结构不合理，产业结构升级缺乏动力。第三产业，特别是服务业发展滞后，而第二产业中的传统产业、低技术含量和低附加值的产业仍处于主导地位，内需不足与产能过剩并存。由于缺乏创新技术、新兴产业的引领，以至于我国的产业结构调整，诸如发展战略新兴产业，似乎离开了政府推动、政策引导，就会变得无所适从。

其次，产业组织不合理，过度竞争态势在许多产业死灰复燃。目前，我国钢铁、造船等传统产业出现严重的产能过剩，新兴产业如光伏、风电设备制造业也出现了产能过剩，还有一些产业已经出现产能过剩趋势。所谓新兴产业与传统产业并没有截然不同的产业组织规律，规避垄断与过度竞争，在适度竞争的氛围下，让企业拥有 R&D 和技术进步的动力、具有调节产量整合市场需求变化的能力，是在中观层面形成集约增长及可持续发展的重要一环。

### （三）中国经济在宏观层面须直面的矛盾与挑战

国际金融危机爆发以来，政府以有效的宏观调控政策保持了中国经济的稳定增长，为世界经济稳定增长做出巨大贡献。但宏观经济运行中的一系列深层次矛盾并未解决，甚至有所积累。主要表现在：

首先，国际金融危机爆发以后，全球经济低迷，中国低附加值、劳动密集型产品出口受阻。这本来应该是一个迫使中国经济主动进行经济结构调整、加快产业及产品结构升级，进而从根本上转变经济发展方式的有利时机。但是，由于政府采取了旨在稳定增长的一系列政策、措施（诸如 4 万亿投资扩大内需）。这些努力在实现稳定经济增长的同时，也诱发了新一轮的以基础设施投资为主要特征的大干快上。中国经济重新被拉回世界经济“老战车”并被锁定于国际产业链中低端进行加工配套的危险客观存在。中国转变经济发展方式仍任重而道远。

其次，政府投资拉动经济增长的负面效应显现，主要是形成了一种非市场的诱导效应，激发了各地区、各部门的盲目扩张冲动，遏制了企业的创新活力。其结果，一是产能过剩加剧，结构性矛盾凸显，二是由地方基本建设引致地方债务风险不断累计，财政金融风险放大。

最后，国民收入再分配制度有待改革。我国社会保障体系并未随城市化步伐加快而同步健全，住房、教育问题，“高龄少子”“未富先老”引发的养老困境、医疗问题等正在成为掣肘中国经济健康发展的不和谐因素，放大了初次分配业已形成的分配不公，加剧了公众对未来的不确定性，降低了人们的幸福感，是造成“拉动内需”却拉而不动尴尬的根本原因。如何通过国民收入再分配和完善的社会保障体系编制一个社会安全网，在化解社会矛盾的基础上增进全民共识，形成经济增长的不竭动力，从而跨越“中等收入陷阱”，是一个并不轻松的课题。

### (四)中国经济参与国际竞争面临的矛盾与挑战

中国在实现自己的国家梦想的过程中，应该对自身的处境有清醒地认识，不要被统计和预测冲昏了头脑。在中国经济崛起和复兴的过程中，来自先行发达国家的限制与控制正在呈现越来越明显的迹象。在贸易领域，一方面对中国进行高技术产品和技术封锁，另一方面对来自中国的商品的反倾销调查是最多的；在国际投资领域，一方面在中国国内市场封杀中国民族工业品牌，进行技术垄断，使中国以市场换技术的努力变成一种“与虎谋皮”的游戏，另一方面在本国则以国家经济安全为由阻止中国企业并购其企业。近年来，迫于虚拟经济膨胀带来的产业空心化及国内就业压力，以美国为代表的发达国家正在推动所谓“再工业化”战略，相关领域的竞争也日趋白热化。基于来自发达国家的限制和竞争，再考虑到新兴经济体和广大发展中国家与中国产业产品的同质化竞争，未来中国经济将不得不面对更加激烈的竞争格局。

### (五)打造中国经济“升级版”，政府治理面临的抉择和挑战

在已有的经济成就的基础上，打造中国经济的“升级版”，是进入新的发展阶段以后政府在治理经济方面努力追求的重要目标。但是，仅就经济领域而言，政府治理似乎也面临着若干矛盾的抉择及挑战。

第一，政府在市场经济中的作用“越位”与“缺位”并存的矛盾。“越位”即政府过多干预，替代市场直接配置资源。这会在很大程度上扭曲市场信号，有损市场规则和秩序，不利于公平竞争，不仅会造成很多损失浪费，得不偿失，也会诱发权力寻租，容易滋生腐败现象。政府过多干预的另一个直接后果是其应该发挥的作用，如提供公共产品、进行高质量的市场监管等，又往往注意力不够集中，做得不到位、不充分，引

发人民群众的不满，造成社会矛盾，即存在所谓政府"缺位"的问题。

第二，"放"与"管"的抉择。李克强总理指出：要转变政府职能，释放改革红利。释放改革红利，首先是一个"放"的问题。要简政放权，不能过多依赖政府主导和政策拉动来刺激经济增长，主要是刺激经济主体的积极性和创新活力，调动地方的积极性。要调整中央与地方的事权划分，进行财政转移支付制度改革，向地方下放行政审批权等等。① "放"的必要性毋庸置疑。鉴于我国市场经济的发育水平和微观经济主体的实际情形，大量危害国民生命安全健康的行为频繁发生，严格微观监管的理由和必要性同样非常充分。这就需要处理好"放"与"管"的辩证关系，该管的管好管住，不该管的就放开搞活，相信市场的力量。现实经济运动中的矛盾表明，该管与不该管的界限是模糊的。可能会出现该管的没管，理由是不该管。不该管的管了，理由是应该管。

第三，实现节能减排目标与推进投资平稳增长、实现国家工业化目标之间的两难选择。节能减排，建设资源节约、环境友好型社会，建设美丽中国，既是对子孙后代负责，也是对国际社会的庄严承诺。但是，中国毕竟是一个尚未实现国家工业化和经济现代化的发展中大国，平稳增加投资，不断扩大实体经济总量的必要性毋庸置疑。即便是成功走出一条中国特色的新型工业化道路，在现有的能源结构下，节能减排的压力巨大。如何平衡节能减排的需要与推进工业化的必要性之间的矛盾，实施包容性的微观监管政策是对政府治理能力的考验。

### 三、筑圆中国梦的经济战略路径

中国共产党第十九次全国代表大会的主题是：不忘初心，牢记使命，高举中国特色社会主义伟大旗帜，决胜全面建成小康社会，夺取新时代中国特色社会主义伟大胜利，为实现中华民族伟大复兴的中国梦不

---

① 李克强．转变政府职能释放改革红利[J]．人民日报，2013-05-15.

懈奋斗。党的十九大报告指出："从十九大到二十大，是'两个一百年'奋斗目标的历史交汇期。我们既要全面建成小康社会、实现第一个百年奋斗目标，又要乘势而上开启全面建设社会主义现代化国家新征程，向第二个百年奋斗目标进军。综合分析国际国内形势和我国发展条件，从2020年到本世纪中叶可以分两个阶段来安排。第一个阶段，从2020年到2035年，在全面建成小康社会的基础上，再奋斗十五年，基本实现社会主义现代化。第二个阶段，从2035年到本世纪中叶，在基本实现现代化的基础上，再奋斗十五年，把我国建成富强民主文明和谐美丽的社会主义现代化强国。从全面建成小康社会到基本实现现代化，再到全面建成社会主义现代化强国，是新时代中国特色社会主义发展的战略安排。我们要坚忍不拔、锲而不舍，奋力谱写社会主义现代化新征程的壮丽篇章"①

中国经济面临的各种矛盾与困扰表明，实现中华民族伟大复兴的中国梦，在经济上还有很艰难的路途要走。既然矛盾与挑战主要存在于从微观、中观、宏观、国际经济关系、政府治理等几个方面，解决问题的思路也应该从上述几个方面来寻找。

### (一)夯实中国梦的微观经济基础战略

十九大报告指出："我国经济已由高速增长阶段转向高质量发展阶段，正处在转变发展方式、优化经济结构、转换增长动力的攻关期，建设现代化经济体系是跨越关口的迫切要求和我国发展的战略目标。"②实现中国经济的伟大复兴，必须转变发展方式，而转变发展方式的基础在微观。这就需要在全社会营造一种有利于企业转变发展方式的氛围，并

① 摘自：习近平．决胜全面建成小康社会　夺取新时代中国特色社会主义伟大胜利[M]．人民出版社，2017：28-29.

② 习近平．决胜全面建成小康社会　夺取新时代中国特色社会主义伟大胜利[M]．人民出版社，2017：30.

提供相关激励与约束统一的制度安排和政策框架，使企业对中国经济新的发展理念、秩序及规则等有充分的认知，并能够采取正确的行动。各种所有制类型的企业都有自己的发展空间和机遇，应该选择在竞争中合作，在合作中竞争。而相互指责，把自身某种困境归咎于其他所有制企业的发展，不仅于事无补，而且毒化了社会气氛。作为微观经济基础重要组成部分的国有独资、国有控股、国有参股企业则要在追逐利润最大化的基础上回应国民的福祉诉求，同时在经济结构调整、转变发展方式、参与国际竞争的过程中，发挥好引领作用。

### (二)搭建中国梦的中观经济框架战略

十九大报告指出：“支持传统产业优化升级，加快发展现代服务业，瞄准国际标准提高水平。促进我国产业迈向全球价值链中高端，培育若干世界级先进制造业集群。”①实现中国经济的伟大复兴，基础在微观，重点在中观，关键在产业。提升中国产业效率和国际竞争力是核心，这同样需要转变发展方式。在中观层面，转变发展方式，首先，是以区域均衡协调发展为目标，坚持在划分国土功能区的基础上优化国土空间按开发格局，避免区域间产业结构趋同、产品结构趋同，解决重复生产、重复建设、破坏生态环境、危及可持续发展的问题。其次，调整产业结构，既要规避市场调节在产业结构调整中的时滞及盲目性，积极发挥政府干预的速效特质，也要防止政府干预的主观性，增强预见性，产业结构政策应该是导向性的，而主要还是发挥好市场配置资源的决定性作用。最后，调整产业组织结构。合理的产业组织状况的形成需要有某种替代市场的机制：一是需要企业之间的自我整合，通过兼并、联合、重组，即借助于“自组织”力量，协调产业内企业之间的关系以及

---

① 习近平．决胜全面建成小康社会　夺取新时代中国特色社会主义伟大胜利［M］．人民出版社，2017：30.

产业与市场的关系；二是发挥产业组织政策的“他组织”作用，在市场准入、退出、技术标准等方面引导企业规避垄断与过度竞争，在产业层面展开有效竞争。

### (三)构建中国梦的宏观经济大厦战略

十九大报告指出：“深化供给侧结构性改革。建设现代化经济体系，必须把发展经济的着力点放在实体经济上，把提高供给体系质量作为主攻方向，显著增强我国经济质量优势。”①从中国经济总体的层面构筑有利于实现中国经济伟大复兴的宏观经济大厦，核心还是从根本上转变经济发展方式。首先，从中国经济发展进入新的阶段的实际出发，应重视国民经济的结构调节和供给管理，慎重运用总量调节和需求管理，紧紧围绕实体经济这一核心建立起国民经济的结构性均衡，不断提高供给效率，宏观经济的稳定才有坚实的基础。其次，高度重视在实体经济，特别是物质生产领域采取一系列旨在扩大就业的政策，扩张实体经济总量与提升实体经济效率并重，通过大中小企业并举、资本技术密集型与劳动密集型并举、细化产业内的分工合作等途径吸纳更多的劳动人口就业。再次，调整宏观经济的牵引力结构，改变出口、投资‘狂奔”，而消费“跛足”前行的不正常状况，通过国民收入再分配，增加劳动收入，增加消费，扩大国内消费需求。同时，进一步完善社会保障体系，尽快建立覆盖城乡居民的、地域间非歧视的社会保障网，实现基本公共服务均等化。最后，调整投资结构，政府基础设施投资重点主要应该是棚户区改造、城市地下管网建设、西部铁路、城际铁路及地铁等关乎长远利益的投资领域。同时启动社会投资，在金融、铁路、石油、电力等垄断性部门更大程度上向社会资本开放，充分利用好社会资本的作用。

---

①　习近平．决胜全面建成小康社会　夺取新时代中国特色社会主义伟大胜利［M］．人民出版社，2017：30.

### （四）协调实现中国梦的国际经济环境战略

十九大报告指出：“推动形成全面开放新格局。开放带来进步，封闭必然落后。中国开放的大门不会关闭，只会越开越大。……拓展对外贸易，培育贸易新业态新模式，推进贸易强国建设。”①如何从发达国家围堵和新兴经济体的同质化竞争中成功突破，独辟蹊径，化蛹为蝶，是中国经济实现伟大复兴，为实现中国梦奠定物质基础的关键一步。从根本上说，获得更有利的贸易地位和更高的国民所得，实现高水平的国民福祉，占有更多的全球稀缺资源，最终都取决于中国参与国际竞争的产品劳动生产率的提高。因为按照国际价值规律，劳动生产率与商品的国际价值量成正比，只有劳动生产率较高的国民劳动才被认为是单位时间内创造更多价值的劳动。靠人工低成本维系的加工、代工战略参与国际竞争是没有出路、不可持续的，事实也已经走入穷途末路。打造中国经济的“升级版”，主要是通过结构调整、创新驱动，提升中国产业、企业及其产品的生产效率，从根本上提高其国际竞争力。惟其如此，才能逐步摆脱“中国卖什么，什么便宜；中国买什么，什么贵”的尴尬；不再做那种用廉价劳动向全世界提供物美价廉的消费品，但却被指责向全世界输出“通缩”的蠢事。

### （五）改进护佑中国梦的政府治理战略

十九大报告指出：“解放和发展社会生产力，是社会主义的本质要求。我们要激发全社会创造力和发展活力，努力实现更高质量、更有效

---

① 习近平．决胜全面建成小康社会 夺取新时代中国特色社会主义伟大胜利［M］．人民出版社，2017：34-35.

率、更加公平、更可持续的发展！”①中国梦是人民的梦，强势而理性的政府治理是护佑中国梦实现的重要的、不可或缺的力量。实现中国经济的伟大复兴，当然离不开政府对中国经济的“善治”。改革开放30多年来，特别是经历亚洲金融危机、国际金融危机和欧洲主权债务危机冲击以后，中国政府在经济问题上的驾驭能力和治理水平都有上乘的表现，并体现出西方国家政府所不具备的明显优势。但毋庸讳言，中国政府在经济生活中扮演的角色仍有很大的改进空间，政府治理水平仍有待提升。从根本上说，就是要解决好政府在市场经济中的‘越位”和‘缺位”并存的问题，减少政府对市场的不当干预，增强政府宏观调控、市场监管、公共服务和社会管理等应有职能，为市场在资源配置中起决定性作用创造条件，同时更好发挥政府的作用。

① 习近平．决胜全面建成小康社会　夺取新时代中国特色社会主义伟大胜利[M]．人民出版社，2017：35.

# 本章结语

## 一、中国梦战略对党制定经济发展战略的指导意义

第一，中国梦战略内含的基本问题是怎样整体推进中华民族伟大复兴。中国梦“出场”有其历史特定性：我国国内经济社会发展进入一个跨越“中等收入陷阱”的新阶段，国际上2010年超过日本成为世界第二大经济体，而日本2012年GDP下降到中国的72.49%。中华民族忍受了20世纪最严重的灾难，注定要成为21世纪的世界领导力量之一。① 就这个“历史情结”而言，中国梦的“基本元素”是“中华民族伟大复兴的梦想”这一“中国元素”，其“始源”或“原生态”不是什么其他“梦”，而是国家梦、民族梦，它是在邓小平理论、“三个代表”重要思想、科学发展观所解决了的“怎样建设社会主义”“怎样建设党”“怎样发展”这些重大问题的基础上把这些成果予以“集成”，现实“中华民族伟大复兴”问题的整体破解。正如习近平总书记所指出的，经过鸦片战争以来170多年的持续奋斗，中华民族伟大复兴展现出光明的前景。现在，我们比历史上任何时期都更接近中华民族伟大复兴的目标，比历史上任何时期都更有信心、有能力实现这个目标。② 这样，中国梦内含的基本问题无

---

① ［美］尼克松．1999不战而胜［M］．上海三联书店，1989：236.

② 承前启后继往开来继续朝着中华民族伟大复兴目标奋勇前进［N］．人民日报，2012-11-30.

疑是如何整体推进"中华民族伟大复兴"的问题。可以说，如何整体推进"中华民族伟大复兴"的问题构成中国梦战略的"基本问题"。尽管她也要继续深入中国特色社会主义理论体系关于"怎样建设社会主义""怎样建设党""怎样发展"这些重大问题，但不会在原有语境里"踏步"，而要凸显中国元素或中华历史"使命"。这正是中国梦的历史新起点与战略新意所在。

第二，中国梦战略内含未来中国共产党在经济工作中和经济发展战略的制定中必须面对和解决的难题。改革开放以来，中国人民在中国共产党的带领下，在"中国道路"的指引下，创造了令西方世界惊叹的"中国震撼"。当前，中国 GDP 总量位居世界第一，综合国力稳步增强，在国际社会中的话语权不断增强，在一定程度上具备了放飞了"中国梦"的实力与信心。但同时，必须看到，在未来的现代化进程中，伴随经济总量规模的扩大，中国也面临诸多制约现代化和民族复兴长足推进的约束因素。比如"中等收入陷阱"的危险，"两难"问题多发，"发展后问题"凸显，发展的外部环境出现新的变化，遇到了来自国际社会的各种遏制和制约，实事求是而言，现阶段追寻"中国梦"仍然是任重而道远。尽管我国 GDP 总量已经跃居世界第二，但是数量与质量之间并非是线性对等的关系，GDP 的结构在某种程度上显得更为重要，过去的经济增长成就并不能保证未来的增长表现，整体收入水平的提高也不意味着发展自然而然是包容性和分享型的，从中等收入阶段向高收入阶段跨越的任务，比摆脱贫困陷阱的任务更加艰难。实现伟大的梦想需要付出更加巨大的努力。

第三，中国梦战略指明了中国共产党在经济工作中和经济发展战略的制定中的立足点。以习近平为总书记的中国共产党人适时提出的"中国梦"口号，其对于凝聚民族共识、规划中华民族民远发展和推进中国社会主义事业的健康前行具有深远的价值与意义。"中国梦"无疑在某种程度上成为每个中国人民都可以梦想并能切身感受到的感性存在。也正如习近平总书记所言"中国梦"归根结底而言，是人民的梦。"生活在我们伟大祖国和伟大时代的中国人民，共同享有人生出彩的机会，共同享有梦想成真的机会，共同享有同祖国和时代一起成长与进步的机会。”①中国人为自己提出的一个宏伟目标是：到 2050 年中华人民共和国成立 100 年之际，实现中华民族伟大复兴。这个“中国梦”被表述为“复兴”而不是“振兴”，随着中国经济的持续高速发展和综合国力的迅速提高，重新取得物质文明和精神文明的世界领先地位，越来越成为亿万中国人的现实梦想，被恰如其分地表述为“中国梦”。中国梦的胜利实现，必须始终坚持共产主义远大理想的指导，但也需深刻地根植于中国特色社会主义初级阶段基本国情的总依据，通过脚踏实地的“实干”而非在“空谈”中，不断开辟逐梦之旅的新篇章。

## 二、“中国梦”视角下对“圆梦”之旅的战略评价

“中国梦”具有鲜明的时代性。“中国梦”贯穿过去、现在、未来，是中华五千年、近代百余年、中华人民共和国成立 60 余年、改革开放 30 余年的伟大历史继续。站在新的历史起点上，中国有着鲜明的新时代特点：它是新一代领导集体对中国和世界未来政治宣言书，与全面建成小康社会、基本实现现代化重大历史任务的高度结合，是真正实现民族复兴、国家富强和人民幸福与中国全面走向世界、实现自主辐射型现代化统一的历史开篇。近代以来，无论“被动输入型现代化”阶段或“自主输入型现代化”阶段，主旨都是“世界走向中国”，着力打造的都是“世界现代化进程的中国特色”，那么，今天，以“中国梦”的当代出场为标志，自主创新的中国道路将开启“自主辐射型现代化”时代，“中国梦”将成为走向世界的中国标志。习近平主席在 2013 年 3 月 17 日，第

① 习近平．在第十一届全国人民代表人会第一次会议上的讲话[N]．人民日报，2013-03-18.

十二届全国人民代表大会第一次会议闭幕会上发表重要讲话，习近平指出，实现中国梦必须走中国道路、必须弘扬中国精神、必须凝聚中国力量，这为“中国梦”的实现进行了顶层设计。

第一，坚持改革开放是“中国梦”的实现途径。习近平总书记在提出“中国梦”的同时，也强调了“空谈误国、实干兴邦”。“中国梦”是以实践为基础的科学理想，只有通过坚持不懈的实干，才能变为生活中的现实。习近平总书记在十九大报告中强调：“实现“两个一百年”奋斗目标、实现中华民族伟大复兴的中国梦，不断提高人民生活水平，必须坚定不移把发展作为党执政兴国的第一要务，坚持解放和发展社会生产力，坚持社会主义市场经济改革方向，推动经济持续健康发展。”①邓小平讲过三句话，第一句话是“我们要赶上时代，这是改革要达到的目的”；第二句话是“再不实行改革，我们的现代化事业和社会主义事业就会被葬送”。第三句话是“不坚持社会主义，不改革开放，不改善人民生活，只能是死路一条”；这三句话非常给力，表达了我们改革开放完全是被逼的，被时代所逼，被我们党的历史使命所逼，被中国人的梦想所逼。内部的发展困境，外部的发展压力，使人民群众产生了强烈的求强求富的要求，也使全党上下形成了强烈的危机意识，从而促使我们党作出了一个重大决策：在中国实行改革开放。在改革中获得进步，在开放中寻求更大发展，在改革开放中发展中国成为我们党在新时期最重要的创新举措，成为我们党拯救社会主义与中国前途命运最关键的选择。我们必须毫不动摇推进改革开放，永不僵化、永不停滞，不断开创中国特色社会主义事业的新局面。只要我们遵循改革开放和建设中国特色社会主义的内在逻辑，“中国梦”就一定会在不久的将来实现。

第二，构筑和谐社会是“中国梦”的社会基础。中国共产党自成立

---

① 习近平．决胜全面建成小康社会 夺取新时代中国特色社会主义伟大胜利［M］．人民出版社，2017：29-30.

之日起，就把实现和维护社会公平正义作为始终不渝的价值目标。党的十八大报告指出：“公平正义是中国特色社会主义的内在要求。要在全体人民共同奋斗、经济社会发展的基础上，加紧建设对保障社会公平正义具有重大作用的制度，逐步建立以权利公平、机会公平、规则公平为主要内容的社会保障体系，努力营造公平的社会环境，保证人民平等参与、平等发展权利。”①让每个公民都能在一个公平、公正、公开的竞争环境中，享有人生出彩的机会，享有梦想成真的机会。维护社会公平正义，是为了实现社会和谐。社会和谐是中国特色社会主义的本质属性，党的十八报告指出：“要多谋民生之利，多解民生之忧，解决好人民最关心最直接最现实的利益问题，在学有所教、劳有所得、病有所医、老有所养、住有所居上持续取得新进展，努力让人民过上更好生活。”②中国梦是社会和谐之梦，改善民生是梦想之本。只有人民安居乐业、社会安定有序、国家长治久安，才能筑牢实现梦想的社会基础。党领导社会主义和谐社会建设，是实现“中国梦”不可或缺的重要社会和群众基础。“中国梦”是中国共产党倡导的主流意识形态大众化再造与再融合，归根到底是人民的梦，如何去实现“中国梦”，首先要从群众中来，再到群众中去。习近平总书记在十九大报告中强调指出：“全党必须牢记，为什么人的问题，是检验一个政党、一个政权性质的试金石。带领人民创造美好生活，是我们党始终不渝的奋斗目标。必须始终把人民利益摆在至高无上的地位，让改革发展成果更多更公平惠及全体人民，朝着实现全体人民共同富裕不断迈进。”③纵观我国这些年来推进和谐社会建设的具体实践，时时处处、方方面面都体现了以人为本这一基本理念。党

① 中国共产党第十八次全国代表大会文件汇编[M]. 人民出版社，2012：13-14.

② 中国共产党第十八次全国代表大会文件汇编[M]. 人民出版社，2012：31.

③ 习近平. 决胜全面建成小康社会 夺取新时代中国特色社会主义伟大胜利[M]. 人民出版社，2017：44.

中央不断强化和谐社会体制和机制建设，先后推出了“社会管理创新”、“平安中国”建设等重大举措，为实现“中国梦”保驾护航。特别是十分重视加强协商民主和基层民主建设，以民主的方法促进社会和谐，探索了新的路子。

第三，共同富裕是“中国梦”的民众向往。共同富裕既是社会主义的根本原则，也是中国梦的基本要求。社会主义相较资本主义最大的优势是共同富裕。习近平总书记说，“人民对美好生活的向往，就是我们的奋斗目标”。“人世间的一切幸福都要靠辛勤劳动来创造。”①“中国梦”凝聚了人民对美好生活的向往和追求，道出了中国人民的心声，千百年来，中国老百姓企盼的就是“过上好日子”。党的十九大报告要求：“不断满足人民日益增长的美好生活需要，不断促进社会公平正义，形成有效的社会治理、良好的社会秩序，使人民获得感、幸福感、安全感更加充实、更有保障、更可持续。”②这反映了全国人民的共同心声。习近平总书记强调：“中国梦归根到底是人民的梦，必须紧紧依靠人民来实现，必须不断为人民造福。”“中国梦”是中国各族人民利益的汇合点，“中国梦”把共同富裕作为根本追求。把人民群众的根本利益作为社会发展的价值追求，指明了中国道路的价值归宿。人民群众是中国道路和中国梦的价值主体，只有实现人民当家作主，改善人民生活水平，提高人民的幸福感，才能实现中国道路和中国梦在价值层面的内在统一。“中国梦”既鼓励“人生出彩”，又着眼于个人与民族、国家同好，这是一幅中国社会的现实图景，里面充满了个体成员的人生特写。当我们把“国”与“家”、“民”与“族”融为一体，共同富裕的根本追求就会成为现实。

---

① 习近平．在十八届中央政治局常委同中外记者见面时的讲话，人民网，2012-11-15.

② 习近平．决胜全面建成小康社会　夺取新时代中国特色社会主义伟大胜利［M］．人民出版社，2017：45.

第四，生态文明是“中国梦”的美好蓝图。在“人类中心主义价值观”驱使下，日益严峻的环境问题已严重影响人类自身的生存和发展。党的十八大报告关于“大力推进生态文明建设”的论述，尤其是“五位一体”和“建设美丽中国”的提法，体现了中国共产党绿色革新里程碑式的重大意义。党的十九大报告进一步指出：“我们要建设的现代化是人与自然和谐共生的现代化，既要创造更多物质财富和精神财富以满足人民日益增长的美好生活需要，也要提供更多优质生态产品以满足人民日益增长的优美生态环境需要。”①中国生态文明建设既是一项特殊性试验，也是一项普遍性创举。中国的生态文明建设在很大程度上是主动解决进入工业化、城市化后出现的生态环境难题的理论自觉与实践努力。严格意义上的生态文明是基于一种全新的生活方式、制度框架和文化价值观念的结果，是一种渐进的、累积的长期演进的历史过程。我国的生态文明建设还是相当粗放的，还只是刚刚起步，远没有真正成为全社会的共识和自觉的行动。中国的各级地方政府如能够率先实现一种生态化超越现代化的绿色复兴，将会克服当今中国发展中的诸多难题，成为应对环境难题的正能量、正效应，其示范和启示价值不言而喻，从而为建设美丽中国，进而实现“中国梦”描绘出更加美好的蓝图。

第五，“中国梦”与亚太梦、世界梦同频共振。近年来，中国最高领导人在遍及五大洲的访问行程中一次次阐释中国梦，不仅勾画出梦想交织的瑰丽画卷，更实实在在地推动着中国与世界携手同行。中国在APEC北京会议周上，向世界展示了创造和实现亚太梦想的宏伟画卷，引领中国梦与亚太梦、世界梦比翼齐飞。全球化背景下，中国梦将个人与民族的命运紧紧相连，也将中国与世界的命运紧紧相连。党的十九大报告指出：“我们生活的世界充满希望，也充满挑战。我们不能因现实

---

① 习近平．决胜全面建成小康社会　夺取新时代中国特色社会主义伟大胜利［M］．人民出版社，2017：50.

复杂而放弃梦想，不能因理想遥远而放弃追求。没有哪个国家能够独自应对人类面临的各种挑战，也没有哪个国家能够退回到自我封闭的孤岛。① 中国的崛起对于世界意义非凡，崛起的中国怀揣着中国梦融入世界就更具非凡的意义，它给人类梦想注入新理念、给全球发展增添新活力、给世界文化带来新繁荣、给国际舞台充实新话语。中国梦不仅是一种美好的梦想，更是追求梦想的现实行动，它必将把中国重新推回国际舞台的中央，唱响这个时代的主旋律和最强音。

---

① 习近平．决胜全面建成小康社会　夺取新时代中国特色社会主义伟大胜利［M］．人民出版社，2017：58.

# 参考文献

## （一）马克思主义经典著作和中央重要文献


[1]马克思恩格斯选集(第1—4卷)[M]. 北京：人民出版社，1995.

[2]马克思恩格斯全集(第2、3、4、19、21、23、25、26、34、42、46(上、下)、48卷)[M]. 北京：人民出版社，1958—1985.

[3]自然辩证法[M]. 北京：人民出版社，1975.

[4]列宁全集(第2、3、4、34、36、37、40、41、43卷)[M]. 北京：人民出版社，1984—1987.

[5]斯大林全集(第8、11、13卷)[M]. 北京：人民出版社，1955—1956.

[6]斯大林选集下卷[M]. 北京：人民出版社，1979.

[7]毛泽东文集(第6—8卷)[M]. 北京：人民出版社，1999.

[8]刘少奇选集下卷[M]. 北京：人民出版社，1985.

[9]周恩来选集下卷[M]. 北京：人民出版社，1984.

[10]周恩来经济文选[M]. 北京：中央文献出版社，1993.

[11]邓小平文选(第1—3卷)[M]. 北京：人民出版社，1993—1994.

[12]邓小平年谱(一九七五—一九九七)(上)[M]. 北京：中央文献出版社，2004.

[13]江泽民文选(第1—3卷)[M]. 北京：人民出版社，2006.

[14]江泽民．论“三个代表”[M]．北京：中央文献出版社，2001.
[15]江泽民．江泽民论有中国特色社会主义(专题摘编)[M]．北京：中央文献出版社，2002.
[16]江泽民．论党的建设[M]．北京：中央文献出版社，2001.
[17]胡锦涛．在“三个代表”重要思想理论研讨会上的讲话[M]．北京：人民出版社，2003.
[18]温家宝．中共中央国务院关于进一步加强人才工作的决定[M]．北京：人民出版社，2004.
[19]三中全会以来重要文献选编(上、下)[M]．北京：人民出版社，1982.
[20]十一届三中全会以来农村政策文件选集[M]．北京：中共中央党校出版社，1985.
[21]十三大以来重要文献选编[M]．北京：人民出版社，1991.
[22]中国共产党第十三次全国代表大会文件汇编[M]．北京：人民出版社，1987.
[23]十四大以来重要文献选编(上)[M]．北京：人民出版社，1996.
[24]十五大以来重要文献选编(上)[M]．北京：人民出版社，2000.
[25]十六大以重要文献选编(中)[M]．北京：中央文献出版社，2006.
[26]十七大以来重要文献选编(上、中)[M]．北京：中央文献出版社，2009.
[27]改革开放三十年重要文献选编(下)[M]．北京：中央文献出版社，2008.
[28]建国以来国民经济和社会发展五年计划重要文件汇编[M]．北京：中国民主法制出版社，2008.
[29]中华人民共和国国民经济和社会发展第十二个五年规划纲要[M]．北京：人民出版社，2011.
[30]中国共产党中央委员会关于建国以来党的若干历史问题的决议

[M]. 北京：人民出版社，1981.
[31]新时期环境保护重要文献选编[M]. 北京：中国环境科学出版社，2001.
[32]中共中央关于完善社会主义市场经济体制若干问题的决定[M]. 北京：人民出版社，2003.
[33]中共中央关于加强党的执政能力建设的决定[M]. 北京：人民出版社，2004.
[34]江泽民. 论社会主义市场经济[M]. 北京：中央文献出版社，2006.
[35]胡锦涛. 坚定不移沿着中国特色社会主义道路前进，为全面建成小康社会而奋斗[M]. 北京：人民出版社，2012.
[36]习近平. 决胜全面建成小康社会　夺取新时代中国特色社会主义伟大胜利[M]. 北京：人民出版社，2017.

## (二)统计资料和发展报告

[1]迈向21世纪——联合国环境与发展大会文献汇编[M]. 北京：中国环境科学出版社，1992.
[2]中国统计年鉴1985[M]. 北京：中国统计出版社，1985.
[3]联合国开发计划署. 2003年人类发展报告[M]. 北京：中国财政经济出版社，2003.
[4]国家统计局. 新时代新跨越——从十三届四中全会到十六大[M]. 北京：中国统计出版社，2002.
[5]汪小娟. 中国经济运行与政策报告——迈向全面小康社会的中国经济[M]. 北京：社会科学献出版社，2003.
[6]王洛林. 中国战略机遇期的经济发展研究报告(2005—2020)[M]. 北京：社会科学文献出版社，2005.

[7]中国科学院可持续发展战略研究组.2012 中国可持续发展战略报告[M]. 北京：科学出版社，2012.

(三)相关理论著作

[1]顾海良. 马克思主义发展史[M]. 北京：中国人民大学出版社，2009.
[2]顾海良. 马克思经济思想的当代视界[M]. 北京：经济科学出版社，2005.
[3]顾海良. 中国特色社会主义理论体系研究[M]. 北京：中国人民大学出版社，2009.
[4]王元璋. 马克思主义经济发展思想史[M]. 乌鲁木齐：新疆人民出版社，2006.
[5]王元璋. 列宁经济发展思想研究[M]. 武汉：武汉大学出版社，1995.
[6]武力. 中华人民共和国经济史[M]. 北京：中国时代经济出版社，2010.
[7]武力. 中国共产党与当代中国经济发展研究(1949—2006)[M]. 北京：中共党史出版社，2008.
[8]赵凌云. 中国共产党经济工作史[M]. 北京：中国财政经济出版社，2011.
[9]何炼成，李忠民. 中国特色社会主义发展经济学[M]. 北京：中国社会科学出版社，2009.
[10]吴敬琏. 当代中国经济改革[M]. 上海：上海远东出版社，2004.
[11]庞仁芝. 科学发展观——中国共产党人不懈探索的结晶[M]. 北京：人民出版社，2007.
[12]郭万超. 当代中国经济发展战略[M]. 北京：首都师范大学出版社，2007.
[13]白永秀，任保平，何爱平等. 中国共产党经济思想 90 年[M]. 北京：人民出版社，2011.

[14]本书编写组．科学发展观与中国“十一五”经济社会发展战略[M]．北京：红旗出版社，，2005.
[15]国家发展和改革委员会经济研究所．中国经济：“十二五”战略思路与政策选择[M]．北京：经济科学出版社，，2010.
[16]柳随年，吴群敢．“文化大革命”时期的国民经济[M]．哈尔滨：黑龙江人民出版社，1986.
[17]洪银兴．可持续发展经济学[M]．北京：商务印书馆，2000.
[18]吴树青．邓小平理论与当代中国经济学[M]．北京：北京大学出版社，2002.
[19]范燕宁，邱耕田．邓小平发展理论与科学发展观[M]．北京：首都师范大学出版社，2004.
[20]沈承刚．邓小平经济政策思想研究论纲[M]．北京：中共中央党校出版社，2004.
[21]于景森．震荡中发展——新中国经济30年[M]．北京：中央文献出版社，2006.
[22]苏星．新中国经济史[M]．北京：中共中央党校出版社，2007.
[23]简新华．中国经济发展探索[M]．武汉：武汉大学出版社，2007.
[24]于光远．经济、社会发展战略[M]．北京：中国社会科学出版社，1982.
[25]刘国光．中国经济发展战略问题研究[M]．上海：上海人民出版社，1984.
[26]董辅礽．经济发展战略研究[M]．北京：经济科学出版社，1988.
[27]刘光杰．中国经济发展战略理论研究[M]．武汉：武汉大学出版社，1995.
[28]李成勋．经济发展战略学[M]．北京：知识产权出版社，2009.
[29]国家发展与改革委员会学术委员会编写组．转变经济发展方式研究[M]．北京：中国计划出版社，2009.
[30]张卓元．新中国经济学史纲[M]．北京：中国社会科学出版社，

2012.
[31]程恩富．科学发展观与中国经济改革和开放[M]．上海：上海财经大学出版社，2012.
[32]邓楠．可持续发展——人类关怀未来[M]．哈尔滨：黑龙江教育出版社，1997.
[33]陈耀邦．可持续发展战略读本[M]．北京：中国计划出版社，1996.
[34]谭崇台．发展经济学[M]．上海：上海人民出版社，1999.
[35]秦麟征．发展战略论[M]．郑州：河南人民出版社，1997.
[36]周肇光．市场经济体制化比较与对策[M]．合肥：安徽大学出版社，2002.
[37]李炳炎．共同富裕经济学[M]．北京：经济科学出版社，2006.
[38]薛暮桥．中国社会主义经济问题研究[M]．广州：广东经济出版社，1998.
[39]单秀法，王晓辉．邓小平战略思想与21世纪的中国战略[M]．上海：上海人民出版社，2004.
[40]山东省邓小平理论研究中心组．社会协调发展与人的全面发展——江泽民全面发展思想研究[M]．济南：山东人民出版社，2002.
[41]杨建文．发展是执政兴国的第一要务[M]．上海：上海社会科学院出版社，2002.
[42]丁俊萍．中国共产党解放和发展生产力思想研究[M]．武汉：武汉大学出版社，1999.
[43]胡大平，姜迎春，郭棒树．全面建设小康社会与人的全面发展[M]．南京：江苏人民出版社，2005.
[44]张云飞．科学发展观与全面小康[M]．北京：社会科学文献出版社，2005.
[45]中国人民解放军国防大学党史党建政工教研室．中共党史教学参考资料(第21册)[M]．北京：国防大学出版社，1989.

[46]何金铭等．当代陕西简史[M]．北京：当代中国出版社，1996.
[47]陈晓律．世界现代化历程(西欧卷)[M]．南京：江苏人民出版社，2010.
[48]本书编写组．毛泽东思想和中国特色社会主义理论体系概论[M]．北京：高等教育出版社，2010.
[49]赵凌云．中国发展过大关[M]．武汉：湖北人民出版社，2008.
[50]郭德宏，王海光，韩纲．中华人民共和国专题史稿 V[M]．成都：四川人民出版社，2004.
[51]高挺先．与时俱进的中国——党的十三届四中全会以来的历程[M]．济南：山东人民出版社，2003.
[52][美]赫希曼．经济发展战略[M]．北京：经济科学出版社，1991.
[53][美]约翰·柯林斯．大战略[M]．北京：中国人民解放军战士出版社，1978.
[54][美]斯蒂格利茨．社会主义向何处去——经济体制转型的理论与证据[M]．长春：吉林人民出版社，1998.
[55][美]塞缪尔·亨廷顿．现代化：理论与历史经验再探讨[M]．上海：上海译文出版社，1993.
[56][美]西蒙·库兹涅茨．现代经济增长[M]．北京：北京经济学院出版社，1989.
[57][美]约瑟夫．熊彼特．经济发展理论[M]．北京：商务印书馆，1997.
[58][美]梅多斯·弗雷斯特．增长的极限[M]．北京：商务印书馆，1984.
[59]联合国教科文组织．内源发展战略[M]．北京：社会科学文献出版社，1988.
[60]联合国教科文组织．发展的新战略[M]．北京：中国对外翻译出版公司，1990.
[61][美]梅萨罗维克·佩斯特尔．人类处于转折点[M]．上海：三联

书店，1987.
[62][法]弗朗索瓦·佩鲁．新发展观[M]．北京：华夏出版社，1987.
[63]世界环境与发展委员会．我们共同的未来[M]．长春：吉林人民出版社，1997.
[64]莱斯特务尔·R·布朗．建设一个持续发展的社会[M]．北京：科学技术文献出版社，1984.
[65]联合国环境与发展会议.21世纪议程[M]．北京：中国环境科学出版社，1993.
[66][美]西里尔·E布莱克．比较现代化[M]．上海：上海译文出版社，1996.
[67][美]塞缪尔·亨廷顿，琼·纳尔逊．难以抉择——发展中国家的政治参与[M]．北京：华夏出版社，1989.
[68][美]彼得·柏格．发展理论的反省——第三世界发展的困境[M]．中国台北：巨流图书公司，1981.
[69][美]吉尔伯特·罗兹曼．中国的现代化[M]．南京：江苏人民出版社，2003.
[70][印]阿嘎瓦拉．中国的崛起：威胁还是机遇[M]．太原：山西经济出版社，2004.
[71]W. W. Rostrow, The Stages of Economic Growth[M]. Cambridge University Press, 1960.

(四)中文论文类

[1]郑必坚．继续抓住和用好我国发展的重要战略机遇期[J]．党建研究，2010，11.
[2]李慎明．紧紧抓住两大战略机遇，力争延长国际战略机遇期[J]．红旗文稿，2011，13.
[3]刘宁宁，孙庆杰．全面建设小康社会战略目标的经济思考[J]．马克

思主义与现实，2003，5.
[4]秋石．我们的道路越走越宽广——信心百倍为全面建成小康社会而奋斗[J]．求是，2012，21.
[5]李德水．加快转变经济增长方式[J]．求是，2005，21.
[6]武力．中国共产党对转变经济增长方式的认识与实践[J]．教学研究，2006，5.
[7]魏杰．改革开放三十年来中国对外开放战略的变革[J]．中国金融，2008，6.
[8]罗发海．以人为本是邓小平制定改革开放战略的重要支点[J]．当代世界与社会主义，2006，3.
[9]顾海良．中国特色社会主义经济学的理论创新[J]．前线，2011，08.
[10]简新华，曾宪明．科学发展观的形成、贡献和落实[J]．经济动态，2005，1.
[11]胡宝元．三代中央领导集体核心经济发展战略思想比较研究[J]．理论界，2005，6.
[12]寿思华．毛泽东经济发展战略思想探究[J]．改革与战略，2012，1.
[13]贺耀敏．邓小平对中国经济发展战略的积极探索[J]．教学与研究，2004，9.
[14]孔诤．发展是党执政兴国的第一要务[J]．求索，2003，2.
[15]徐崇温．科学发展观：提出的背景和依据[J]．广东社会科学，2008，5.
[16]武国友．江泽民“小三步走”战略思想关于发展的大思路及其理论价值[J]．北京交通大学学报，2004，3.
[17]李实等．中国居民财产分布不均等及其原因的经验分析[J]．经济研究，2009，1.
[18]程恩富．中国模式的经济体制特征和内涵[J]．经济学动态，2009，12.

[19]郭熙保，张进铭．论发展中国家的后发优势[J]．经济评论，2001，5.

[20]国家发改委经济研究所课题组．面向 2020 年的中国经济发展战略研究[J]．经济研究参考，2012，43.

[21]方兴起．市场经济：新视角下的重新认识——一种马克思主义经济学的解析[J]．马克思主义研究，2008，1.

[22]李国光．当前世界经济危机中中国的表现与中国特色社会主义模式的关系[J]．高校理论战线，2009，5.

[23]王伟光．中国改革开放和中国发展道路[J]．马克思主义研究，2008，5.

[24]方兴起．重建马克思主义经济学的探索[J]．经济评论，2006，6.

[25]冯雁秋．后发优势悖论与中国的战略技术选择[J]．世界经济，2000，7.

[26]曾培炎．树立和落实科学发展观是我们党推进全面建设小康社会的重大决策[J]．2004，4.

[27]谢春涛．大跃进"口号溯源[J]．党史纵横，1989，5.

[28]陈锡华．毛泽东对初级阶段基本路线探索的贡献与失误[J]．安徽省委党校学报，1993，1.

[29]王梦奎．关于统筹城乡发展和统筹区域发展[J]．管理世界，2004，4.

[30]马凯．建设节约型社会促进可持续发展[J]．中国经贸导刊，2005，13.

[31]庞元正．邓小平与中国式的现代化道路[J]．理论学习与研究，1999，5.

[32]王雅林，何明升．论现代化的发展质量[J]．社会学研究，1997，3.

[33]丰子义．九十年代社会发展理论研究述评[J]．教学与研究，1996，4.

[34]赵凌云，张连辉．新中国成立以来发展观与发展模式的历史互动[J]．当代中国史研究，2005，1.

[35]李强，张海辉．中国城市布局与人口高密度社会[J]．战略与管理，2004，3.
[36]秋石．科学发展观就是社会主义发展观[J]．求是，2005，21.
[37]“全面建设小康社会统计监测”课题组．中国全面建设小康社会进程监测报告(2010)[J]．调研世界，2010，12.

（五）报纸类

[1]邓小平．解放思想、实事求是、团结一致向前看[N]．人民日报，1978-12-13.
[2]贺铿．全面小康社会怎么样[N]．人民日报，2002-11-18.
[3]胡锦涛．在中央人口资源环境工作座谈会上的讲话[N]．人民日报，2004-04-05.
[4]胡锦涛．坚持以科学发展观统领发展全局[N]．人民日报，2004-12-23.
[5]张平．全面建成小康社会奋斗目标的新要求[N]．人民日报，2012-11-27.
[6]中央经济工作会议在北京举行[N]．人民日报，2014-12-12.
[7]习近平在中共中央政治局第二十八次集体学习时强调　立足我国国情和我国发展实践　发展当代中国马克思主义政治经济学[N]．人民日报，2015-11-25.
[8]吹响全面建成小康社会的号角[N]．光明日报，2014-12-30.
[9]李克强：转变政府职能释放改革红利[N]．人民日报，2013-05-15.

（六）网站类

[1]习近平．在十八届中央政治局常委同中外记者见面时的讲话．人民网，2012-11-15.

[2]小康指数之 2012—2013 中国综合小康指数．中国小康网，2014-06-06.
[3]《辉煌中国》解说词．中国共产党新闻网，2017-09-22.
[4]中国梦成为凝聚人心的“最大公约数”——写在中国梦提出两周年之际．新华网，2014-11-28.